Kirsten und Sven-Olaf Miehe

Praxishandbuch *Cooperative Learning*

2. erweiterte und überarbeitete Auflage

Kirsten und Sven-Olaf Miehe

Praxishandbuch
Cooperative Learning
Effektives Lernen im Team

2. erweiterte und überarbeitete Auflage

ծragonboard publishers – meezen im *vkl* e.V.

Miehe, Kirsten und Sven-Olaf
Praxishandbuch Cooperative Learning – Effektives Lernen im Team

2. erweiterte und überarbeitete Auflage, August 2005
1. Auflage, Dez 2004

Printed in Germany by
Elbe-Werkstätten GmbH Altona
Friesenweg 5b • 22763 Hamburg
Tel.: (040) 889 06-110

Gedruckt auf chlorfrei gebleichtem und alterungsbeständigem Papier
ISBN 3-938287-04-7

Für Frederikke

und alle Kinder,

die ihr Schulleben noch vor sich haben

Verzeichnisse

Inhaltsverzeichnis

Abbildungsverzeichnis

Vorworte

Vorwort zur zweiten Auflage

Hier ist sie nun – die zweite Auflage. Sie wurde an einigen Stellen gegenüber der ersten erweitert, aktualisiert und verbessert. Dadurch ist sie auch etwas umfangreicher geworden als die erste.

Wir haben durch Kolleginnen und Kollegen im Zusammenhang mit diesem Buch sehr viel Unterstützung erfahren. Darum möchten wir uns an dieser Stelle für die vielen Hinweise und Tipps bedanken, die wir gerne in die Überarbeitung aufgenommen haben. Vielen Dank auch für die Weiterempfehlungen und die aktive Werbung.

Dank auch an unsere Druckerei, die dafür gesorgt hat, dass unsere Vorlagen die optimale Qualität bekommen.

Besonderer Dank geht aber an unsere Schülerinnen und Schüler: Danke dafür, dass Ihr uns anspornt, Unterricht einfach noch besser zu machen. Danke aber auch für Eure Geschichten und Bilder, die wir verwenden durften.

Zum Schluss möchten wir Kathy und Norm Green nennen. Ihre Arbeit in Kanada und Deutschland, ihre Ideen und Anregungen und ihre Vorstellungen von Unterricht finden sich in diesem Buch wieder und verändern sich, während wir ihre Anwendung im Unterricht beschreiben, getreu der Devise:

„Folge guten Beispielen und mach' sie Dir zu eigen!"

Vorwort zur ersten Auflage

Nicht erst seit der letzten PISA-Studie machen sich viele PädagogInnen Gedanken um die Weiterentwicklung von Schule. Seit Humboldt ist Schulgeschichte auch immer Schulentwicklungsgeschichte.

Diese fand und findet auch noch heute vor dem Hintergrund sich ständig und mittlerweile rasant verändernder gesellschaftlicher Anforderungen an den Einzelnen und seinen Bildungsstand statt. Eine moderne Gesellschaft, in der die/der Einzelne Verantwortung übernehmen soll, braucht gebildete Menschen. Bildung gewährt dem Individuum darüber hinaus die Freiheit, sich zu entwickeln und das Beste für sich zu schaffen.

In der modernen Gesellschaft des 21. Jahrhunderts findet zumindest in der Bundesrepublik ein Umbruch statt: Die Eigenverantwortung der einzelnen Bürgerin rückt mehr und mehr in den Vordergrund und verdrängt die Fürsorge des Staates, der sich diese nicht mehr leisten kann. Gleichzeitig stellen wir fest, dass die Elterngeneration notwendige Fähigkeiten nicht an die jüngeren Generationen weitergeben kann, sondern nachlernen muss, um diesem Wandel begegnen zu können.

Umso wichtiger ist es, dass die moderne Schule die SchülerInnen mit allem ausstattet, was ihnen ermöglicht, in dieser Gesellschaft mehr als nur zu überleben. Schule wird immer mehr der zentrale Ort der Wissens- und Wertevermittlung.

Viele AutorInnen beschäftigen sich seit Jahren mit Unterrichtsformen wie Gruppenarbeit und anderen kooperativen Unterrichtsformen. Eine Vielzahl von Modellen ist entstanden und erprobt worden. Eine sehr gute Unterrichtsstrategie, den gestiegenen Anforderungen an Unterricht gerecht zu werden, ist *Cooperative Learning*. *Cooperative Learning* ist mehr als nur eine Vielzahl von Werkzeugen, die im Unterricht gute Ergebnisse erzielen.

LehrerInnen, die *Cooperative Learning* anwenden, wollen ihren SchülerInnen helfen, in der Schule und im Leben erfolgreich zu sein.

Mit dem Einsatz dieser Unterrichtsstrategie bereichern PädagogInnen in der ganzen Welt ihre Unterrichtskultur und setzen die Ergebnisse aus der Gehirn- und Lernpsychologie-Forschung für alle Beteiligten konsequent und nachvollziehbar um.

Cooperative Learning verändert nicht nur das Arbeitsverhalten der SchülerInnen. *Cooperative Learning* verändert auch den Arbeitsschwerpunkt des Unterrichtenden, weg vom zentralen Dreh- und Angelpunkt des Unterrichts hin zum Begleiter eines selbst bestimmten Lernprozesses bei den SchülerInnen.

Männlich oder weiblich

Gleichberechtigung ist für uns keine Worthülle. Gleichzeitig wollten wir Ihnen, dem Leser und der Leserin, das Lesen auch nicht erschweren. Deswegen benutzen wir bei der Bezeichnung von Personen und Personengruppen die Form mit dem großen „I“ und meinen Frauen und Männer, Damen und Herren gleichzeitig.

Deutsch oder Englisch?

Viele Menschen haben die Befürchtung, Anglizismen und andere Fremdwörter werden eines Tages unsere deutsche Sprache so verändert haben, dass sie nicht mehr wieder zu erkennen ist.

Sprache als Ausdruck lebendiger Kultur unterliegt immer einem Wandel. Verschiedene Kulturen beeinflussen sich gegenseitig, was nicht zuletzt auch durch die Aufnahme deutscher Begriffe in andere Sprachen deutlich wird. Das englische Wort „*Kindergarden*" oder das russische Wort „*лагерь*" stehen hierfür nur stellvertretend.

Wir haben lange überlegt, ob wir den Begriff „*Cooperative Learning*" eindeutschen sollen und haben uns letztendlich aus drei Gründen dagegen entschieden.

1. *Cooperative Learning* ist mehr und umfassender, als der – nicht genau definierte – deutsche Begriff „kooperatives Lernen" in seiner Vielfalt widerspiegelt. Es ist weit mehr als eine Sammlung von methodischen Elementen. *Cooperative Learning* ist ein in sich geschlossenes Konzept von Lehren und Lernen.

2. *Cooperative Learning* hat sich aus den Forschungsarbeiten vieler, vor allem amerikanischer und kanadischer Forscher und Pädagogen, entwickelt. Allen voran Johnson und Johnson, Elisabeth Cohen, Michelle Borba und Spencer Kagan. Norm Green und sein Team haben viele Begriffe mit ihren englischsprachigen Fortbildungen in Deutschland etabliert. Internationale Internet-Recherchen führen auch nur zum Erfolg, wenn man die englischen Begriffe kennt.

   Daher werden in diesem Buch die einzelnen Werkzeuge meistens sowohl mit dem ursprünglichen englischen Namen, die u. a. auch hinsichtlich ihrer prägnanten Aussagekraft erprobt sind, wie auch mit dem deutschen Namen bezeichnet. Nicht immer gibt es jedoch für diese englischen Begriffe gleichwertige deutsche.

3. Für uns wie für Norm und Kathy Green steht hinter diesem Begriff aber nicht nur die reine Unterrichtsstrategie, sondern eine Haltung der Arbeit und den SchülerInnen gegenüber.

   Nach unserem Verständnis beschreibt *Cooperative Learning* eine Dienstleistung an den SchülerInnen wie an der Gesellschaft, die

   - Kinder und Jugendliche als bereits kompetent ansieht;
   - dem einzelnen hilft, seine vorhandenen Kompetenzen zu entdecken und auszubauen;
   - den Erhalt der Integrität und Würde eines Individuums zu jedem Zeitpunkt als höchstes Ziel formuliert;
   - das Individuum befähigt, sozial verantwortlich seine Entscheidungen zu treffen und
   - aktiv am demokratischen Leben teil zu haben.

Mach mit!

Anders unterrichten

Cooperative Learning

Sven's Tagebuch

Donnerstag, 26. Mai 2005 05:45 Uhr

Eben, auf dem Weg zur Schule habe ich gerade darüber nachgedacht, mit welchen Worten wir die zweite Auflage unseres Buches beginnen sollten. <<*Ganz Deutschland ist von einer Depression besetzt. Ihre Macht dringt bis in die Schulen. Ganz Deutschland? Alle Schulen? Nein! In vielen Schulen regt sich Widerstand. Die KollegInnen dort wollen sich nicht ergeben, sondern sie suchen nach neuen Wegen im Unterricht.*>> Nee! Das ist es wohl noch nicht.

Gleich, zwischen Viertel nach sechs und halb sieben, werden meine SchülerInnen kommen, sich umziehen und unser Schulbistro zum Leben erwecken. Was macht es eigentlich für diese SchülerInnen so lecker, so früh aufzustehen? Was holen sie sich bei uns, bei meinen KollegInnen und mir, täglich ab?

Und während ich noch über unseren Unterricht, unser Projekt und meine/unsere SchülerInnen nachdenke, spielen sie im Radio „Bridge over troubled water".

„... I'm on your side when times get rough. ..."

Welch' ein Motto für unsere Arbeit.

1

Kapitel 1 – Einleitung

„*Non scholae sed vitae discimus.*“ – Nicht für die Schule, sondern für das Leben lernen wir. Diese Weisheit war schon den alten Römern bekannt und hat bis heute nicht an Gültigkeit verloren.

Doch – die Zeiten werden härter. Bildungspolitik nach PISA und TIMMS erschöpft sich im Angesicht von leeren Staatskassen in Arbeitszeitverlängerungen für LehrerInnen, gleichzeitig angedrohten Verringerungen der Pflichtstunden bei Gehaltskürzungen, Erhöhung der Klassenfrequenzen und vielem mehr

Parallel zur Verringerung der Unterrichtszeit der LehrerInnen je SchülerIn werden die Anforderungen an LehrerInnen und SchülerInnen erhöht. Die Phantasien bundeseinheitlicher, natürlich hoher,

Bildungsstandards machen die Runde, Begabtenförderung ist eins der aktuell am häufigsten verwendeten Worte in Äußerungen von Bildungspolitikern.

Die Bildungspolitik steht aber nicht isoliert, sondern ist ein Abbild der gesamten Politik: Den ver-/ fürsorgenden Staat wird es im gewohnten Maß in der Zukunft nicht mehr geben. Individualisierung ist in allen Lebensbereichen angesagt. Auf dem Weg zur Informationsgesellschaft scheint jeder auf sich selbst gestellt.

Und gleichzeitig erhöht sich die Anzahl derjenigen, die einen eigenen Weg nicht gehen können. Eltern scheitern in dieser individualisierten Gesellschaft und sind mit ihren „Lösungswegen" ihren Kindern keine oder schlechte Modelle. Sie geben auf, warten auf „den Staat", fühlen sich verlassen und vergessen. Dies gilt insbesondere für Eltern und SchülerInnen aus den unteren soziokulturellen Schichten der Gesellschaft, die zunehmend von einem aktiven Leben an der Erfolgsgesellschaft ausgeschlossen scheinen. Dementsprechend sinken das Selbstwertgefühl und Selbstvertrauen. Eine erhöhte Gewaltbereitschaft gegenüber Sachen und Menschen bis hin zu Verzweiflungstaten, die uns sprachlos machen, folgen dieser Entwicklung. Rasten SchülerInnen oder Erwachsene aus, nennen wir das „Katastrophen".

Kinder wollen, wie ihre Eltern auch, selbst wichtig sein, wollen individuell wahrgenommen werden. Sie wollen nicht übersehen werden.

Darum kooperieren sie in der Schule (und im Leben) auf zwei Wegen:

1. direkt: Sie zeigen das erwartete Verhalten und sammeln Wissen. Sie erreichen die gesetzten (ihre?) Ziele mit aller Macht, ggf. auch auf Kosten ihrer MitschülerInnen. Ihnen wird jede Gele-

genheit geboten, sich auf dem Weg nach oben zu EinzelkämpferInnen zu entwickeln.

2. indirekt: Manche schließen mit dem Wunsch nach Wahrnehmung – zumindest vorübergehend – ab: Sie helfen dabei, übersehen zu werden; sie werden sprachlos und entwickeln sich zu Mäusen, angepasst, scheu, grau, nicht wahrnehmbar.

   Andere bevorzugen das entgegen gesetzte Extrem: Erreichen sie die Aufmerksamkeit nicht durch Leistungen in der Schule, dann durch auffälliges Verhalten. Sie bauen ihre Frustration in einer der vielfältigen Formen der Gewalt ab. Und sind erfolgreich: Niemand kommt schneller zum Schulleiter als eine SchülerIn, der sich gehörig daneben benimmt.

Wir sollten verhindern, dass Menschen sprachlos werden. Wir sollten als Erwachsene, Eltern und gerade als LehrerInnen Menschen befähigen, sich zu artikulieren, zusammen mit anderen nach Lösungen zu suchen, den aktiven Platz im Leben zu finden und zu halten.

Wir, die Erwachsenen, übernehmen gerne die Verantwortung, wenn unsere – auch eigenen – Kinder „etwas geworden sind". Welche Mutter, welcher Vater ist nicht stolz auf seinen Anteil an einer erfreulichen Entwicklung eines Kindes. Falls sie nicht so geraten, „können wir nichts dafür!" Dann entpersonalisieren wir lieber die Verantwortung für diese Entwicklung, machen den *main stream* oder die Umstände verantwortlich. Wir kriminalisieren das Verhalten, bestrafen, schließen erst aus und dann weg, damit wir nicht mehr hinsehen müssen.

Doch – egal, was Kinder (und dazu zählen wir auch die Heranwachsenden) tun, wir – die Erwachsenen – haben dieses Verhalten bewirkt.

Und im Kleinen heißt das: Wir Lehrerinnen und Lehrer tragen die Verantwortung für die Entwicklungen in unserem Unterricht und auch für die, die durch unseren Unterricht geschehen.

Und auch für solche, die wir hätten bewirken sollen, die aber nie das Licht der Welt erblickten.

Heute ist Wissen mehr denn je ein kostbares Gut, das uns ermöglicht, unser Leben zu gestalten und die gestellten Aufgaben im beruflichen wie im privaten und Alltag zu bewältigen. Doch das Wissen und somit die Anforderungen an das Lernen haben sich im Laufe der Zeit verändert: Wissenschaft und Technik entwickeln sich rasant und die erworbenen Kenntnisse müssen immer wieder überprüft, erweitert und erneuert werden. SoziologInnen gehen heute davon aus, dass die Wissensbasis im Laufe eines Berufslebens durchschnittlich siebenmal ausgetauscht wird.[1]

Diese Erkenntnis stellt neue Anforderungen an die Schule, an uns, die Lehrerinnen und Lehrer. Wir müssen uns der Aufgabe stellen, Kinder und Jugendliche auf das Leben und Arbeiten im 21. Jahrhundert vorzubereiten.

Lernen fand noch nie nur im Kopf statt. Aber jetzt werden emotionales und psychomotorisches Lernen in den modernen Lehrplänen dem fachlichen Lernen gleich gesetzt.

Dieses Szenario verlangt neue, phantasievolle Lösungen. Lösungen, die den Bedürfnissen der SchülerInnen gerecht werden und dabei uns LehrerInnen, die wir uns mit den Veränderungen im Bildungswesen und den sich ändernden Ansprüchen der SchülerInnen auseinandersetzen müssen, nicht die letzten Kräfte rauben.

Diese Veränderungen fallen nicht vom Himmel: Wir Lehrerinnen und Lehrer sind diejenigen, die diese Veränderungen einleiten und

[1] vgl. Green, N./Heckt, D.-H. : „The Power of Learning “ in Grundschule ; Westermann Verlag ; Heft 12: „Kooperatives Lernen“, Dezember 2000; S.8

umsetzen müssen. Wer denn sonst, wenn nicht wir Fachleute für Bildung und Entwicklung. Wir müssen neue Wege finden und sie für uns passend machen.

Cooperative Learning ist ein solcher Weg.

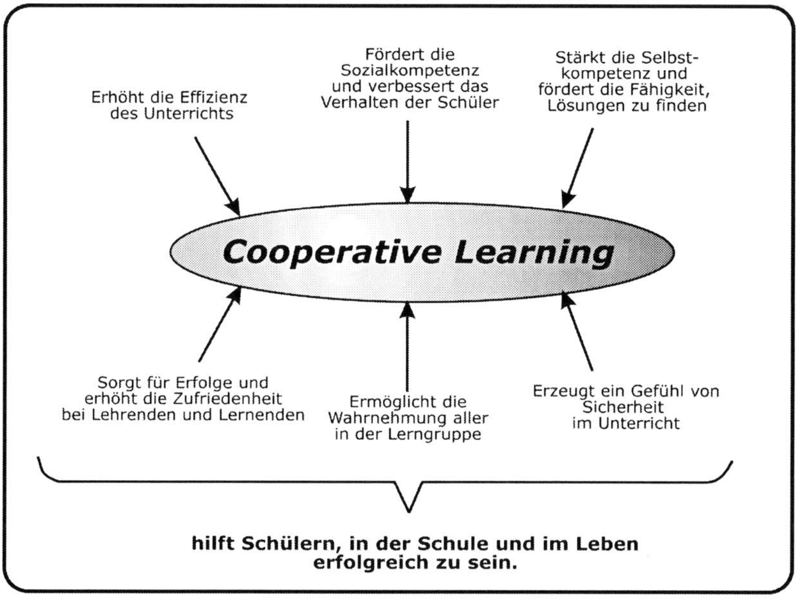

Abb. 1: Wirkung von ***Cooperative Learning*** auf Lernende und Lehrende

Mit diesem Buch möchten wir Sie, liebe Kollegin, lieber Kollege, ermutigen und Sie dabei unterstützen, neue Wege zu gehen. Sie müssen für diese neuen Wege Ihr bisheriges Repertoire nicht über den Haufen werfen. Ganz im Gegenteil werden Sie alles, was Sie bisher gelernt haben, weiterhin benutzen, vieles wieder entdecken und in *Cooperative Learning* einordnen.

Sie werden *Cooperative Learning* aber auch als neues, für Sie spannendes Werkzeug für – veränderte – Unterrichtsgestaltung kennen lernen und – sich selbst verändern.

2

Kapitel 2 – Was ist *Cooperative Learning*?

Kooperatives Lernen ist ein Begriff, der nicht geschützt und somit auch nicht definiert ist. Jede Form von Partner – oder Gruppenarbeit darf sich unabhängig davon, ob sie effektiv ist oder nicht oder ob eine wirkliche Kooperation stattfindet oder nicht, „kooperatives Lernen" nennen.

Cooperative Learning dagegen ist eng an die Namen der beiden Wissenschaftler geknüpft, die diese Unterrichtsstrategie aus der Taufe hoben: Roger T. und David W. Johnson (Abb. 2). Auf die Frage nach dem Wesen des *Cooperative Learning* geben sie auf ihrer Website folgende Antwort:

Abb. 2: Roger und David Johnson

"Cooperative Learning is a relationship in a group of students that requires positive interdependence (a sense of sink or swim together), individual accountability (each of us has to contribute and learn), interpersonal skills (communication, trust, leadership, decision making, and conflict resolution), face-to-face promotive interaction, and processing (reflecting on how well the team is functioning and how to function even better)."[2]

Auch Norm Green definiert zunächst im engeren Sinne: „*Cooperative Learning* findet dann statt, wenn …

- **SchülerInnen in einer Arbeitsgruppe**
- **in einer fortwährend sicheren Lernsituation**
- **an einem gemeinsamen Ziel arbeiten,**
- **um letztendlich das Lernen zu lernen.“**[3]

Cooperative Learning ist also zunächst eine Unterrichtsstrategie, die über bestimmte Parameter identifiziert werden kann und die Sie neu Ihrer „Repertoirekiste“ hinzufügen können.

---

[2] www.co-operation.org (auch Photo)

[3] Norm Green: Persönliche Mitteilung auf der Sommerakademie 2000 in Soest

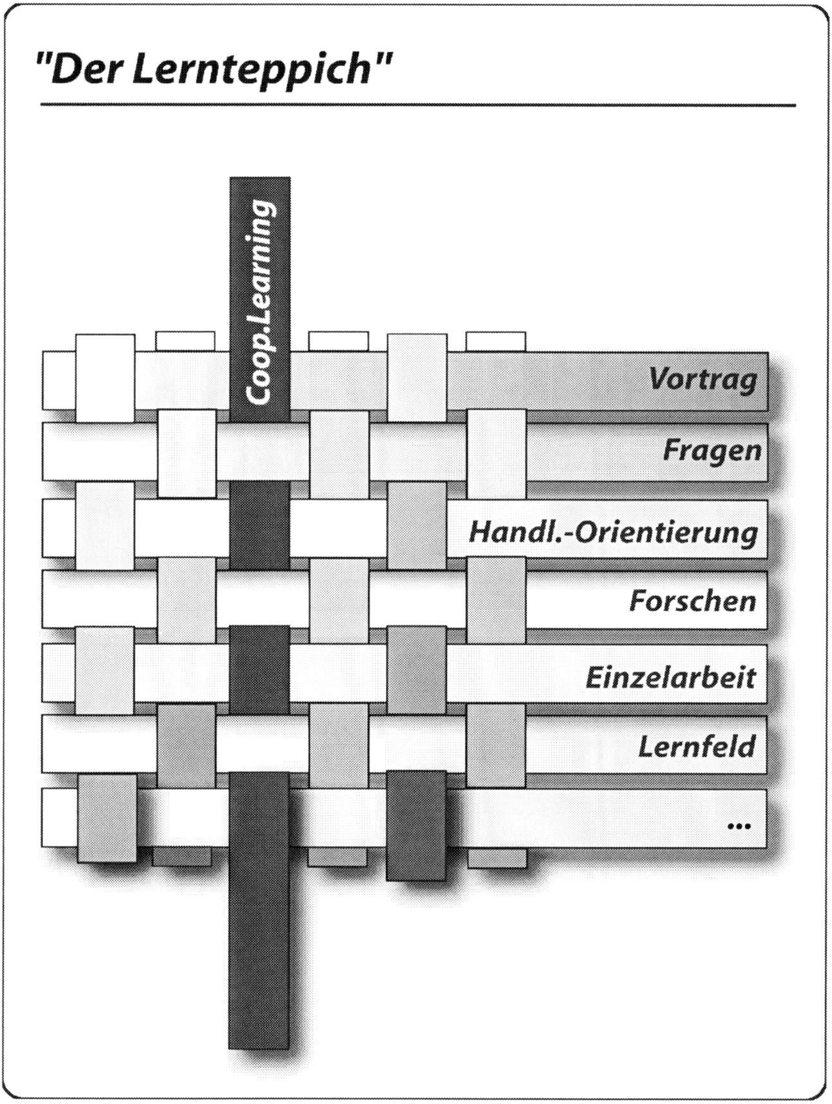

Abb. 3: Der Lernteppich – Verortung von ***Cooperative Learning***

Welche Parameter dies sind, erfahren Sie in den folgenden Kapiteln. Mehr über eine „Sichere Lernsituation“ ab Seite 87, über die Art der Unterrichtssteuerung ab Seite 100 und mehr über die unterrichtlichen Aktivitäten und Unterrichtsplanung ab Seite 111.

Cooperative Learning steht aber auch für eine Haltung, die Unterrichtende ihrer Aufgabe und den SchülerInnen gegenüber einnehmen.

Eine LehrerIn, die nach den Grundzügen des *Cooperative Learning* arbeitet, will ihren …

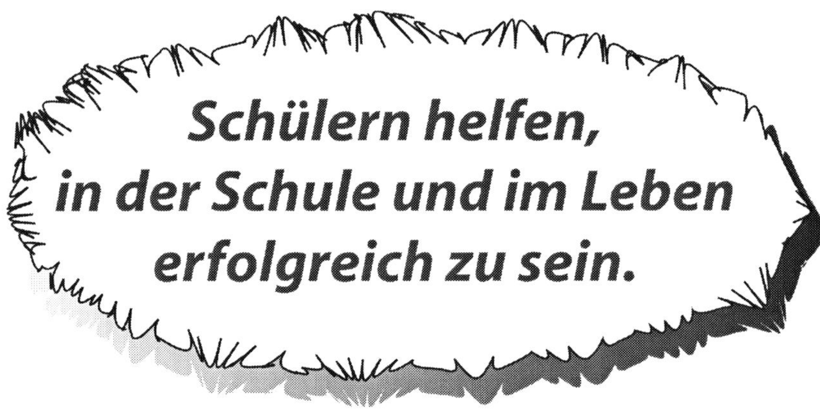

Abb. 4: SchülerInnen helfen

Das bedeutet, dass jede SchülerIn an jedem Tag für sich selbst wahrnehmen muss, dass sie erfolgreich war und wie ihr das gelungen ist. Das bedeutet auch, dass wir Unterrichtenden unsere Aktivitäten so einrichten, dass unsere SchülerInnen dieses Ziel erreichen können. Dabei betrachten wir immer alle vier Kompetenzbereiche:

- Selbstkompetenz (Personalkompetenz)
- Sozialkompetenz
- Methodenkompetenz
- Fachkompetenz.

Abb. 5: Das Lächeln des Erfolges

Wie kommt es, dass ich schon einiges von *Cooperative Learning* kenne?

Viele AutorInnen haben in den letzten Jahren daran gearbeitet, die Effizienz von Unterricht zu verbessern. Zu ihnen gehören

Autor	Arbeitsgebiet
Benjamin Bloom und Team	Aufstellung einer Taxonomie zur Qualifizierung von Kompetenzstufen im kognitiven und affektiven Bereich
Michelle Borba	Maßnahmen zur Stärkung des Selbstwertgefühls
Elizabeth Cohen	Arbeiten mit heterogenen Gruppen
Howard Gardner	Multiple Intelligenz – die verschiedenen Bereiche, in denen ein Mensch Intelligenz entwickeln kann
Jean Piaget	Theorie über den jeweiligen Zeitpunkt, zu dem ein Entwicklungsschritt bei einem Kind stattfindet

und viele andere (*siehe Abb. 6, Seite 33*)

Die wirkliche Leistung von David und Roger Johnson, den Begründern des *Cooperative Learning*, liegt darin, dass sie alle Erkenntnisse und Ergebnisse aus den Bereichen der Lernforschung, der Gehirnforschung und der Psychologie zusammengetragen und zu einem großen Konzept über verbesserte Formen des Lehrens und Lernens verbunden zu haben.

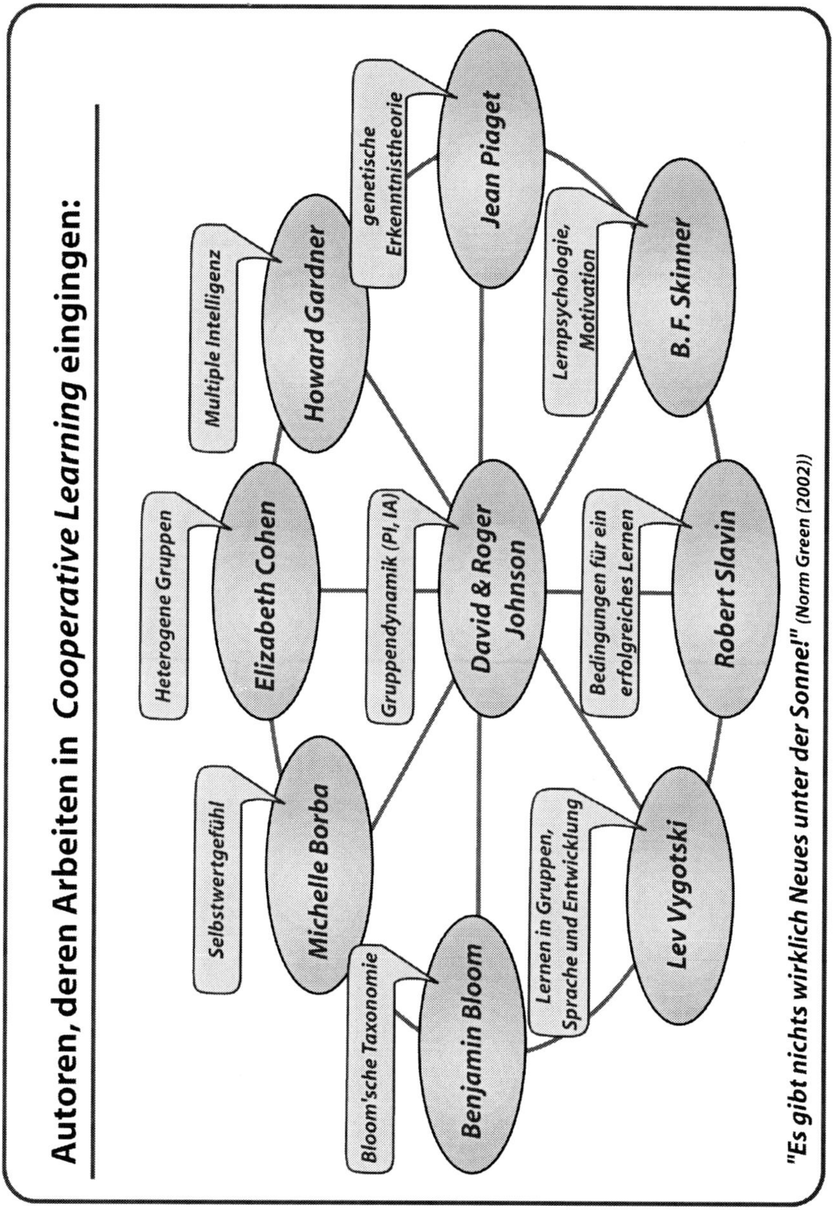

Abb. 6: Autoren, deren Arbeiten in das Konzept ***Cooperative Learning*** eingingen

Cooperative Learning ist kein starres Konzept. Vielmehr lebt diese Unterrichtsstrategie von individueller Anpassung durch die AnwenderInnen und der Hinzunahme weiterer Elemente aus anderen Forschungsbereichen.

Und aus diesem Grunde erkennen viele KollegInnen, die zum ersten Mal mit *Cooperative Learning* in Kontakt kommen, einzelne Elemente ihrer eigenen Arbeit in diesem Konzept wieder oder haben davon gehört.

Abb. 7: SchülerInnen bei der Arbeit an einem „Platzdeckchen“

3

Kapitel 3 – Warum soll ich mit *Cooperative Learning* unterrichten?

"There is only one thing more painful than learning from experience: Not learning from experience" (James Baldwin)

Die Schule soll so auf das Leben vorbereiten, dass das Individuum erfolgreich sein kann. Die Frage, was nun „erfolgreich im Leben" bedeutet und was ein Mensch dazu lernen muss, allgemein gültig zu beantworten, ist nahezu unmöglich und sicherlich ein Extra-Buch wert. Dennoch wollen wir an dieser Stelle eine Antwort suchen, die Grundlage unseres Handelns sein kann.

Unter einem erfolgreichen Menschen wollen wir in diesem Buch ein Individuum verstehen, das wenigstens folgende Eigenschaften besitzt:

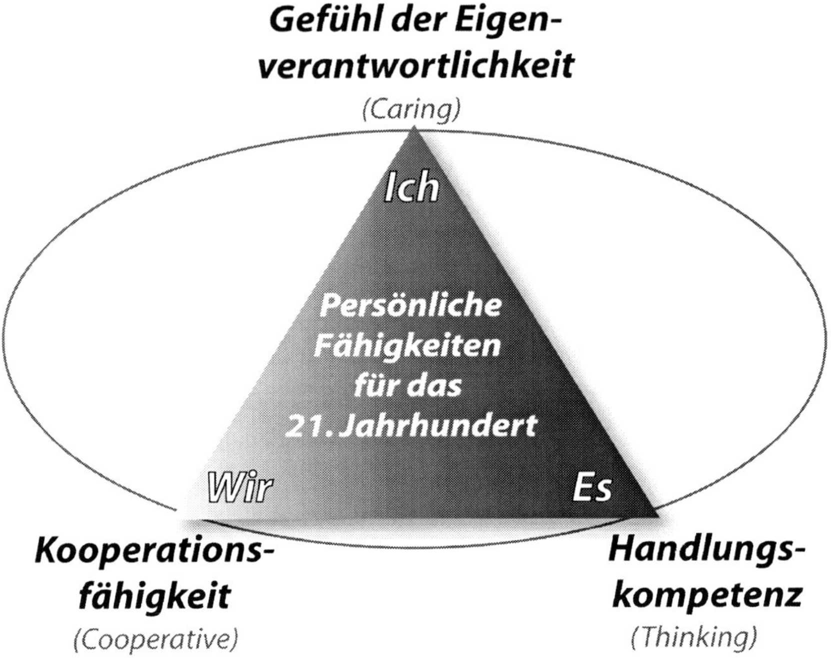

Abb. 8: Die drei Kompetenzebenen – Basis eines erfolgreichen Lebens[4]

1. Dieser Mensch sorgt eigenverantwortlich für sich. Das bedeutet: Er übernimmt die Verantwortung für sein eigenes Tun, kann seine Fähigkeiten realistisch einschätzen, sein Selbstwertgefühl unterhalten und löst Konflikte angemessen. Er zeigt geringe innere Widerstände gegenüber Herausforderungen, ist sich über sich und seine Ziele klar, nach

[4] Nicht ganz unbeabsichtigt ist die Ähnlichkeit zur graphischen Darstellung der Zusammenhänge bei der TZI. TZI ist auch eine Handlungsform, die Lösungskompetenz fördert.

außen eindeutig und weiß um die Strukturen, in denen er lebt und arbeitet.

2. Ein Mensch handelt sozial verantwortlich: Das heißt, er plant und handelt unter Berücksichtigung seiner Umgebung, übernimmt dort Verantwortung, wo es nötig ist, delegiert und ist seinen Mitmenschen gegenüber hilfreich. Er ist kommunikativ und teamfähig. Er nimmt am demokratischen Leben in der Gesellschaft aktiv teil.
3. Er besitzt eine hohe Handlungskompetenz. Das bedeutet, dass er in Problemen eine Herausforderung sieht, die ihn zu weiterem Lernen anspornt, um zu einer Lösung zu kommen. Er ist zum Denken in höheren Kategorien befähigt, kann Situationen analysieren und bereits vorhandene Kenntnisse erweitern und anwenden. Er lernt aus Erfahrungen.

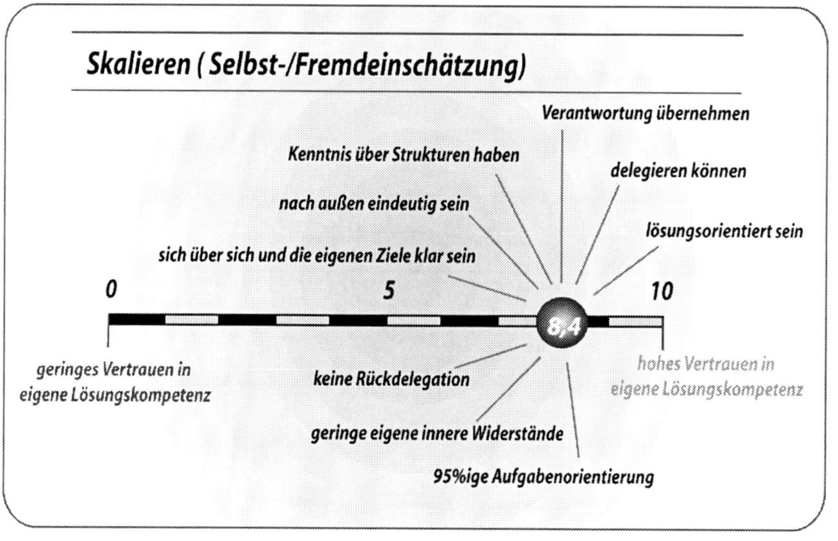

Abb. 9: Skalieren – Einschätzen der Lösungskompetenz

Wollte man sein Vertrauen in seine Lösungskompetenz skalieren, so bewegt er sich im Bereich über 7,5.

Daraus ergeben sich Forderungen an die Akteure im Bildungssystem. Ob die Anforderungen über das hinausgehen, was Schule traditionell – so weit wir von heute aus zurück denken können – leisten musste, darüber kann man streiten. Denn seit je her vermittelten Bildungseinrichtungen, die auf Menschenbildung setzten, auch emotionale Kompetenzen und Wertvorstellungen.

Doch welche Ziele sollen im Unterricht eigentlich erreicht werden?

Fachliche Ziele des Unterrichts

Überall auf der Welt wird unterrichtet. Unabhängig von der Kultur oder dem politischen System scheint es eine internationale Übereinstimmung darüber zu geben, dass Bildung zu der Grundausrüstung eines Menschen gehört. Befragt man allerdings Erwachsene, die bereits erfolgreich im Beruf stehen, welche Inhalte der Schulausbildung für sie aktuell noch wichtig sind, beschränken sich die Antworten größtenteils auf „Rechtschreibung“ und „Grundrechenarten“. In Anbetracht der Schwierigkeiten, die viele SchülerInnen während ihrer Schulkarriere haben, stellt sich unwillkürlich die Frage nach der lebenspraktischen Nützlichkeit von Unterricht.

Da die PISA-Studie gerade das Sprachverständnis und die Anwendung von mathematischen und wissenschaftlichen Wissen in Alltagssituationen betont, hat diese Frage wieder eine neue Berechtigung erhalten. Um aus den Ergebnissen die richtigen Schlüsse ziehen zu können, sollte jede LehrerIn, unabhängig von der Schulform und Klassenstufe, bereit sein, ihren Unterricht kritisch zu betrachten und sich die Fragen „Warum?“, „Was?“ und „Wie?“ ernsthaft zu stellen und zu beantworten.

Dabei soll die Frage „Warum?“ zur Beantwortung der Frage nach der Zielsetzung des Unterrichts, „Was?“ zur Beantwortung der Frage nach dem Inhalt und „Wie?“ zur Beantwortung der Frage nach der Gestaltung führen.

„Die Ziele des Unterrichts lassen sich nicht aus der Struktur des Faches ableiten. Sie entstehen durch Forderungen, die von außen, d.h. von der Gesellschaft, an das Fach herangetragen werden.“ [5]

Alle Menschen eines Systems müssen sich, unabhängig von ihrem Bildungsabschluss, mit denselben Problemen auseinandersetzen. Generell wird allerdings eine gruppenspezifische Art der Auseinandersetzung erwartet.[6] Von Personen mit einem höheren schulischen Abschluss wird erwartet, dass sie im Hinblick auf komplexe Lebenssituationen erfolgreich sind. Eine solche vergleichsweise komplexe zukünftige Situation stellt für SchülerInnen z.B. die höher qualifizierende Berufsausbildung oder das Studium dar. Generell gilt jedoch, dass alle SchülerInnen auf das Leben nach der Schule vorbereitet werden müssen. Dazu benötigen sie die notwendigen persönlichen Fähigkeiten, eine allgemeine gesellschaftlich-politische Kompetenz und das erforderliche Fachwissen.

Aus diesen Überlegungen lassen sich folgende Ziele für den Unterricht ableiten:

- Unterricht hat das Ziel, ein angemessenes Bild des Faches zu vermitteln.
- Unterricht muss durch seine Wissenschaftsorientierung auf die Berufsausbildung und/oder das Studium vorbereiten.
- Unterricht verfolgt das Ziel der Allgemeinbildung.

Die aufgeführten Ziele sollen im Folgenden näher erläutert werden.

---

[5] vgl. Leuders, T.; Qualität im Mathematikunterricht ... S. 37

[6] vgl. Tietze,U..-P./Klika M./Wolpers H.; Mathematikunterricht in der Sekundarstufe II; Vieweg Verlag Braunschweig/Wiesbaden; 2. Aufl. 2000; S.21

Angemessenes Bild des Faches

Oftmals, besonders in naturwissenschaftlichen Fächern, besteht der Unterricht daraus, den SchülerInnen Begriffe, Sätze, Regeln und Formeln zu vermitteln. Dabei wird allerdings schnell übersehen, dass viele Inhalte isoliert nebeneinander stehen und die SchülerInnen es nicht schaffen, diese in Bezug zueinander zu setzen. Um ein angemessenes Bild des Unterrichtsfaches vermitteln zu können, ist es notwendig, dass die SchülerInnen die Struktur eines Faches erkennen. Die LehrerIn sollte also dafür sorgen, dass die SchülerInnen das Fach nicht als ein fertiges abgeschlossenes System kennen lernen, sondern als etwas Prozesshaftes, eine sich fortlaufend entwickelnde, lebendige Wissenschaft.

Gerade im naturwissenschaftlichen Unterricht sind die theoretischen und formalen Aspekte des Faches in der Regel überbetont, ohne dass die SchülerInnen bereits mit wissenschaftlichen Denkweisen oder Methoden vertraut gemacht wurden, die ihnen helfen, Aussagen zu analysieren, zu überprüfen und zu begründen. Der anwendungsbezogene Aspekt eines Unterrichtsfaches und die Alltagserfahrungen der SchülerInnen werden häufig vernachlässigt.

Doch genau diese Anknüpfungspunkte helfen SchülerInnen, ein angemessenes Bild eines Faches zu erhalten. Wenn SchülerInnen erfahren, dass die Unterrichtsinhalte als Quelle zur Lösung vieler Probleme aus verschieden (Alltags-) Bereichen dienen, kann das Strukturieren von Begriffen und Theorien aus gemachten Erfahrungen oder das Interpretieren von wissenschaftlichen Theorien helfen, die Realität sinnvoll zu erfassen.

Aber nicht nur die Struktur eines Faches ist wichtig. Auch die Geschichte einer Wissenschaft ist ein wesentliches Element, damit Lernende das Fach als Hilfsmittel für viele Lebensbereiche begreifen können. Denn viele Erkenntnisse in der Wissenschaft haben sich aus ganz alltäglichen Fragen entwickelt. Dieser Aspekt darf im Unterricht nicht vernachlässigt werden, damit die Schülerinnen ein angemessenes Bild des Faches erhalten.

Das Bild eines Unterrichtsfaches entsteht nicht nur durch Kenntnisse und Wissen, sondern auch durch die Einstellung, die Heranwachsende im Laufe der (Schul-) Zeit zu einem Fach entwickeln. In den meisten Klassenstufen und Unterrichtsfächern ist Frontalunterricht noch zu häufig der vorherrschende Unterrichtsstil.

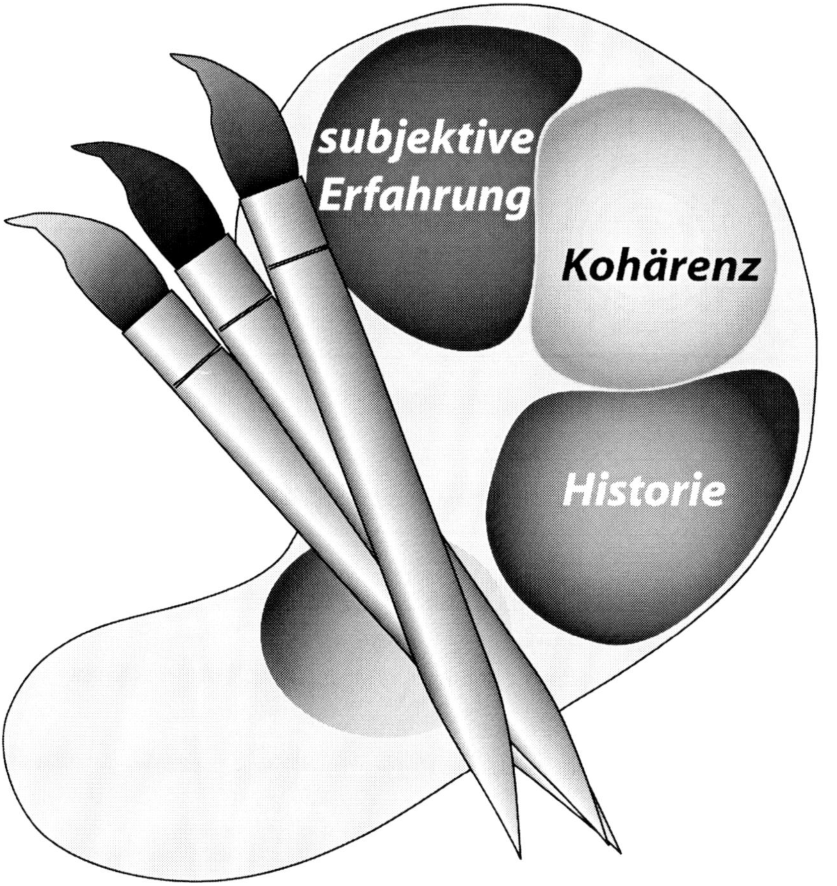

Abb. 10: So entsteht ein angemessenes Bild eines Fachs

Die Unterrichtende übernimmt dabei häufig die Rolle, wichtige Impulse vorzugeben und Beiträge der SchülerInnen zu bewerten. Sie wird deshalb von SchülerInnen überwiegend als dominant wahrgenommen.[7] Durch diese Interaktionserfahrungen im Unterricht wird das subjektive Bild eines Faches entschieden mitgeprägt.

Wissenschaftsorientierung

Besonders für die gymnasiale Oberstufe wird die Wissenschaftsorientierung als didaktisches Prinzip im Unterricht als zentrales Ziel angesehen. Bereits in den 70er Jahren wurde im „Strukturplan für das Bildungswesen" die Position vertreten, dass der Unterricht in der Sekundarstufe II, insbesondere in den Leistungskursen, „direkter und auf höherem Niveau als in anderen Schulstufen bis an Erkenntnisse, Denk- und Arbeitsweisen moderner Wissenschaften heranführen"[8] soll.

Dabei kann und soll es nicht darum gehen, einen vollständigen stofflichen Überblick oder eine verkleinerte Abbildung des Erkenntnisstandes in bestimmten Wissenschaften zu vermitteln, sondern vielmehr um das Erkennen, was Wissenschaft für die Aufklärung individueller und gesellschaftlicher Probleme leisten kann und wo ihre Grenze ist. In der gymnasialen Oberstufe ist Wissenschaftsorientierung unentbehrlich, um den dringend benötigten Nachwuchs an Wissenschaftlern zu gewährleisten. Gebraucht wird Nachwuchs, der die Wissenschaft auf ihrem neuesten Stand versteht und diese von dort aus weiterentwickeln kann. Dazu ist es notwendig, sich mit den grundlegenden Begriffen und Theorien einer Wissenschaft sowie mit bestimmten Frageperspektiven und Problemlösungsmethoden auseinander zu setzen. Generell ist es jedoch für alle SchülerInnen von Bedeutung, Wissenschaft als ein Instrument zur Lösung von

---

[7] vgl. Meyer, H.; Unterrichtsmethoden II: Praxisband; Cornelsen Verlag, Berlin; 11. Auflage 2000; S. 182ff

[8] Tietze/Klika/Wolpers: Mathematikunterricht ...; S. 15

Problemen zu erfahren. Deshalb muss für den Unterricht in **allen** Klassenstufen und Fächern gelten, dass die angeborene Neugierde des Menschen und sein Forschungstrieb angesprochen und erhalten werden müssen. Wird Unterricht als ein „Wiederentdecken unter Führung“ gestaltet, erreicht man Wissenschaftsorientierung, bei der man die SchülerInnen an einer spannenden Suche nach Erkenntnissen und an der Faszination wissenschaftlichen Denkens teilhaben lässt.

Allgemeinbildung

Viel zu oft wird sehr undifferenziert behauptet, unsere SchülerInnen besäßen zu wenig Allgemeinbildung. Vor dem Hintergrund einer sich schnell verändernden Fachbildung erhebt sich die Frage, was unter Allgemeinbildung zu verstehen ist.

Die Encarta Enzyklopädie beschreibt Allgemeinbildung als die „grundlegenden Bildungsinhalte, die ein allgemein bildendes Schulsystem in möglichst großen Bevölkerungskreisen verbreiten und verankern soll“.[9] Thomas Unruh vom staatlichen Studienseminar Hamburg interpretiert diese Aussage „als kleinsten gemeinsamen Nenner die stofflichen Grundlagen in der Hauptschule bis Klasse 9.“ Darüber hinaus versteht er Allgemeinbildung als „das Grundlagenwissen zum Überleben in der modernen Gesellschaft“[10].

Von Personen mit gehobenen Bildungsabschluss wird ein differenzierter Umgang mit Problemen erwartet. Gleichzeitig soll an dieser Stelle die These wiederholt werden, dass sich die Ziele für den Unterricht nicht aus dem Fach, sondern aus der Forderung der Gesellschaft ableiten. Es liegt also nahe, sich die Anforderungen der Wirtschaft und der Universitäten an SchulabgängerInnen genauer anzusehen, um herauszufinden, was Allgemeinbildung bis zur Sekundarstufe II leisten muss.

---

[9] www. encarta.de ; Stichwort „Allgemeinbildung“

[10] www.guterunterricht.de/Unterricht/Allgemeinbildung

Aus einer Broschüre der IHK ist zu entnehmen, dass von der Wirtschaft nur grundlegende fachliche Anforderungen gestellt werden: Z.B. an die Mathematik in der Form von „einfachen Rechentechniken“. Neben diesem elementaren fachlichen Grundwissen spielen persönliche Kompetenzen wie Zuverlässigkeit, Lern- und Leistungsbereitschaft, Ausdauer, Belastbarkeit, Verantwortungsbereitschaft und Selbständigkeit und soziale Kompetenzen wie Teamfähigkeit, Höflichkeit, Konfliktfähigkeit und Toleranz eine gleichbedeutende Rolle[11]. Viele dieser Kompetenzen werden in der beruflichen Bildung als Schlüsselqualifikationen - also als „funktions- und berufsübergreifende Qualifikationen zur Bewältigung beruflicher Anforderungssituationen“[12] - bezeichnet.

Ähnliches kann man aus einer Broschüre über die Voraussetzungen für ein Studium zur IngenieurIn an einer Technischen Universität entnehmen. So werden neben Begabung, Interesse und Verständnis für die Mathematik und einem soliden mathematischen Schulwissen auch Teamfähigkeit, Kritikfähigkeit und Problemlösefähigkeit gefordert[13]. Diese speziell an die Mathematik gestellte Forderung lässt sich allerdings leicht auf alle anderen Fächer übertragen.

Beide Beispiele zeigen deutlich, dass der Fokus im Unterricht nicht nur auf die reine Fachkompetenz, sondern auch auf Selbst- und Sozialkompetenz gerichtet werden muss. Beginnend mit den ReformpädagogInnen lassen sich viele AutorInnen anführen, die seit Jahren fordern, Unterricht dementsprechend zu verändern.

Einen wichtigen Beitrag liefert der Ansatz von Heymann, der die allgemeinbildenden Aufgaben der Schule aufzeigt. (*siehe Exkurs:* Die sieben Aspekte der Allgemeinbildung)

---

[11] vgl. Leuders, T.; Qualität im Mathematikunterricht ... ; S. 40/41

[12] Lenzen, A.: Sozialkompetenz durch Gruppenarbeit, Winklers Verlag, Darmstadt (1996), S. 13f

[13] vgl. Leuders, T.; Qualität im Mathematikunterricht ... ; S. 42

Abb. 11: Die sieben Aspekte der Allgemeinbildung nach Heimann

Obwohl sich die Arbeit von Heymann auf den Mathematikunterricht an allgemeinbildenden Schulen bezieht, haben diese Thesen auch für alle anderen Fächer und alle Schulformen Gültigkeit.[14]

[14] Auch wenn dies für die Berufsschule häufig abgestritten wird, sei als beispielhafter Beleg hierfür angeführt: Das Schleswig-Holsteinische Schulgesetz[14] beschreibt im § 4 den Auftrag sowohl für die allgemeinbildenden als auch die berufsbildenden Schulen. Die an dieser Stelle genannten Bildungs- und Erziehungsziele decken sich mit Heymanns Ausführungen. § 18 dieses Gesetzes legt auch fest: *„Die Berufsschule... erweitert die allgemeine Bildung.“* (Rahmenlehrplan für die Berufsausbildung im Gastgewerbe vom 05.12.1997; S. 4) Im Sinn ähnliche Formulierungen finden sich, manchmal in abgeschwächter Form in allen Schulgesetzen der Bundesländer.

In den beruflichen Schulen hat diese Vorstellung von Lernen mit dem Lernfeldkonzept bereits Mitte der neunziger Jahre Eingang in viele Rahmenlehrpläne für die Berufsausbildung gefunden. Hier wird die Entwicklung der Handlungskompetenz „als die Bereitschaft und Fähigkeit des einzelnen, sich in gesellschaftlichen, beruflichen und privaten Situationen sachgerecht, durchdacht sowie individuell und sozial verantwortlich zu verhalten“ als Bildungsauftrag der Berufsschule formuliert. Das exemplarische Lernen in komplexen Lernsituationen, die sich aus vorgegebenen Lernfeldern ableiten, soll den SchülerInnen nicht nur fachliche Qualifikationen vermitteln, sondern auch das selbständige analytische und vernetzte Denken fördern, Eigeninitiative und Verantwortungsbewusstsein stärken, team- und kommunikationsfähig machen sowie Methoden für die eigenständige Wissenserweiterung bereitstellen.

Diese Formulierungen sind auch in den neu gestalteten Lehrplänen für Vollzeitschulen wie z. B. für das Fachgymnasium zu finden. Ein Blick in den Schulalltag verrät allerdings, dass sich die Änderungen, die auf dem Papier zu finden sind, weder in der Berufsschule noch in den allgemeinbildenden Schulen bis in alle Klassenzimmer durchgesetzt haben.

Exkurs: Die sieben Aspekte der Allgemeinbildung

Die sieben Aspekte der Allgemeinbildung, die Heymann darstellt[15], sollen hier allgemeingültig beschrieben werden. Die Bedeutung dieser Aspekte für jedes einzelne Fach muss dann individuell von jeder LehrerIn erarbeitet werden.

Lebensvorbereitung	Hierbei steht die persönliche Verwertbarkeit und lebenspraktische Nützlichkeit des Lernstoffes für die SchülerInnen im Vordergrund. Jede Einzelne soll zur Bewältigung von Lebenssituationen befähigt werden. Dazu muss sich der Bildungsprozess an dem aktuellen Bestand der Kultur orientieren.
Stiftung kultureller Kohärenz	Die Weitergabe von bestimmten kulturellen Errungenschaften an die nachwachsende Generation soll den einmal erreichten Stand von Kultur einer Zivilisation sichern und weiterentwickeln. Dies bedeutet zum einen, für kulturelle Kontinuität zusorgen und zum anderen zwischen verschiedenen Teilkulturen zu vermitteln, um so die Stabilität der Gesellschaft zu erhalten.
Weltorientierung	Die SchülerInnen werden mit dem materialen Wissen der Welt ausgestattet: Sie erhalten einen Überblick über Erscheinungen und Phänomene der Welt, ordnen diese in ihren Erfahrungsschatz ein und setzen sie zueinander in Beziehung. Hierzu gehört auch die Erkenntnis, dass es nicht nur eine gültige Wahrnehmung der Welt gibt. Dabei gilt es, diese Erkenntnis mit den Grundsätzen einer demokratischen Gesellschaft zu vereinbaren.
Anleitung zum kritischen Vernunftgebrauch	Nur wer gelernt hat, seine Vernunft kritisch zu gebrauchen, kann seinen Platz in der Gesellschaft mündig und eigenverantwortlich einnehmen. Das bedeutet, dass SchülerInnen angeleitet werden müssen, Behauptungen, Schlussfolgerungen und Werteurteile zu hinterfragen und auf Widersprüche und Unstimmigkeiten zu überprüfen. Lernende entwickeln somit die eigene Urteilsfähigkeit und, angewandt auf das eigene Denken, die Fähigkeit zur Selbstkritik.

[15] vgl. Heymann, H. W.: Allgemeinbildung und Mathematik; S.50ff

Entfaltung von Verantwortungsbereitschaft	Allgemeingebildet ist, wer mit seinen Kompetenzen verantwortungsvoll umgehen kann. Überall wo Menschen miteinander umgehen, spielt sittliches Verhalten eine Rolle. Sittliches und damit verantwortungsbewusstes Verhalten orientiert sich an den Wertemaßstäben einer Gesellschaft. Schule hat also die Aufgabe, Werte und somit Verantwortungsgefühl zu vermitteln. Unterricht muss Gelegenheiten zum aktiven Handeln und zum Treffen eigener Entscheidungen bieten, damit Lernende Verantwortung für sich, für ihren Lernprozess und für MitschülerInnen übernehmen können.
Einübung in Verständigung und Kooperation	Hier werden aus dem weiten Feld der sozialen Verhaltensweisen diese zwei Aspekte herausgegriffen, die für das Funktionieren einer demokratischen Gesellschaft unverzichtbar sind. Im Unterricht muss also interaktives Verhalten zwischen den SchülerInnen möglich sein, damit eine fachbezogene Kommunikation stattfinden kann und die SchülerInnen so Kooperation erlernen und üben können.
Ich-Stärkung der SchülerInnen	Hierunter versteht man die Entwicklung von Selbstbewusstsein, Selbstvertrauen, personaler Identität und die Fähigkeit, eigene Ziele, Vorstellungen und Wünsche klar zu erkennen und zu verwirklichen. Dazu müssen die eigenen Fähigkeiten und Schwächen realistisch wahrgenommen werden. Im Unterricht dürfen Fehler nicht als Indikatoren für Misserfolg verstanden werden, sondern als notwendige Begleiterscheinung von Lernprozessen. Dadurch können Demütigungen und Versagensgefühle vermindert und Erfolgserlebnisse vermehrt werden.

Nimmt man diese Ziele für den Unterricht ernst, wird den SchülerInnen die Chance auf eine Begegnung mit der jeweiligen Fachwissenschaft, die Interesse und Verstehen fördert, ermöglicht. Jeder Unterricht erhielte dadurch das Potenzial für eine Erziehung zur Mündigkeit und Selbstbestimmung und gibt den SchülerInnen Kompetenzen für ein lebenslanges Lernen mit auf ihren Lebensweg.

Nachhaltiges Lernen, höhere Lernebenen

An einer großen Universität Deutschlands entspann sich vor einigen Jahren die Diskussion über die Neuordnung der LehrerInnen-Ausbildung. Dabei sollte u.a. erreicht werden, dass die angehenden LehrerInnen eher als bisher den praktischen Bezug und Nutzen ihres Studiums für ihre spätere Arbeit erkennen sollten.

Im Rahmen dieser Bemühungen kam es für den Bereich „Haushalts- und Ernährungswissenschaften“ zu der spannenden Frage:

„Kann man bestimmte Ernährungssituationen beurteilen, ohne vorher eine grundlegende Vorlesung über Nährstoffe gehört zu haben?“

Konkret hieß das Problem: Kann eine Lernende auf Grund des ermittelten Nährstoffgehalts den ernährungsphysiologischen Wert einer Frühstücksmahlzeit bestimmen, ohne jemals vorher etwas über Nährstoffe gehört zu haben?

Die meisten FachwissenschaftlerInnen unter den DozentInnen verneinten diese Frage vehement. Eine solide Basis von Fachwissen sei die Grundvoraussetzung, um solche Problemstellungen bearbeiten zu können.

Demgegenüber behaupteten die ErziehungswissenschaftlerInnen und FachdidaktikerInnen, dass man Basiswissen sehr wohl erst bei der Bearbeitung einer solchen Frage erwerben und sofort anwenden könne. Dadurch erhalte das Faktenwissen seine Berechtigung und Nützlichkeit. Ein solches Vorgehen führe zu einem nachhaltigen Lernen und die Lernenden erreichten höhere Ebenen des Lernens.

An dieser Universität ist eine Lösung bisher nicht gefunden worden. (Vermutlich, weil die FachwissenschaftlerInnen in der Mehrzahl sind und kein äußerer Zwang besteht, sich zu bewegen.) Und so werden hier immer noch LehrerInnen ausgebildet, die in den fachwissenschaftlichen Vorlesungen mehrheitlich kein pädagogisches

Modell für ihren eigenen Weg bei der Verknüpfung von Fachwissenschaft und Pädagogik finden.

Wir stimmen den PädagogInnen in dieser Diskussion zu. Man kann sehr wohl von einem tagtäglichen Beispiel ausgehend Grundlagenwissen erwerben und dann sofort auf den aktuellen Fall anwenden. Durch eine solche Vorgehensweise wird der Erwerb des Basiswissens nützlich. Nimmt man weitere analoge Fälle hinzu, lernen die Lernenden, dieses Wissen so anzuwenden, dass es auch bei dem neuen Fall zur Lösung führt. In unserem konkreten Fall können die Vertiefung und Verfestigung durch die Bewertung anderer Mahlzeiten erfolgen.

Gehen Unterrichtende so vor, dann verfallen sie nicht der Illusion, dass gesammeltes Faktenwissen auch automatisch zu Handlungskompetenz führt. Die Beherrschung von Vokabeln ist zwar die Grundlage einer sprachlichen Kompetenz, führt aber nicht automatisch dazu, dass sich ein Mensch in einer Sprache verständlich machen kann. Ebenso führt die Beherrschung der Grundrechenarten nicht automatisch dazu, dass ein Mensch mathematische Probleme, wie sie ihm im Alltag beim Einkaufen begegnen, formulieren bzw. lösen kann.

Anders herum entstehen aus dem aktuellen Wunsch, in einer Fremdsprache kommunizieren zu können oder aus einer Lebenssituation, in der etwas berechnet werden muss, die Motivation, Vokabeln bzw. Grundrechenarten zu beherrschen.

Es gehört zu den Prinzipien des *Cooperative Learning*, darauf zu achten, dass die Lernenden die Nützlichkeit des Gelernten erkennen. Fachliche Problemstellungen haben – für die Lernenden erkennbar – immer einen Bezug zu ihrer Lebens- und Erfahrungswelt.

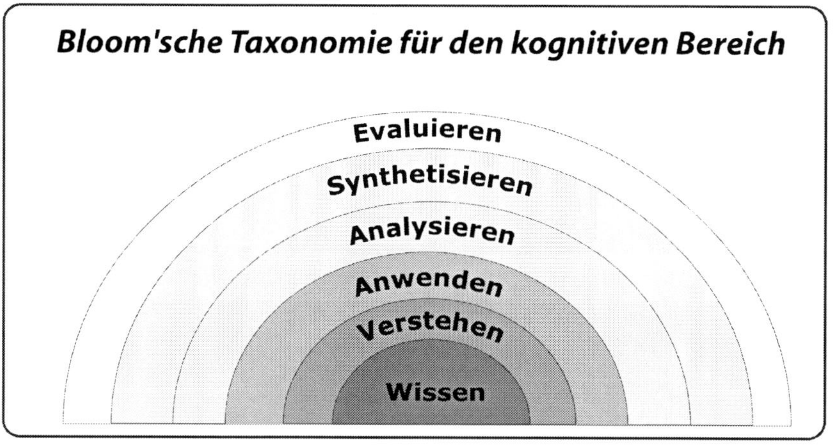

Abb. 12: Die Bloom'sche Taxonomie für den kognitiven Bereich

Exkurs: Bloom'sche Taxonomie

1. Stufe: Wissen (= Abruf von Fakten)

Beispiele: Wiedergabe eines Rezeptes, Nennen von Preisen aus dem Gedächtnis, Aufsagen eines Gedichts, Sicherheits- und Hygieneregeln nennen.

Schlüsselworte für Lernziele: definiert, beschreibt, sagt, nennt, zählt auf, erinnert, ruft sich in Gedächtnis, wer?, was?, wie?, wo?

Aufgabenbeispiel:

- Wer, was, wann, wo, wie ________________?
- Beschreiben Sie ________________?

2. Stufe: Verstehen

Begreifen der Bedeutung, Übersetzung und Interpretation von Anweisungen und Problemen; Beschreiben von Problemen, Vorgängen oder Lösungen mit eigenen Worten; Organisieren und Auswählen von Fakten und Ideen.

Beispiele: Beschreiben von Lösungsschritten mit eigenen Worten, Überschlagen von mathematischen Lösungen, Zusammenhänge aufzeigen, Darstellung von Gleichungen als Grafik; aus Tabellen Gleichungen entwickeln.

Schlüsselverben: versteht, konvertiert, erklärt, erweitert, generalisiert, gibt Beispiele, interpretiert, fasst zusammen, übersetzt, verteidigt, argumentiert.

Aufgabenbeispiel:

- Erzählen Sie ________________ mit eigenen Worten!
- Was ist die Hauptaussage von ________________?

3. Stufe: Anwendung

Nutzen der Fakten, Regeln und Prinzipien, Übertragen und Gebrauchen von Informationen oder Konzepten auf ein neues Problem; Anwendung von Wissen aus dem Unterricht auf Probleme am Arbeitsplatz.

Beispiele: Anwendung eines Handbuchs zur Lösung von Problemen mit einer Maschine; Benutzung von Arbeitsgesetzen zur Bestimmung von Urlaubszeiten einzelner Arbeitnehmer; Anwendung statistischer Gesetze zur Auswertung einer Untersuchung

Schlüsselverben: wendet an, wechselt, konstruiert, demonstriert, entdeckt, modifiziert, sagt voraus, bereitet vor, stellt her, zeigt, löst, gebraucht.

Aufgabenbeispiel:

- Inwiefern ist __________ ein Beispiel für ____________?
- In welcher Beziehung steht ___________ zu ____________?
- Warum ist ______________ wichtig?

4. Stufe: Analyse

Zerlegen eines komplexen Problems in einzelne Komponenten, so dass das Zusammenwirken der Komponenten verstanden werden kann; Unterscheiden von Fakten und Vermutungen.

Beispiele: Die Bedeutung eines einzelnen Bauteils durch logische Ableitung erklären; Kausalzusammenhänge erkennen; Informationen aus dem Lehrplan entnehmen und geeignete Aufgaben für den Unterricht aussuchen, um die verlangten Ziele zu erreichen.

Schlüsselverben: analysiert, bricht herunter, zerlegt, vergleicht, kontrastiert, zeichnet, differenziert, identifiziert, illustriert, sucht aus.

Aufgabenbeispiel:

- Was sind die Teile oder Merkmale von ________________?
- Klassifizieren Sie ________________ bezüglich ________________.!
- Beschreiben/Zeichnen/Vernetzen Sie ________________!
- Wie ist __________ vergleichbar mit bzw. steht ___________ im Kontrast zu ________?
- Wie können Sie ________________ belegen?

5. Stufe: Synthese

Aufbau einer Struktur oder Übersicht aus diversen Elementen, Zusammenfügen von Einzelteilen zu einem großen Ganzen, mit der Betonung auf dem Aufbau neuer Strukturen oder Bedeutungen.

Beispiele: Schreiben eines Fach- oder Handbuchs; Bau einer Maschine, die eine bestimmte Aufgabe erledigen kann; Integration verschiedener Einzeltrainings für eine komplexe Problemlösung, Überprüfung und Verbesserung eines Prozesses, um das Ergebnis zu verbessern.

Schlüsselverben: teilt ein, kombiniert, überträgt, erfindet, erschafft, plant, modifiziert, organisiert, baut wieder auf, stellt wieder her, schreibt nieder, fasst zusammen, berichtet, vernetzt, schätzt ab.

Aufgabenbeispiel:

- Was würden Sie anhand von/aus ________________ vorhersagen/schließen?
- Welche Ideen können Sie zu ________________ ergänzen?
- Wie würden sie ein neues ________________ kreieren/entwerfen?
- Was könnte passieren, wenn Sie ______________ mit ________________ kombinieren?
- Welche Lösungen schlagen Sie für ________________ vor?

6. Stufe: Evaluation

Entwickeln von Optionen, Urteilen oder Entscheidungen, Beurteilung des Wertes von Ideen oder Materialien

Beispiele: Identifizierung der optimalen Lösung, Beschaffung des besten Materials, Anstellen des am besten geeigneten Mitarbeiters; Erklären und Bewerten des neuen Budgets.

Schlüsselverben: vergleicht, beschließt, kontrastiert, kritisiert, verteidigt, argumentiert, beschreibt, wertet aus, erklärt, interpretiert, bewertet, vergleicht, fasst zusammen, berichtet, unterstützt.

Aufgabenbeispiel:

- Stimmen Sie ________________ zu?
- Was denken Sie über ________________?
- Was ist der/die/das wichtigste ________________?
- Ordnen Sie ________________ nach Priorität bezüglich ________________!
- Wie würden Sie im Fall ________________ entscheiden?
- Welche Kriterien würden Sie zur Einschätzung von ________________ zugrunde legen?

Nachhaltiges Lernen wird aber nicht nur durch einen Bezug zur Erfahrungswelt der SchülerInnen begünstigt, sondern auch durch das Arbeiten mit dem Wissen.

Cooperative Learning benutzt dabei u. a. Techniken, die auch als LdL (Lernen durch Lehren) bekannt geworden sind: Leistungsstarke SchülerInnen helfen leistungsschwachen beim Lernen.

Durch das Erklären eines Sachverhaltes verarbeitet die erklärende SchülerIn die Informationen noch einmal und bringt sie in eigene Worte. Damit verlässt sie schon die Ebene des „Wissens" und geht auf die Ebene des „Verstehens".

Wendet eine SchülerIn Kenntnisse auf ein ähnliches Problem an, ist sie bereits noch eine Ebene weiter gekommen.

Cooperative Learning unterstützt mit seinen methodischen Elementen die Durchdringung des Lernstoffs, das Erreichen höherer Lernebenen und damit auch das nachhaltige Lernen.

Methodisches Lernen

Immer noch spiegelt die Durchführung vieler Unterrichte das traditionelle Rollenverständnis von LehrerInnen und SchülerInnen wider: Die SchülerInnen sind die KonsumentInnen eines Unterrichts, für den die LehrerInnen Inhalte aus den einzelnen Wissensgebieten aussuchen, teilweise in ihrer Komplexität reduzieren und vermitteln. Auch wenn sie dies nicht beabsichtigen: Sie machen die SchülerInnen unselbständig und von sich abhängig.

Und die SchülerInnen machen mit: Sie entwickeln das Gefühl, ohne den LehrerInnen einen Zugang zu diesem Wissen nicht finden zu können. Das dies so ist, zeigt sich im Verhalten vieler SchülerInnen, die nun wiederum der LehrerIn die alleinige Verantwortung meist für das Ausbleiben des eigenen Lernerfolges zu schieben. „Sie erklären mir/uns das ja nicht richtig!"

Doch genau von diesem Verhalten wollen wir doch weg. SchülerInnen sollen lernen, eigenverantwortlich sozial zu handeln. Und wir müssen an dieser Stelle auch besser werden, sind wir doch selbst Kinder eines Systems starrer Vorschriften. Und gleichzeitig sind wir die Vorbilder. So werden wir Erwachsene auch lernen müssen, wenn neue Probleme auftreten, für die jeweilige Lösung Verantwortung zu übernehmen und nicht die Probleme zu bejammern.

SchülerInnen müssen auch lernen, Probleme zu lösen. Da ihnen die dazu notwendigen Werkzeuge häufig fehlen, gilt es, sie mit entsprechenden Fähigkeiten zu versehen. Je nach Kompetenzstand müssen sie z. B Wege zum Textverständnis oder zur Interpretation erlernen. Sie müssen lernen, aus welchen Gesichtspunkten man ein naturwissenschaftliches Problem angeht. Sie müssen erfahren, dass manchmal einfach nur der Weg „Versuch und Irrtum“ zu neuen Erkenntnissen führt und dass Fehler wichtige Schritte auf dem Weg zur Lösung sind.

Unterricht nach den Grundzügen des *Cooperative Learning* hilft ihnen beim Erwerb von Methodenkompetenz. Er lässt sie aber auch erkennen, dass, wenn mehrere Menschen über einem Problem brüten, die einzelnen Gedanken die Grundlage für eine Weiterentwicklung von Ideen sein können und schließlich auch zu einer Problemlösung durch das Team führen.

SchülerInnen, die die Vorteile des Arbeitens mit Synergien entdeckt haben, werden mit Freude zusammen arbeiten. Sie werden ein Team als die Summe aller Stärken der einzelnen Teammitglieder begreifen und diese Stärken nutzen.

Soziales Lernen

Cooperative Learning beschränkt sich aber nicht nur auf den kognitiven Lernbereich, sondern hat auch Auswirkungen auf die affektiven Fähigkeiten von Menschen.

Dieser Bereich schließt die Art ein, in der wir mit emotionalen Dingen wie Gefühlen, Werten, Anerkennung, Begeisterung, Motivation, aber auch Ärger, Frustration und Enttäuschung umgehen und wie wir uns verhalten.

Ingo Scheller beschreibt drei Stufen des affektiven Lernens: Erlebnis, Erfahrung, Haltung.

Grundsätzlich ist es notwendig, in der Schule neben Faktenwissen auch Werte und Normen zu vermitteln und Entwicklung von konstruktiven Einstellungen zu fördern.

Aus vielerlei Gründen lernen viele unserer SchülerInnen außerhalb der Schule viele wünschenswerte soziale Verhaltensweisen nicht mehr. Wir beklagen, dass immer mehr unserer SchülerInnen keine Ideale mehr hätten. Sie seien ohne Biss, unmotiviert und unsozial. Konflikte würden immer weniger im Kompromiss gelöst. Entweder bestimme altes Machtverhalten das Szenario oder ein Davonlaufen.

Tatsächlich können wir an Schulen immer mehr gewaltsame Auseinandersetzungen beobachten. Nach einer Veröffentlichung des Bundesinnenministers aus dem Monat Juni 2005 nahm die Anzahl der angezeigten Gewaltdelikte durch junge Menschen sogar gegenüber dem Vorjahr zu. Dies trifft insbesondere auf Jugendliche aus Problemfamilien zu.

Kinder und Jugendliche brauchen männliche und weibliche Vorbilder im Leben, die ihnen erwachsenes Verhalten in bestimmten Situationen vorleben. Damit Kinder sich sozial verantwortlich verhalten, müssen sich u.a. Erwachsene in der Familie, aber auch in anderen Situationen des Lebens sozial verantwortlich zeigen.

In Erziehungsdingen hinterlässt das Beispiel der Erwachsenen tiefere Spuren als ihre Belehrung durch Worte.[16]

LehrerInnen sind wichtigere Modelle, als ihnen manchmal bewusst ist und als vielen lieb ist. Ihre Art, mit Unbekanntem und Ungewohnten umzugehen, ihr Stressverhalten, ihr Konfliktlösungsverhalten, ihr Arbeitsverhalten beeinflussen das Verhalten von SchülerInnen. Ein höfliches und respektvolles Auftreten gegenüber SchülerInnen (und KollegInnen) erzeugt einen respektvollen Umgang innerhalb der Klasse. Da, wo LehrerInnen klar sind, laden sie nicht zu ständigen Grenzübertritten durch SchülerInnen ein. Eine ruhige, zugewandte Führung veranlasst SchülerInnen zuzuhören, Argumente abzuwägen und Kompromisse einzugehen. Ein überzeugendes Arbeitsverhalten motiviert SchülerInnen dazu, genauso exakt und verlässlich werden zu wollen.

LehrerInnen, die ruppig mit ihren SchülerInnen umgehen, jammern, Entschuldigungen benutzen und wenig zuverlässig sind, bekommen dieses Verhalten durch die SchülerInnen gespiegelt.

Unterrichtende, die mit *Cooperative Learning* arbeiten, haben die sozialen Fähigkeiten der SchülerInnen im Fokus und schulen sie. Jeder Arbeitsauftrag an die SchülerInnen besteht aus einem fachlichen und einem sozialen Teil.

So lernen die SchülerInnen zunächst die sozialen Fähigkeiten, die gewährleisten sollen, dass die Teams effektiv arbeiten können. Tabelle 1 auf Seite 58 gibt eine kleine Auswahl von sozialen Fähigkeiten, die in der Schule trainiert werden können, wieder.

[16] Juul, Jesper: Das kompetente Kind, rororo Reinbek bei Hamburg 2. Auflage 2004

- aktiv zuhören
- sich gegenseitig unterstützen
- ermutigen
- Unterschiede anerkennen
- Ideen einbringen
- Ideen weiterentwickeln
- diskutieren
- argumentieren
- vermitteln
- Entscheidungen treffen
- Verantwortung übernehmen
- zuverlässig sein
- loben
- „Bitte“ / „Danke“ sagen
- begrüßen, verabschieden
- leise sprechen
- bestimmt sein
- konstruktiv kritisieren
- mit Namen ansprechen
- Ablenkung ignorieren
- einen Plan / ein Ziel verfolgen
- sich unter Kontrolle haben
- Gefühle angemessen beschreiben

Tabelle 1: Soziale Fähigkeiten

Das ständige Training sozialer Fähigkeiten und die Reflexion der Gruppenprozesse nach jeder Arbeitsphase mit dem Ziel, die Arbeitsweise des Teams zu verbessern, führt dazu, dass die SchülerInnen die notwendigen sozialen Fähigkeiten nicht nur erlernen, sondern sie letztendlich verinnerlichen.

Benjamin Bloom und sein Team haben auch für den affektiven Bereich verschiedene Lernebenen definiert. Folgt man dieser Einteilung, sorgt die Verinnerlichung von affektiven Verhaltensweisen schließlich zu einer definierten Haltung, die von innen heraus kommt und keine Alternative im Regelfall mehr zulässt.

Abb. 13: Die Bloom'sche Taxonomie für den affektiven Bereich

Diese Haltung korrespondiert unmittelbar mit der Selbstkompetenz eines Menschen.

Selbstkompetenz

Die Erfolge, die SchülerInnen im Unterricht mit *Cooperative Learning* erfahren, die Zusammenarbeit mit anderen und die Stärkung der Sozialkompetenz bewirken, dass sich SchülerInnen anders mit ihren MitschülerInnen, mit der Schule und mit ihrer Umwelt im allgemeinen auseinandersetzen.

Sie erfahren eine Stärkung der Selbst- oder Personalkompetenz. Sie können sich artikulieren und haben es nicht mehr nötig, mit Gewalt auf Problemsituationen zu reagieren.

Lernen in den drei Lernformen

Für jeden Unterricht ist das Aufstellen eines fachlichen Inhaltskataloges ebenso sinnvoll wie das Bewusstmachen der zu erreichenden Ziele. Aber erst die methodischen Überlegungen, wie dieses Wissen zu vermitteln ist, macht einen Unterricht daraus. Die sorgfältige Planung der Lernprozesse ist dabei eine wichtige Aufgabe der Lehrkraft.[17]

Heymann beschreibt, die vorherrschende Art zu unterrichten sei ein „... frontal geführter fragend-entwickelnder Unterricht, mit wenig direkter Kommunikation unter den SchülerInnen und starker Fixierung auf die dominante Rolle der LehrerIn."[18]

Frontalunterricht lässt nur wenig Raum für Kommunikation und Kooperation zwischen SchülerInnen, ein Erfahren der Unterrichtsinhalte im Sinne von entdeckendem Lernen ist kaum möglich, Versuche zum eigenen Modellieren z.B. naturwissenschaftlicher Zusammenhänge finden nur in Ausnahmen statt. Die Interaktionsstruktur im Frontalunterricht führt unweigerlich zu Begrenzungen und Verengungen der SchülerInnen-Aktivität, was die Realisation der angepeilten allgemeinbildenden Ziele erschwert oder sogar verhindert[19].

Es bedarf daher einer Veränderung der – auch an Gymnasien üblichen - Unterrichtsform. Wie Heymann sprechen sich auch andere AutorInnen in diesem Zusammenhang für eine Änderung der Unterrichtskultur aus. Darunter verstehen sie die Art, in der sich Schüle-

[17] vgl. Henn, H.-W.: „Strukturiertes Üben mit dem Computer" in Mathematik lehren Friedrich Verlag Seelze Dezember 2002; S. 50
[18] vgl. Heymann,H.W.: Allgemeinbildung und Mathematik; S. 256
[19] vgl. Heymann,H.W.: Allgemeinbildung und Mathematik; S. 252

rInnen und LehrerInnen im Unterricht begegnen und wie sie gemeinsam die Unterrichtsinhalte behandeln[20].

Grundsätzlich gibt es drei Wege, wie Lernende in der Schule, aber auch MitarbeiterInnen in einem Unternehmen – und somit auch LehrerInnen – miteinander umgehen und arbeiten:

• individualistisch	Sie versuchen, Lösungen alleine zu finden. Im Extremfall werden sie sich ohne Rücksicht auf den anderen als EinzelkämpferInnen durch's Leben schlagen.
• kooperativ	Sie arbeiten zusammen und nutzen die jeweiligen Stärken der Gruppenmitglieder.
• kompetitiv	Sie arbeiten im Plenum und stehen dabei in einem Wettbewerb zueinander um herauszufinden, wer von ihnen der beste ist.

Fragt man SchülerInnen, welche dieser drei Lern- oder Arbeitsformen ihnen am bekanntesten ist, so stehen der „Wettbewerb" und die „EinzelkämpferIn" vorne an.

In der „traditionellen" Schule werden Aufgaben im Alleingang bearbeitet. Ziel ist es, eine gute Note für sich zu erreichen. Dabei hilft es, die persönliche Leistung im Vergleich zu den MitschülerInnen zu sehen: „Wenn Hans eine drei bekommt, bin ich aber mindestens gut!" Ein Erfolg „Erster Klasse" beruht darauf, besser zu sein als seine MitschülerInnen.

Motivierend ist die **kompetitive Lernform** dann, wenn die SchülerIn davon überzeugt ist, gewinnen zu können und somit die Sicherheit hat, erfolgreich aus dieser Situation herauszukommen. Wenn die SchülerIn von sich aus ein großes Interesse an dem Sachverhalt

[20] .vgl. Heymann,H.W.: Allgemeinbildung und Mathematik; S. 204

oder dem Lernbereich hat, ist sie eher bereit, sich dem damit verbundenen Druck und Stress auszusetzen.

Abb. 14: Die drei Lernformen

Auch das **individualistische Lernen** ist gut geeignet für SchülerInnen, die einen Sachverhalt oder einen Lernbereich schon verstanden haben und verschiedene Lösungsmöglichkeiten und Problemlösestrategien kennen. Kommt dann noch Interesse an der Aufgabe hinzu, steht einer erfolgreichen Beendigung der Arbeit nichts im Weg.

Anders verhält es sich bei SchülerInnen, die nicht über diese Qualifikationen verfügen. Lernende, die während der Schulzeit ohnehin nicht sehr erfolgreich sind, leiden besonders unter der kompetitiven Form. Ohne die benötigten Sachkenntnisse oder Lösungsstrategien wird eine SchülerIn die Aufgabe nicht lösen können und aufgeben, sobald sie auf Schwierigkeiten stößt.

Durch den direkten Vergleich mit den MitschülerInnen wächst der Erfolgsdruck und damit verbunden auch die Versagensangst. Alle SchülerInnen sind im Wettbewerb durch eine negative Abhängigkeit miteinander verbunden: Wenn eine gewinnt, verlieren alle anderen. SchülerInnen, die häufig nicht gewonnen haben, werden irgendwann gar nicht mehr zum Wettstreit antreten und gleich aufgeben.

Dieses Phänomen kann besonders bei mündlichen Unterrichtsbeiträgen beobachtet werden: Während die SchülerIn, die zuerst drangenommen wird, noch ein Lob für ihre Antwort erhält (= GewinnerIn), kann die zweite SchülerIn mit der Aussage „Das wollte ich auch sagen." keinen mehr beeindrucken (= 1. VerliererIn).

Als LehrerInnen beklagen wir uns im Zusammenhang gerade mit frustrierten SchülerInnen über das mangelnde Durchhaltevermögen und nennen sie dann „unmotiviert".

Diese Form der „Zusammenarbeit" setzt sich in der Berufsausbildung und am Arbeitsplatz fort. Berufliche Konkurrenzen verstärken das Gefühl, immer im Wettbewerb zu stehen. Anschwärzen und Mobbing auf dem Arbeitsplatz, aber auch gewalttätige Verzweiflungstaten, die uns für kurze Zeit sprachlos werden lassen, sind letztendlich die Auswüchse dieses in der Schule angelegten Sozial- und Arbeitsverhaltens.

Bei der **kooperativen Lern- und Arbeitsform** können sich Teampartner gegenseitig beim Lernen helfen. Die guten SchülerInnen erklären den schwächeren SchülerInnen die Aufgabe und zeigen so die verschiedenen Lösungsstrategien auf.
Diese Arbeitsform bietet somit mehrere Vorteile:

- SchülerInnen fühlen sich seltener hilflos, sie können die Aufgabe erfolgreich beenden, was sich positiv auf das Selbstwertgefühl auswirkt.
- SchülerInnen können die Erfahrung machen, dass gemeinsam entwickelte Ideen schneller zum Ziel führen und Probleme zusammen leichter zu lösen sind.
- SchülerInnen üben sich im Balanceakt zwischen „Selbst lösen wollen" und „Hilfe annehmen".
- SchülerInnen haben Spaß am Lernen.

Echte Zusammenarbeit und das Feiern gemeinsamer Erfolge, gegenseitige Hilfe bei den Hausaufgaben, gemeinsames Lernen und Arbeiten ohne Rücksicht auf ethnische, sozialer oder religiöse Hintergründe oder das Geschlecht, behindert oder nicht, finden in der Schule kaum statt. Und so ist es nicht verwunderlich, dass viele Erwachsene die Teamfähigkeit im Beruf erst mühsam erlernen. Daher sollte Schule diese Aufgabe bewusster und verantwortungsvoller wahrnehmen.

Um SchülerInnen auf das Leben vorzubereiten, müssen alle drei Lernformen regelmäßig benutzt und geübt werden, auch wenn sich möglicherweise individuell eine Vorliebe für eine der drei Formen herausbildet.

Cooperative Learning berücksichtigt auch im kooperativen Ansatz alle drei Lernformen. Die einzelnen Methodenelemente fördern neben der Arbeit im Team sowohl das individualistische wie auch das kompetitive Lernen.

Individualistisches und kompetitives Lernen finden jedoch in einer sicheren Lernatmosphäre statt, in der sich keine SchülerIn blamieren kann oder bloßgestellt wird. Und weil alle anderen Lehrmethoden weiterhin zu ihrem aktiven Werkzeugsatz gehören, wird es eine Überbetonung des kooperativen Ansatzes nicht geben.

Ein konkretes Beispiel:

Die SchülerInnen sollen ihre Lesefähigkeit beweisen. Wer 90% der bekannten Wörter lesen kann, besteht. In der individualistischen Arbeitsform kämpft jede SchülerIn für sich selbst, das Ziel zu erreichen. Ihr eigener Erfolg oder Misserfolg hängt nicht von dem Können ihrer MitschülerInnen ab. Jede, die das Ziel erreicht, hat gewonnen. Gute SchülerInnen bestehen, die schwachen nicht.

Bei einer kompetitiven Arbeitsform kämpft jede gegen jede, sobald eine das Ziel erreicht hat, haben alle anderen verloren. Der eigene Erfolg oder Misserfolg hängt unmittelbar mit dem Können der MitschülerInnen zusammen. Nur der beste besteht, schwache SchülerInnen haben keine Chance.

In einer kooperativen Lernsituation müssen „gute" und „schwache" SchülerInnen zusammenarbeiten. Die „guten SchülerInnen" können nur bestehen, wenn jedes Mitglied der Gruppe, in der sie arbeiten, die 90% der vorgelegten Wörter lesen kann. Die leistungsstarken trainieren die leistungsschwachen SchülerInnen, keiner kann sich ausklinken. Beide Personengruppen sind mit Lernen beschäftigt. Wenn sie dabei das Gefühl entwickeln, nur gemeinsam schwimmen oder untergehen zu können, sind sie positiv voneinander abhängig. Alle gewinnen gemeinsam und haben ein Erfolgserlebnis!

Die drei Lernformen kommen nicht immer einzeln vor, sondern es sind verschiedene Lernsituationen vorstellbar, in denen zwei oder sogar alle drei Lern- und Arbeitsformen aktiv sind:

1. Ein Lesewettbewerb zwischen allen 1. Klassen, wobei die Klasse gewinnt, die zusammen die meisten Punkte erbringt.
2. Ein Wettbewerb zwischen Schulen, in dem ein Kompetenzzuwachs während eines Projektes bewertet wird. Innerhalb des Projektes müssen Spezialisten ausgebildet werden, die wiederum Heimatarbeitsgruppen mit ihrem Wissen füttern.

Lernen in allen vier Kompetenzbereichen

Alle neu formulierten Lehrpläne fordern von den Unterrichtenden, im Unterricht alle vier Kompetenzbereiche anzusprechen, zu fördern und zu fordern. Wie schon beschrieben, erfordert das Verständnis eines sozial eigenverantwortlichen Lebens und Lernens, dass die Schule Lernsituationen schafft, in denen SchülerInnen in Teams aktiv und effizient zusammenarbeiten können, um Wissen aufzubauen und Probleme zu lösen.

Genau hier setzt *Cooperative Learning* als Unterrichtsstrategie an.

Folgt die Unterrichtsplanung den Grundzügen des *Cooperative Learning*, wird ein Unterrichtsumfeld geschaffen, das persönliches, soziales, methodisches und fachliches Lernen in kooperativer Form ermöglicht. Die SchülerInnen sind aufgefordert, eine aktive Rolle im Lernprozess einzunehmen und ein sozial verantwortliches Verhalten einzuüben. Den LehrerInnen fällt die Aufgabe zu, dieses Lernumfeld zu schaffen und den Prozess zu unterstützen.

Diese Lernprozesse finden in einer fortwährend sicheren Lernatmosphäre statt, die Sackgassen (früher: Fehler) nicht nur zulässt, sondern als einen Teil des Lösungsweges – und damit des Lernprozesses – definiert. Somit übt *Cooperative Learning* auch den Umgang mit Frustrationen und deren Überwindung.

Cooperative Learning erzeugt einen ganzheitlichen Unterricht, der Kopf, Hand und Seele fördert und fordert.

Zusammenfassung

Sucht man nach einer Unterrichtsgestaltung, die höchste Effizienz verspricht, dann müssen alle in diesem Kapitel angesprochenen Punkte berücksichtigt werden. Je nach Lerninhalt, Lernziel und Lerngruppe muss eine ausgewogene Mischung aus individueller, kompetitiver ***und*** kooperativer Lern- und Arbeitsform gefunden werden.

Es wird deutlich, dass die grundlegenden Fragen des Fachunterrichts nicht getrennt voneinander betrachtet werden können. Die Ziele, die Inhalte und die Gestaltung von Unterricht müssen ein Gesamtkonzept ergeben. Forderungen nach einem modernen Unterricht, die in der einschlägigen Literatur zu finden sind, haben in die aktuellen Lehrpläne Eingang gefunden. Diese Lehrpläne beschreiben nicht nur die Vermittlung von fachlichen Kompetenzen, sondern fordern gleichrangig einen Beitrag zum Erwerb der Lernkompetenzen mit ihren vier Aspekten der Sach-, Methoden-, Selbst und Sozialkompetenz. Aufgabe der LehrerIn muss es also sein, eine Unterrichtskultur zu schaffen, die alle geforderten Aspekte des Lehrplanes erfüllt und somit die in diesem Kapitel vorgestellten grundlegenden Aspekte eines modernen Unterrichtes erreicht.

Einen Weg zu einer modernen, diesen Anforderungen entsprechenden Unterrichtsform bietet die Unterrichtsstrategie „*Cooperative Learning* – Effektives Lernen im Team".

Mach mit!

Anders unterrichten

Cooperative Learning

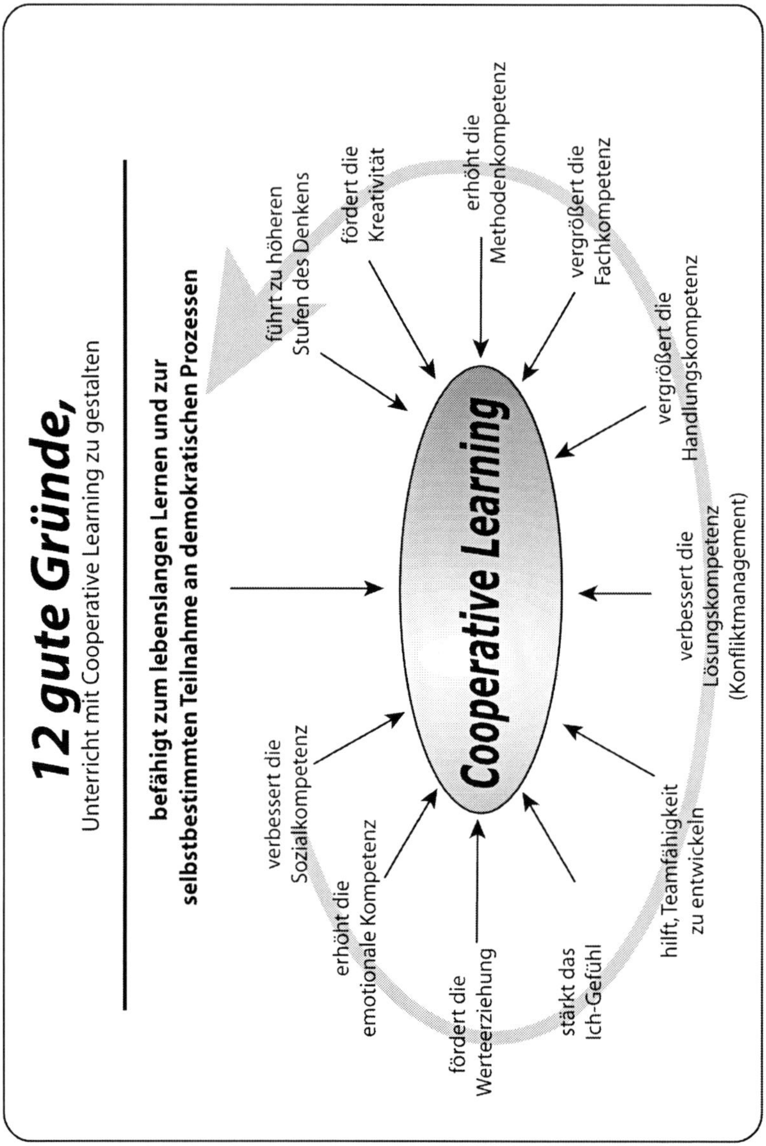

Abb. 15: 12 gute Gründe für Unterricht mit Cooperative Learning

Jetzt wird's praktisch!

An dieser Stelle im Buch beginnt der unterrichtspraktische Teil!

4

Kapitel 4 – Wie sieht Unterricht nach *Cooperative Learning* grundsätzlich aus?

In diesem Kapitel beschäftigen wir uns mit der vorrangigen Arbeitsform, dem Team und den drei Säulen, welche die Basis der Unterrichtsplanung für einen Unterricht mit *Cooperative Learning* bilden.

Lernen und Arbeiten in Teams

Wie der Name schon sagt, findet *Cooperative Learning* in Gruppen statt. Zu Beginn bestehen die Teams nur aus zwei oder drei SchülerInnen. Dabei achten wir darauf, dass sich im Laufe der nächsten Wochen immer neue Paare ergeben, so dass schließlich alle mindestens einmal mit einander gearbeitet haben und sich Arbeitsbeziehungen aufgebaut haben. Dazu mehr auf Seite 179. In dem Maß, in dem die SchülerInnen Sicherheit in der Kooperation mit ihren MitschülerInnen spüren und auch die persönlichen Vorteile, die diese Arbeitsweise für sie bringt, wahrnehmen, können wir größere Gruppen (4 bis 6 TeilnehmerInnen) bilden.

Nun ist eine Gruppe nicht automatisch ein Team. Eigentlich kennen wir den Begriff „Team" auch eher aus der Berufs- oder Sportwelt, wo er aber zunächst auch nur eine Gruppe von Menschen beschreibt, von denen man ausgehen darf, dass sie ein gemeinsames Ziel, den Sieg des Teams, verfolgen. Die BeobachterIn von draußen stellt fest, dass diese Teams Namen haben (manchmal den ihres Sponsors), einheitlich gekleidet sind und sich unter einem Logo vereinen. Und wir erkennen, dass in diesen Teams auch Individuen zu finden sind, die sich manchmal z.B. durch eine Spezialaufgabe oder als Leistungsträger hervortun. Das Team im Sport ist also nicht immer homogen, schon gar keine Einheitssauce.

In der Schule sind Teams seltener oder treten nicht so publikumswirksam auf. Es gibt es zwar immer häufiger „LehrerInnenteams", aber von Schülerteams reden wir nur sehr selten. Teams aus LehrerInnen und SchülerInnen kommen fast nie vor.

Auch hinsichtlich der Zusammensetzung der Teams herrschen sehr unterschiedliche Ansichten darüber, welche Form denn nun die optimale sei. Heterogene Teams zumindest scheinen in vielen LehrerInnenköpfen ein Synonym für kleine Katastrophen zu sein.

Ist das deutsche Wort „Gruppe" nur die Übersetzung von „Team", oder stecken verschiedenen Bedeutungen in diesen Worten. Dieser Frage wollen wir jetzt nachgehen.

Was ist ein Team?

Damit alle TeilnehmerInnen *Cooperative Lear*ning verstehen, klären wir diese Frage zu Anfang jeder Fortbildungsveranstaltung. Mit Hilfe von vier unterschiedlichen Bildern werden die Assoziationen der TeilnehmerInnen zum Wort „Team“ abgefragt. Dabei erhalten wir immer ziemlich ähnliche Antworten:

In einem Team findet man

- ein gemeinsames Ziel
- das Erreichen eines Ergebnisses/ Produktfertigung
- Zusammenhalt
- Zusammenarbeit
- gegenseitige Unterstützung
- verschiedene Individuen
- verschiedenen Stärken/ Schwächen
- gegenseitiges Ergänzen
- Bewegung/Entwicklung
- Chaos/Ordnung
- Konfliktfähigkeit
- Kommunikation
- gemeinsame Verantwortung
- dass jeder einzelne zählt
- Gefühl, gemeinsam sind wir stark
- Vertrauen
- Zuverlässigkeit

Wenn wir unsere SchülerInnengruppen betrachten, werden in vielen Schulformen nur die wenigsten dieser Punkte erfüllt:

- Bei den Gruppenmitgliedern handelt sich um verschiedene Individuen, die verschiedene Stärken und Schwächen haben. Und das ist dann auch schon fast alles.
- Das gemeinsame Ziel, das meistens die im Unterricht gestellte Aufgabe ist, wird oft gar nicht von allen verfolgt. Somit kommt es auch nur selten zu effektiver Zusammenarbeit oder gar zur gegenseitigen Unterstützung. Oft bietet sich uns das Bild, dass einzelne SchülerInnen eifrig arbeiten und die Aufgabe lösen, während sich andere SchülerInnen zurücklehnen oder mit anderen Sachen beschäftigt sind.
- Die Kommunikation ist wenig zielgerichtet und von Konfliktfähigkeit keine Spur.

Methode „Eckenplausch"

(Four Corners):

Über eine OHP-Folie werden die vier Bilder an eine Projektionswand projiziert. Die einzelnen Bilder finden sich jeweils in den vier Ecken des Raumes wieder. Die TeilnehmerInnen werden aufgefordert, kurz nachzudenken, welches Bild ihren Vorstellungen von „Team" am ehesten entgegen kommt. Danach sollen sie in die Ecke zu gehen, in denen ihr Bild hängt.

Dort angekommen sollen sie sich eine PartnerIn suchen und sich mit ihr darüber austauschen, warum sie sich dieses Bild ausgesucht haben.

„Team“ ist also viel mehr als nur ein modernes Wort für eine Ansammlung von Personen. Für uns soll im Weiteren folgende Definition gelten[21]:

Ein Team ist in der Regel

- eine Gruppe von 2 bis 8 Fachleuten, die ...
- ... gemeinsam eigenverantwortlich und zielorientiert ...
- ... an einer nach außen wirksamen komplexen Aufgabe ...
- ... unter Nutzung des speziellen Fachwissens ...
- ... nach gemeinsam beschlossenen Regeln arbeiten.[22]

Die vier Phasen der Teamentwicklung

Damit ein Team die anstehenden Aufgaben optimal bewältigen kann, müssen bestimmte Voraussetzungen erfüllt sein. Neben den fachlichen spielen vor allem die sozialen Kompetenzen eine wesentliche Rolle für eine erfolgreiche Teamarbeit. Je nach Alter und Bildungsstand kann man einen gewissen Grad an fachlicher Kompetenz bei jedem Teammitglied voraussetzen, die notwendigen sozialen Fähigkeiten müssen aber häufig auch bei erwachsenen Teammitgliedern noch entwickelt und geschult werden. Bei jeder neuen Teambildung werden wieder neue Erfahrungen gemacht und neue Erkenntnisse erworben. Jedes Team ist also immer auch eine Lerngruppe und durchläuft vier Entwicklungsphasen: Zugehörigkeits-, Verantwortungs-, Offenheits- und Trennungsphase.

Ein Team kann bei Übergängen innerhalb dieser vier Phasen hin und her wechseln. Es ist daher wichtig, alle Phasen zu kennen und zu wissen, in welcher Phase sich das Team gerade befindet. Nur eine

[21] vgl. S. Bender : Teamentwicklung; Deutscher Taschenbuch Verlag, München; 2002; S.17f
[22] vgl. Gellert, Manfred und Claus Nowak: Teamarbeit – Teamentwicklung – Teamberatung, 2. überarbeitete Auflage Verlag Christa Limmer, Meezen (2004)

TeamleiterIn, die alle vier Phasen kennt, kann auftretende Probleme richtig einschätzen und die richtige Hilfestellung zur Weiterentwicklung des Teams geben.

Wer ist die TeamleiterIn?

Die TeamleiterIn kann aus der Mitte der Teammitglieder bestimmt werden oder sie leitet das Team von außen. Für den Unterricht bedeutet dies: TeamleiterIn ist entweder die LehrerIn oder ein Mitglied des jeweiligen SchülerInnenteams.

Solange SchülerInnenteams in Teamarbeit ungeübt sind, ist es sinnvoll, die Teamleitung als LehrerIn zu behalten. Durch das Installieren positiver Abhängigkeiten – z.B. durch Rollen – können die SchülerInnen üben, in Teilbereichen Verantwortung für die Arbeit der Gruppe und so partiell LeiterInnenfunktion zu übernehmen.

In gut arbeitenden Teams übernehmen alle die Verantwortung für die Arbeit und unterstützen sich gegenseitig.

In diesen Fällen muss die TeamleiterIn nicht diesen Namen tragen. Manchmal sind es die EntscheiderIn, manchmal die Zeitwächterin und dann wieder die NachfragerIn, welche die Gruppe an der Arbeit halten, Korrekturen in der Arbeitsweise vornehmen und vorrangig für die Unterstützung der anderen Teammitglieder sorgen.

Wird die Teamleitung auf das Team selbst übertragen, übernimmt die Unterrichtende die Aufgabe der SupervisorIn.

Zugehörigkeitsphase

Jedes Mal, wenn ein Team neu zusammengesetzt wird, bringt jedes Teammitglied seine eigene persönliche Vorgeschichte mit. Jede einzelne hat entweder gute, schlechte oder noch gar keine Erfahrungen mit Teamarbeit gemacht. Diese Erfahrungen prägen die erste Phase der Teambildung enorm. In der Zugehörigkeitsphase versuchen die einzelnen Teammitglieder Kontakt zueinander auf zu nehmen, um sich kennen zu lernen. Je nach Vorerfahrungen verhalten sich die Personen offen und neugierig, neutral und abwartend oder verschlossen und reserviert.

In dieser Phase muss sich jedes Teammitglied mit der Frage auseinandersetzen, ob es zu diesem Team gehören will oder nicht. Diese Frage wird überwiegend im Stillen von jedem einzelnen für sich geklärt und ist meistens von Zweifeln begleitet: Bin ich in diesem Team richtig? Wie wichtig bin ich in diesem Team? Werde ich meine Identität und Individualität bewahren können? Haben die anderen überhaupt ein Interesse daran zu erfahren, wer ich bin und was ich kann?

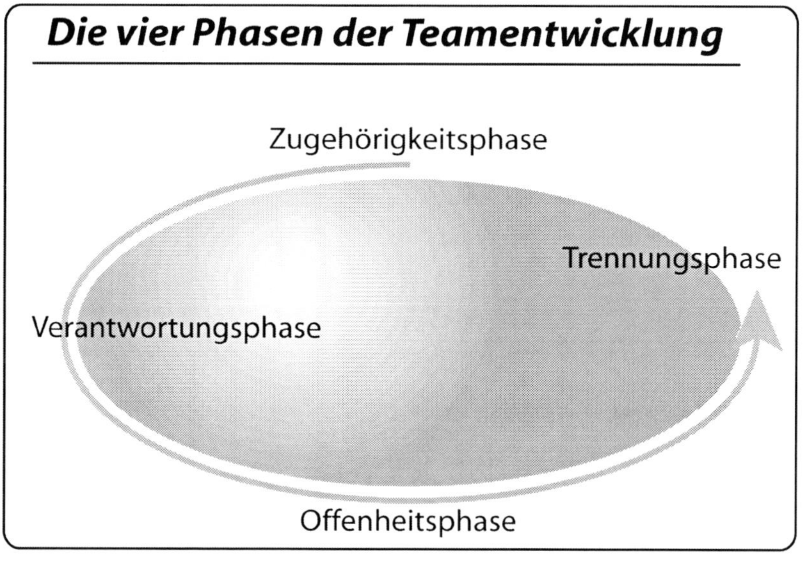

Abb. 16: Die vier Phasen der Teambildung

Erst wenn diese Frage geklärt ist, kann das Team verbindlich zusammen arbeiten. Da diese Zweifel Energie binden, sollte diese Phase von jeder TeamleiterIn sehr ernst genommen werden und genügend Zeit und Raum für diese Phase zulassen. Alles, was am Anfang nicht ausreichend geklärt wird, kann später die Arbeit blockieren.

Eine besonders große Rolle in dieser Phase spielt die Achtsamkeit! Achtsamkeit bedeutet, die anderen in ihrer Andersartigkeit wahrzunehmen und auszuhalten. Jedes Teammitglied muss trainieren, ihren TeamkollegInnen durch das eigene Verhalten zu signalisieren: „Ich akzeptiere dich. Das, was Du von Dir erzählst, ist für mich wichtig."

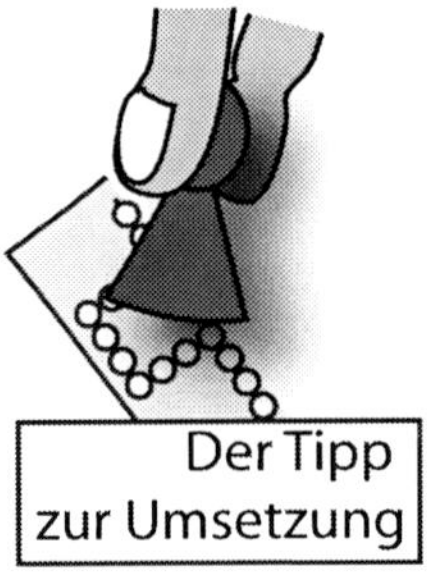

Wenn Sie mit Teamarbeit beginnen, werden Sie auf Widerstände stoßen, wenn Sie bestehende Cliquen nicht zusammen arbeiten lassen.

Darum beginnen Sie zunächst vorsichtig und nur mit Paararbeit. Anweisung: „Such Dir einen Partner, mit dem Du nicht an einem Tisch sitzt!"

Machen Sie deutlich, was Sie von Ihren SchülerInnen erwarten: „Jeder steht auf, wenn ich die Ausführungsanweisung gebe und sucht sich aktiv einen Partner von einem anderen Tisch!"

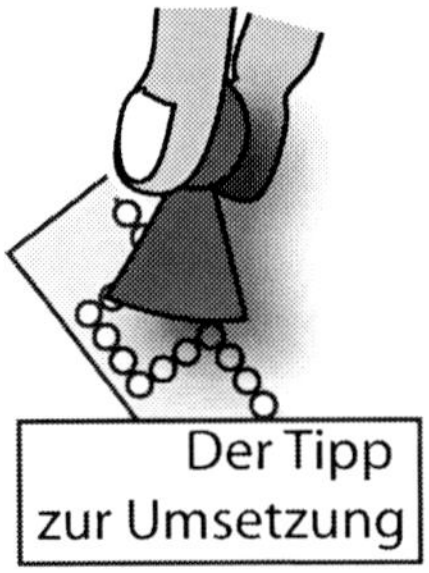

Tipp zum Geben von Anweisungen:

Häufig warten unsere SchülerInnen nicht ab, bis wir mit der Anweisung, die wir gerade geben, fertig sind. Gewöhnen Sie Ihre SchülerInnen daran, dass eine Anweisung aus zwei Teilen besteht: Der Ankündigung und der Ausführungsanweisung.

In der Ankündigung erklären Sie, was Sie wollen. Zu diesem Zeitpunkt können die SchülerInnen auch nachfragen. Je nach dem Grad, in dem die SchülerInnen zuhören können, überprüfen Sie bitte stichprobenartig, ob auch die, die sonst nicht wissen, was anliegt, ihre Aufgabe kennen.

Erst dann geben Sie die Ausführungsanweisung und die SchülerInnen beginnen mit ihren Aktivitäten. (*Mehr auf Seite 120*)

Ein weiteres wichtiges Thema in der Zugehörigkeitsphase ist das Setzen von äußeren Grenzen. Damit ist gemeint, dass allen Teammitgliedern die Rahmenbedingungen der Teamarbeit deutlich gemacht werden: Wer gehört zu diesem Team und wer nicht, in welchem Zeitrahmen arbeitet das Team, welche Anforderungen werden gestellt, welche Verpflichtung wird eingegangen?

In der Zugehörigkeitsphase muss die TeamleiterIn die Aufgabe der Strukturierung und Organisation übernehmen, damit die Teammitglieder sich orientieren können. Am Ende dieser Phase muss jedes Teammitglied seinen Platz in seinem Team gefunden haben und sich „zu Hause" fühlen. Größere Teams finden übrigens schneller durch „*warming ups*" zusammen. *(Mehr dazu auf Seite 213.)*

Sie können erst mit größeren Gruppen arbeiten, wenn 95% der SchülerInnen mit einander in Sicherheit arbeiten können. Vorher müssen Sie die SchülerInnen in Paararbeit führen.

Verantwortungsphase

Die Verantwortungsphase ist die eigentliche Arbeitsphase. Erst wenn die äußeren Grenzen des Teams geklärt sind und sich jede verbindlich für die Mitarbeit im Team entschieden hat, ist jede einzelne auch bereit, die Verantwortung für die Ergebnisse des Teams zu übernehmen.

Wenn alle SchülerInnen davon überzeugt sind, dass sie in jedem Team, das aus den Mitgliedern der Klasse gebildet wird, arbeiten können, findet dieser Entscheidungsprozess nicht mehr spektakulär beobachtbar statt, sondern stillschweigend.

Es ist ein sicheres Zeichen, dass die Zugehörigkeitsphase beendet ist und die Verantwortungsphase begonnen hat, wenn es im Team deutlich ungemütlicher wird. Das Team beginnt nun mit der inhaltlichen Arbeit. Das heißt, es werden Entscheidungen getroffen, Verantwortlichkeiten werden aufgeteilt und die Machtverhältnisse werden geklärt. Je nach Veranlagung der einzelnen Mitglieder wird jede versuchen, das für sie richtige Maß an Verantwortung zu übernehmen. Oftmals kommt es dabei zu einem Konkurrenzkampf um die heimliche Teamführung.

Wenn ein Team in Machtkämpfen fest hängt, hat die TeamleiterIn die schwierige Aufgabe, diesem Team deutlich zu machen, dass nur ein kooperatives Miteinander das Team weiterbringt, ohne dass sie dabei Partei ergreift oder sich in die Machtkämpfe hinein ziehen lässt.

Wenn die Teammitglieder in der Lage sind, ihre Kompetenzen realistisch einzuschätzen, werden sie sich konstruktiv mit diesem Problem auseinandersetzen. In dieser Phase wird jedes Teammitglied seine eigenen Interessen und Erwartungen klar formulieren. Nun gilt es, Wege zu finden, jedes Teammitglied zufrieden stellend in die Arbeit einzubinden.

Durch die produktive Auseinandersetzung werden automatisch auch Fragen nach Normen, Werten und Regeln aufgeworfen. Soll ein Team über längere Zeit zusammenbleiben, ist es unvermeidbar, gemeinsame Antworten zu finden.

Am Ende der Verantwortungsphase muss jedes Teammitglied folgende Einstellung gewonnen haben:

- Jede, der in eine Situation eingebunden ist, ist auch dafür verantwortlich.
- Jede kann etwas dazu beitragen, um ein positives Resultat zu erzielen.
- In jeder Beziehung lässt sich etwas verbessern, um noch erfolgreicher zu werden.

Offenheitsphase

Bisher haben sich die Teammitglieder auf einer sehr fachlichen Ebene kennen gelernt: Jede weiß von den anderen, wie sie arbeiten und in welchem Bereich sie besonders großes Wissen haben. Irgendwann entsteht der Wunsch oder auch die Notwendigkeit, sich auch auf einer tieferen persönlichen Ebene kennen zu lernen. Dies ist dann der Eintritt in die Offenheitsphase.

Ausgelöst wird dies entweder dadurch, dass ein Teammitglied von sich aus über persönliche Belange reden möchte, oder das Team bemerkt, dass sich ein Mitglied anders verhält als sonst, und wissen möchte, „was los ist“.

Nicht immer sind es private Probleme, die ein Teammitglied belasten können. Häufig ist es während der Arbeitsphase innerhalb des Teams zu persönlichen Verletzungen gekommen. Diese müssen dann im Team offen angesprochen werden, damit die Beziehungsstörungen die Arbeitsfähigkeit des Teams nicht blockieren.

Die Auseinandersetzung mit Beziehungsstörungen erfordert Mut und muss von der TeamleiterIn offen und konstruktiv angegangen werden. Die Beziehungsebene mit in das Blickfeld zu ziehen, wird das System im Team verändern. Fehlt der Mut, die Wahrheit zu sagen und Konflikte zu lösen, wird die Produktivität des Teams nachhaltig gestört. Es entstehen verdeckte Machtspiele und in endlosen Diskussionen wird um den „heißen Brei herum geredet".

Gelingt der offene Umgang mit der Wahrheit, wird das Wir-Gefühl im Team gestärkt. Die Beziehungen der Teammitglieder zueinander werden persönlicher und dadurch tiefer. Einzelne Mitglieder bekommen nicht nur emotionale Unterstützung, sondern das Team überlegt auch gemeinsam, wie das betroffene Teammitglied entlastet werden kann. Durch konstruktives Feedback können sich die Teammitglieder weiterentwickeln und die Produktivität des Teams wird erhöht.

Die Offenheitsphase ist geprägt durch eine Atmosphäre von Vertrauen und Respekt. Nur wenn im Vorfelde eine konstruktive Feedback-Kultur im Team etabliert wurde, wird das Team in der Offenheitsphase wachsen.

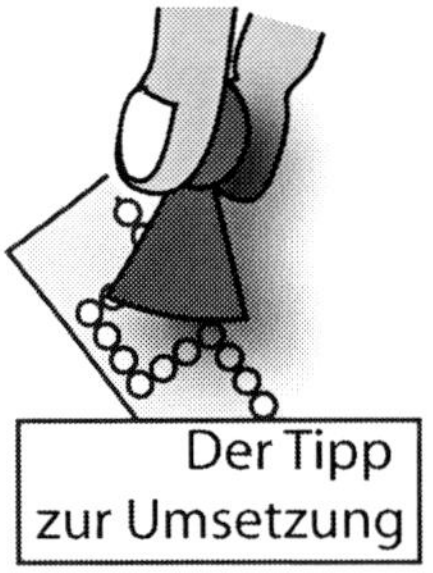

Der Tipp zur Umsetzung

Nun stellen Sie sich das einmal bei und mit Ihren KollegInnen vor. Welch eine Entwicklung könnte eine Schule nehmen, wenn sich die Mehrzahl der KollegInnen gegenseitig hospitierten, ein wirklich offenes, kollegiales Gespräch über die Qualität des Unterrichts führten und Verbesserungen einbrächten. Vielleicht lohnt es sich ja doch zu überlegen, wie Sie das für sich realisieren bzw. intensivieren können.

Allerdings kann es auch passieren, dass zuviel Rücksicht auf einzelne Teammitglieder genommen wird, so dass ein Ergebnis nicht weiter kritisiert wird, nur um das Teammitglied in seiner Situation nicht noch weiter zu belasten. Die TeamleiterIn muss hier mit viel Fingerspitzengefühl das richtige Maß der Dinge finden.

Trennungsphase

Jedes mal, wenn eine Aufgabe beendet ist oder ein Teammitglied das Team verlässt, kommt das Team in die Trennungsphase. Unabhängig davon, wie viele Phasen das Team bereits durchlaufen hat, ist die Trennungsphase unvermeidlich. Es gibt keine Entwicklung ohne Verlust!

Bei häufigem Mitgliederwechsel kann ein Team ständig zwischen der Beziehungs- und Trennungsphase pendeln. Um die effektiven Arbeitsphasen (Verantwortungs- und Offenheitsphase) zu erreichen, ist es also wichtig, an der Beständigkeit des Teams zu arbeiten.

Das Schwierige an der Trennungsphase ist, dass Abschied immer mit Gefühlen verbunden ist. Je nach Teammitglied können die Gefühle ganz unterschiedlich ausfallen:

- Traurigkeit, weil eine gute Zeit vorbei ist,
- Erleichterung, weil eine Aufgabe erfolgreich zu Ende geführt wurde,
- Freude, weil eine neue Aufgabe wartet,
- Wut, weil die Trennung „zu früh“ kommt,
- ...

Je wichtiger das Projekt oder einzelne Personen im Team waren, desto heftiger werden die Gefühle bei einer Trennung sein. Bei einigen herrscht *ein* Gefühl vor, andere durchlaufen ein wahres Gefühlschaos.

In vielen Teams ist leider zu beobachten, dass der Trennungsprozess nicht gut verläuft. Offenbar bekommen die Menschen in unserer Gesellschaft zu wenig Anleitung, wie eine Trennung gestaltet wird. Meistens arbeitet ein Team bis zum Schluss wie immer und verleugnet die Trennung, solange es nur geht. Dabei ist es von großer Wichtigkeit, dass das Team seine Aufgabe inhaltlich und emotional zum Abschluss bringt. Nur wenn die Trennung tatsächlich vollzogen ist, sind die Teammitglieder wieder offen für neue Entwicklungsschritte.

In der Trennungsphase muss die TeamleiterIn ggf. wieder mehr Struktur vorgeben, als es in der Verantwortungs- oder Offenheitsphase der Fall war. Die Trennung fällt einfacher, wenn es einen klaren Rahmen zur Erledigung der anfallenden Aufgaben und der Vorbereitung des Abschiedes gibt. Je länger ein Team zusammen war, desto mehr Zeit muss für die Trennungsphase veranschlagt werden.

Hilfreich ist es, Rituale für die Trennung zu entwickeln und ggf. in *T-Charts* festzuhalten *(siehe Seite 380).*

Abb. 17: Misslungene Gruppenarbeit

Die drei Säulen des *Cooperative Learning*

Cooperative Learning steht auf drei großen Säulen: [23]

1. die erste Säule ist die sichere Lernatmosphäre;
2. die zweite Säule ist die Gestaltung der Unterrichtsprozesse;
3. die dritte Säule sind die einzelnen unterrichtlichen Aktivitäten.

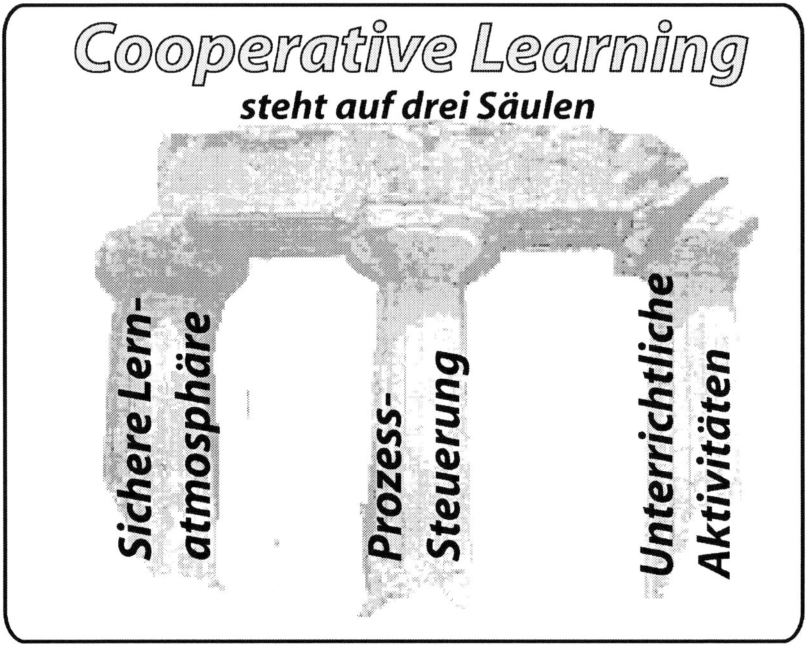

Abb. 18: Die drei Säulen des ***Cooperative Learning***

[23] vgl. Bennett, B./Rollheiser, C.: Beyond Monet; Published by Bookation Inc. Toronto; 2001; S. 144

Die erste Säule: Sichere Lernatmosphäre

Ausgangspunkte für diese Säule sind Untersuchungen über ideale Lernbedingungen. Dabei spielt die Gestaltung der Lernumgebung mit seinen Farben, Lichtquellen und Verdunkelungseinrichtungen ebenso eine Rolle wie ein vorherrschend niedriger Lärmpegel, eine ausreichende Belüftung, eine angenehme Raumtemperatur, die Ausstattung des Arbeitsplatzes und ein gutes Schulklima mit respektvollem Umgang unter den Beteiligten.

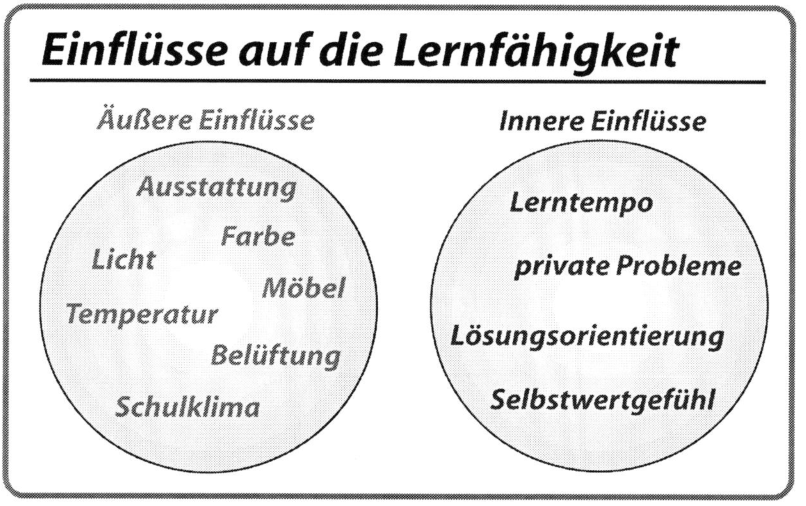

Abb. 19: Einflüsse auf die Lernfähigkeit

Ebenso wichtig wie diese äußeren Gesichtspunkte sind die inneren Befindlichkeiten des Lernenden. Die emotionale Beteiligung der SchülerInnen spielt beim Lernen eine große Rolle. Dies kann sich positiv, aber auch negativ auf Lernprozesse auswirken[24].

SchülerInnen können sich in der Schule überfordert fühlen, weil sie dem Lerntempo nicht folgen können oder weil von außen (z. B. von den Eltern, Geschwistern oder der LehrerIn) zu hohe Erwartungen an sie gestellt werden. Probleme im Privatbereich der SchülerInnen z. B. Trennung oder Scheidung der Eltern, Verlust eines Familienmitgliedes, Liebeskummer, Bedrohungen können zu Misserfolgen in der Schule führen. Die Liste der inneren Bedingungen, die das Lernen beeinflussen, ist lang und vielseitig. Und alle Bindungsformen können das Ausbleiben von Erfolgserlebnissen zur Folge haben.

Bei entsprechender Verstärkung durch die Eltern z. B. durch Liebesentzug oder Druck entsteht bei der SchülerIn negativer Stress. Hierbei handelt es sich nicht um einen kurzfristigen Stress, wie er durch eine Schrecksituation ausgelöst wird, sondern um einen lang anhaltenden Stress, der sich negativ auf das Gehirn auswirkt und die Leistung mindert oder sogar ganz verhindert[25]. Wird der chronische Stress mit Lernsituationen verknüpft, kann er sich in Existenz bedrohende Schulangst verwandeln,

Nicht nur Eltern, sondern auch LehrerInnen haben einen großen Einfluss auf diese Entwicklung. Erfahren SchülerInnen mehrfach Demütigungen durch Bloßstellen, Lustigmachen oder Nichtbeachtung, fördert dies die Entstehung von Schulangst. Während einige SchülerInnen mit verbalen Äußerungen wie „Davon, dass Du gelernt hast, kann man nichts merken!“, - „Allmählich musst Du es doch kapiert haben!“ oder „Du bringst es eben nicht!“ mehr oder weniger

[24] vgl. Spitzer, M.: Lernen. Gehirnforschung und die Schule des Lebens; Spektrum Akad. Verlag Heidelberg/Berlin; 2002; S. 157ff

[25] vgl. ibid; S. 157ff

gut umgehen können, reichen für andere, sensiblere SchülerInnen bereits der Anblick des gezückten LehrerInnen-Kalenders, ein verächtliches Hochziehen der Augenbrauen oder eine abfällige Handbewegung, um sie unter Stress zu setzen.

Abb. 20: „Die größte Lernblockade....."[26]

Diese Erkenntnis wird durch *Cooperative Learning* aufgegriffen. Die Unterrichtende ist dazu angehalten, eine sichere Lernumgebung zu schaffen, indem sie Stresssituationen bewusst reduziert und das Selbstwertgefühl ihrer SchülerInnen stärkt.

[26] Miller, R.: Lehrer lernen – ein pädagogische Arbeitsbuch; Beltz Verlag Weinheim und Basel; 1995: S. 219

Die fünf Bausteine des Selbstwertgefühls

Nach Borba besteht das Selbstwertgefühl aus fünf Bausteinen[27]:

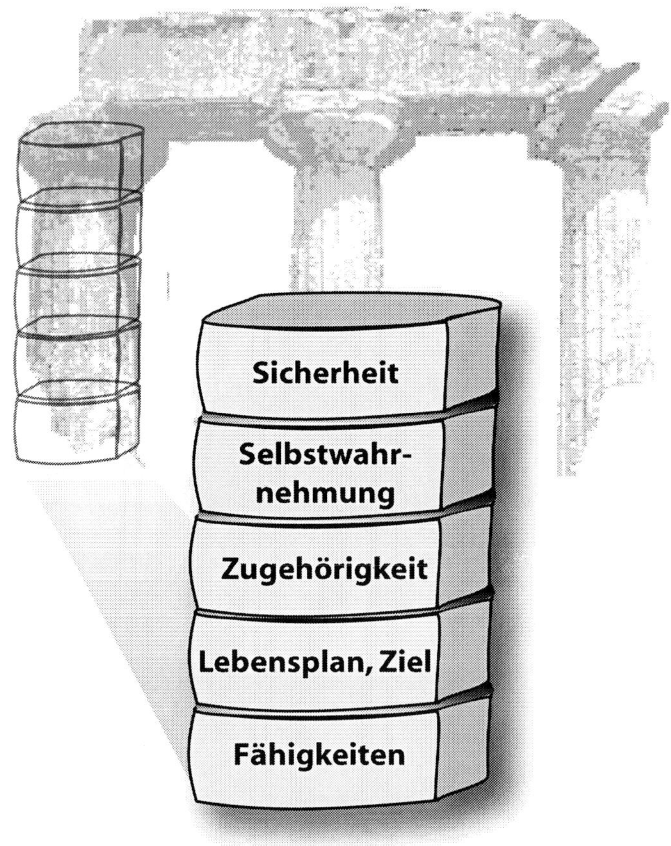

Abb. 21: Die fünf Bausteine des Selbstwertgefühls

[27] vg.l. Dr. Michele Borba: www.moralintelligence.com

Sicherheit

Sicherheit ist ein Gefühl starker Zuversicht. Dazu gehört, sich wohl und sicher zu fühlen, zu wissen, was erwartet wird; sich auf Menschen und Situationen verlassen zu können; Regeln und Grenzen zu verstehen.

Um dieses Gefühl im Unterricht aufbauen zu können, muss die Lehrkraft verlässlich Regeln und Normen – z.B. für schriftliche Ausarbeitungen – aufstellen und vernünftige Grenzen setzen, die eine auf Akzeptanz beruhende positive Umwelt herstellen. In dieser Atmosphäre kann die LehrerIn dafür sorgen, dass die SchülerInnen vertrauensvolle Beziehungen untereinander aufbauen.

Selbstwahrnehmung

Insbesondere bei lernschwachen SchülerInnen divergieren Berufswunsch und die tatsächlichen Fertigkeiten und Fähigkeiten teilweise sehr stark. Diese Divergenz findet ihre Wurzeln in einer realitätsfremden Selbstwahrnehmung und ist der Boden für Frustrationen, wenn sich der Berufswunsch nicht verwirklichen lässt.

Übungen zur Selbstwahrnehmung beugen diesen Frustrationen vor. Sie erzeugen ein Gefühl von Individualität mit allen persönlichen Stärken und Schwächen und helfen, sich realistisch einzuschätzen.

Im Unterricht muss die Möglichkeit geschaffen werden, dass der SchülerInnen Einflüsse auf sein Ich entdecken und beschreiben, Gefühle und Einstellungen identifizieren und benennen kann. Somit wird sein Bewusstsein für spezielle Fähigkeiten gesteigert.

Zugehörigkeit

Dazuzugehören vermittelt ein Gefühl der Akzeptanz. Es bedeutet, das Erfahren von Wertschätzung und Respekt in bestehenden Beziehungen.

Der Unterrichtende hat die Aufgaben, aktiv die Akzeptanz und die Aufnahme innerhalb einer Gruppe zu fördern, indem er den SchülerInnen Gelegenheit dazu gibt, die Interessen, Fähigkeiten und Hintergründe der MitschülerInnen zu entdecken und indem er die SchülerInnen zu gegenseitiger Unterstützung und Anerkennung ermutigt.

Absicht/Lebensplan

Der Lebensplan vermittelt ein Gefühl von Sinn und Motivation im Leben. Er beinhaltet, sich selbst realistische und erreichbare Ziele zustecken und bereit zu sein, die Verantwortung für eigene Entscheidungen zu übernehmen.

Um dieses Gefühl zu fördern, muss die SchülerIn im Unterricht die Möglichkeit haben, eigene Entscheidungen zu treffen, Alternativen zu suchen und Konsequenzen abzusehen. Die LehrerIn hat dabei die Aufgabe, der SchülerIn zu helfen, die erbrachte Leistung zu bewerten und die Fähigkeit zur Zielsetzung zu verbessern.

Fähigkeiten

Das Wissen um die eigenen Stärken gibt ein Gefühl für das eigene Können und damit Selbstsicherheit. Es bedeutet, dass sich ein Mensch seiner eigenen Talente bewusst ist und seine Schwächen akzeptieren kann. Es beinhaltet die Sicherheit, dass man mit seinen Fähigkeiten und den Schwächen Ziele erreichen und Probleme bewältigen kann.

Zu Förderung dieses Bewusstseins muss im Unterricht Gelegenheit gelassen werden, damit die SchülerInnen die Entwicklung der eigenen Fähigkeiten und Stärken wahrnehmen können. Die LehrerIn...

- gibt Feedback,
- hilft, mit Schwächen umzugehen,
- zeigt, wie aus Fehlern gelernt werden kann, und
- betont die Wichtigkeit des (selber und gegenseitigen) Lobens für erbrachte Leistung.

Wie macht man das im Unterricht?

Damit Lernende diese fünf Bausteine für sich entdecken und weiterentwickeln können, ist zunächst der Unterrichtende dafür verantwortlich, das entsprechende Unterrichtsklima ohne offene und verdeckte Demütigungen herzustellen. Dazu gehören Regeln wie:

- Es redet immer nur einer. Jeder darf aussprechen.
- Pfleglicher Umgang miteinander = Wir benutzen keine Demütigungen, keine Schimpfworte, keine „Anmache“.
- Rede von Dir und nicht über andere.
- Jede darf jeden – auch SchülerInnen die LehrerInnen – auf Regelverletzungen aufmerksam machen.
- Es gibt vorher bekannt gegebene Konsequenzen bei Regelverstößen, jedoch keine Strafen.

Unterrichtliche Aktivitäten zur Stärkung des Selbstbewusstseins

Abb. 22: Maßnahmen für das Selbstwertgefühl

Zum anderen gehört dazu, SchülerInnen nicht „ins offene Messer laufen“ zu lassen. D.h., es muss den SchülerInnen z.B. durch Arbeitsmuster immer deutlich sein, was von ihnen verlangt wird und für welche Leistung es welche Bewertung gibt. Am besten ist es, die Bewertung offen zu legen, so dass die SchülerInnen immer über ihren Notenstand informiert sind.

Optimal ist es, wenn die Noten gleichzeitig aussagen, was eine SchülerIn tun muss, um eine höhere Note zu erlangen. Mehr dazu aber im Abschnitt Bewertung auf Seite 144.

Methoden wie

- das erweiterte Namensschild (*Seite 274*)
- die Schatzsuche (*Seite 265*), aber auch
- das Think – Pair – Share (*Seite 179*)

helfen, Ansichten und Ideen von anderen zu erfahren und so persönliche Eindrücke von den MitschülerInnen zu erlangen.

Weitere Aktivitäten sind:

- Übungen zur Selbstwahrnehmung: Was macht mich einzigartig? – Was kann ich wirklich gut? – Welche Träume habe ich von meiner Zukunft? – Welche Unterstützung benötige ich, damit meine Träume wahr werden?
- gemeinsame Entwicklung einer Feedback-Kultur;
- Entwicklung und Einübung einer Streitkultur, z.B. Einüben von Debatten;
- Einübung von Konflikt lösenden Strategien: argumentieren, verhandeln, Kompromisse finden, Entscheidungen treffen;
- Förderung des Zusammengehörigkeitsgefühls z.B. durch Klassenveranstaltungen, Entwicklung eines Klassenlogos, Tragen von einheitlichen T-Shirts;

- Führen von persönlichen Fördergesprächen und Entwicklung eines – zumindest jetzt aktuellen – Lebensplans;
- Formulieren von Zielvereinbarungen;
- Erstellung und Führen eines Portfolios, das Auskunft über aktuelle Stärken, Schwächen, Träume, Berufswünsche und Aktivitäten zur Berufsfindung gibt → Berufswahlpass ab Klasse 7.

Mit zunehmender Übung übernehmen die Lernenden diese Verantwortung selbst.

Wichtige Aspekte sind in diesem Zusammenhang das Aufbauen von Beziehungen zwischen den SchülerInnen und das Etablieren einer Kultur der Wertschätzung.

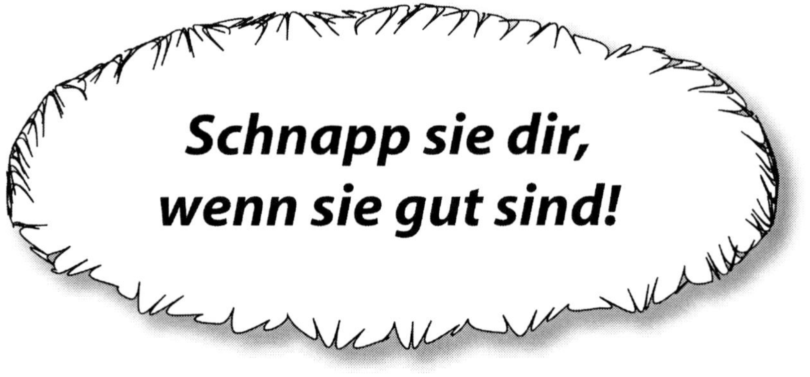

Abb. 23: Schnapp sie dir, wenn sie gut sind!

Schnapp sie dir, wenn sie gut sind!

„Catch them when they are good!"

Bereits Mitte des 20. Jahrhundert hat der Psychologe B.F. Skinner herausgefunden, welchen motivierenden Effekt Belohnungen auf den Lernprozess haben. Nun können Belohnungen sehr vielseitig sein und für viele verschiedene Anlässe gegeben werden.

Cooperative Learning benutzt den Ansatz der positiven Bestärkung vorrangig für die Förderung eines vorbildlichen Sozial- und Lernverhaltens.

„Schnapp sie dir, wenn sie gut sind!" heißt die Devise, nach der SchülerInnen die Aufmerksamkeit und das Lob durch Engagement, Lernerfolge und soziales Verhalten erlangen.

In der Regel gibt es – auch aus der Sicht der SchülerInnen – häufig nur zwei Verhaltensweisen: „normal" und „reaktionswürdig", was soviel wie „schlecht" bedeutet. Kinder und Jugendliche erhalten häufig erst dann ein Mehr an Aufmerksamkeit, wenn sie sich negativ auffällig, also in der Regel durch Grenzübertritte hervortun und Reaktionen bei den Eltern oder beim Lehrkörper erzwingen. Leider geschieht es in vielen Schulen immer häufiger, dass SchülerInnen, die sich besonders schlecht verhalten, besonders viel Aufmerksamkeit erfahren. Teilweise auch von höchster Instanz (z.B. Schulleitung, Schulaufsicht, Ministerium). Strafen, die auch die Persönlichkeit des „Täters" treffen sind dann die Folge: Nachsitzen, Ausschluss vom Unterricht, Versetzung in eine andere Klasse, Abschulung, … Der Katalog ist lang.

Jede andere Form von normgerechten Verhalten ist „normal". Eltern erwarten ein solches Verhalten von ihren Kindern, LehrerInnen von ihren SchülerInnen. Dafür gibt es kaum Wertschätzung.

Aus Sicht insbesondere der „negativ auffälligen“ SchülerInnen ist „normales“ Verhalten nicht erstrebenswert und wird oftmals sogar als Schleimerei und Kriecherei bewertet.

Besonders problematisch ist es, wenn auch die Selbsteinschätzung und das Selbstwertgefühl diesem Bewertungssystem unterworfen sind und die SchülerInnen undifferenziert die Skalierung auf die Zustände „schlecht“ und „normal“ reduzieren. Sie können sich dann nicht über Erfolge freuen und auf die erbrachte Leistung stolz sein. Denn all das ist ja „normal“. Und alles, was nicht „normal“ ist, ist automatisch „schlecht“. Die Sichtweise, nach der z. B. auch schon gute Lösungen noch optimiert werden können, ist ebenso wenig möglich, wie die, dass Fehler sehr wichtige Schritte im Lernprozess sind.

Vielen SchülerInnen fehlt eine differenzierte Auseinandersetzung mit der erbrachten Leistung und den persönlichen Fähigkeiten. Sie sind ungeübt, eigene Stärken und Schwächen wahrzunehmen und zu bewerten. Insbesondere SchülerInnen, die nicht so erfolgreich durch das Schulleben laufen und auch von zuhause keine Bestätigung erfahren, haben letztendlich nie etwas anderes gelernt und somit auch kaum andere Möglichkeiten, als Normen zu brechen, um Beachtung und damit Zuwendung zu finden.

Cooperative Learning setzt hier nun mit einer anderen Sichtweise an: Allein, dass sich ein Mensch an die vereinbarten Normen hält, wird beachtenswert und erwähnenswert. Verhalten, das über die Erfüllung der Norm hinausgeht, erhält besondere Aufmerksamkeit.

Dass jemand die Tür aufhält, morgens „Guten Morgen!“ sagt oder ein freundlicher Blick und ein Lächeln werden nicht für „normal“ gehalten, sondern verdienen es, positiv quittiert zu werden.

Dass eine SchülerIn vorbereitet und pünktlich zum Unterricht erscheint, entspricht unseren Erwartungen als LehrerInnen und man könnte es als „normal“ bezeichnen. Für das Selbstwertgefühl der SchülerIn kann es jedoch förderlich sein, dieses Verhalten zu loben und somit nachhaltig als positives Verhalten zu etablieren.

Verbesserungswürdiges Verhalten wird auch genau als solches betitelt und behandelt. Dies gilt für alle Aktivitäten von SchülerInnen. Die Frage: „Was war gut? Was kann verbessert werden?“ impliziert die Erwartung, dass verbesserungswürdiges Handeln auch als solches durch die SchülerInnen erkannt wird und tatsächlich Maßnahmen zur Verbesserung eingeleitet werden. Die SchülerInnen erfahren so nicht die Demütigung, „falsch“ gehandelt zu haben oder sogar „falsch zu sein“. Sie müssen also auch keinen Widerstand gegen die erwünschte Korrektur leisten. Diese Fragestellung fordert sie auf, Lösungsstrategien, die zur – weiteren – Verbesserung ihres Sozial- und Lernverhaltens führen, zu entwickeln.

Es ist für viele von uns LehrerInnen eine sehr schwierige Wandlung, die wir vollziehen müssen, wenn wir nicht mehr Fehler nur als solche aufzeigen, sondern sie als Teil des Lernprozesses in allen vier Kompetenzbereichen begreifen und zulassen. Wenn wir Fehlverhalten dazu nutzen, ein Lösungsstrategien entwickelndes Lernen zu initiieren: Statt Klassenkonferenzen und disziplinarischer Maßnahmen, die keinen erwünschten sozialen Lernprozess wirklich auslösen, Lernprozesse mit Lösungszeit und Fehlerquote, welche die Eigenverantwortlichkeit nachhaltig fördern.

Prozess-Steuerung:

Der Lernprozess im Cooperative Learning wird über fünf Basis-Elemente gesteuert:

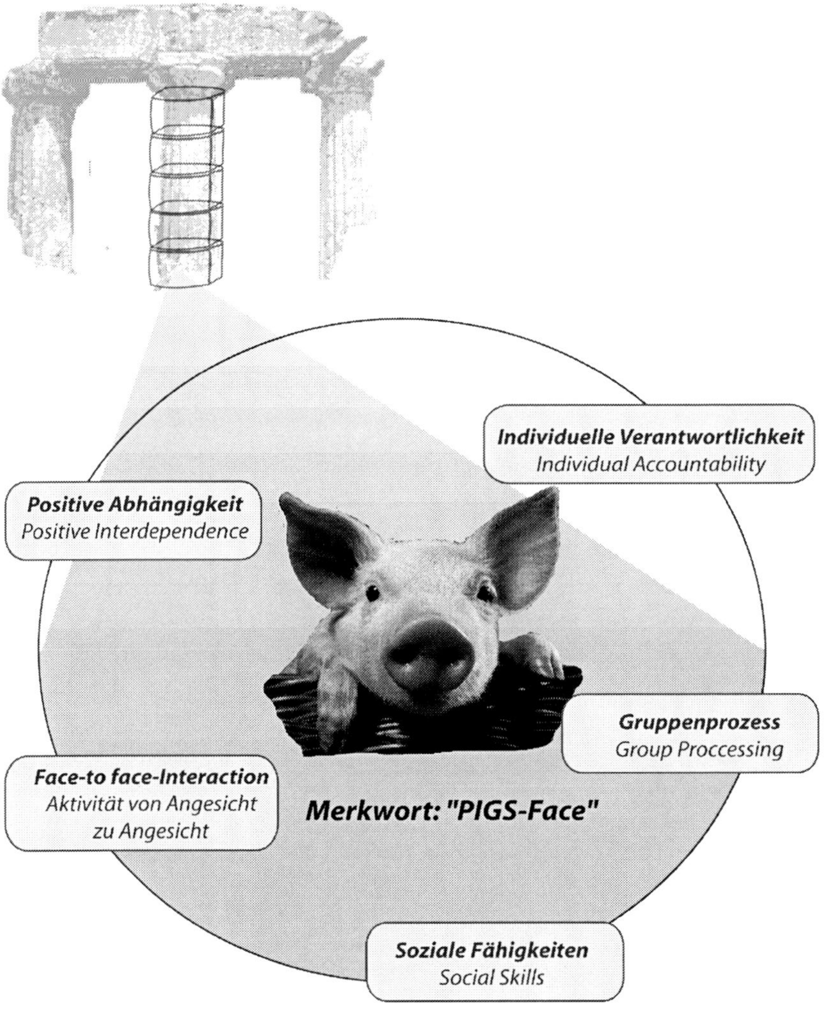

Abb. 24: Die fünf Basiselemente

Die zweite Säule: Prozesssteuerung

Diese Säule beruht auf Untersuchungen, wie fachliches und soziales Lernen in Gruppen funktionieren. Dabei spielt es keine Rolle, ob das Lernen in festen Gruppen, die über einen längeren Zeitraum zusammenbleiben, oder in Gruppen, die nur für eine kurze Dauer bestehen, stattfindet.

Aus diesen Forschungen wird abgeleitet, dass bestimmte Kriterien erfüllt sein müssen, damit es innerhalb einer Gruppe zu einer effektiven Zusammenarbeit kommen kann. Das einfache Zusammensetzen von SchülerInnen und die Aufforderung, zusammen zu arbeiten, führt in den seltensten Fällen zu positiven Ergebnissen. Es gibt viele Faktoren und Gründe, die dafür sorgen können, dass die Gruppenarbeit unbefriedigend verläuft und somit von SchülerInnen und LehrerInnen als uneffektiv angesehen wird.

Effektives Lernen im Team ist nur dann möglich, wenn der Unterrichtende die gruppendynamischen Prozesse und den Entwicklungsstand der Gruppe beachtet und bestimmte Rahmenbedingungen schafft. Er sorgt durch seine Unterrichtsplanung für

- eine klar erkennbare positive Abhängigkeit zwischen den Teammitgliedern,
- eine klar erkennbare persönliche Verantwortlichkeit eines jeden einzelnen, das Ziel zu erreichen,
- eine Sitzanordnung, die eine Kommunikation zwischen allen Teammitgliedern möglich macht,
- ein regelmäßiges Training der sozialen Fähigkeiten, die notwendig sind, damit das Team effektiv arbeitet,
- eine regelmäßige Reflexion dessen, was inhaltlich und formal im Team passiert und wie die Arbeit verbessert werden kann.

Die fünf Basiselemente

Positive Abhängigkeit

Unter positiver Abhängigkeit versteht man das Gefühl der einzelnen Teammitglieder, miteinander im Sinne von „gemeinsam zu schwimmen oder gemeinsam unterzugehen“ verbunden zu sein. Dazu gehört die Erkenntnis, dass das Team nur dann erfolgreich ist, wenn jeder einzelne erfolgreich ist. Es gibt verschiedene Möglichkeiten, positive Abhängigkeiten in einer Gruppe herzustellen. Am wichtigsten ist es, dass die Gruppe ein **gemeinsames Ziel** definiert, das von allen erreicht werden muss. Der Einzelne kann nur erfolgreich sein, wenn die Gruppe erfolgreich ist.

Positive Abhängigkeit kann zusätzlich über andere Wege erreicht werden. Eine Möglichkeit ist es, über den Anreiz eines **Preises** zu gehen: Alle Gruppenmitglieder erhalten dieselbe Belohnung, wenn jeder Einzelne die Aufgabe gelöst hat.

Eine andere Variante ist das Abarbeiten einer **Sequenz**: Die übergeordnete Aufgabe wird in Abschnitte unterteilt, die nach einander bearbeitet werden. Das Team ist erfolgreich, wenn jeder Einzelne seinen Teil der Aufgabe erfüllt.

Einen starken Effekt erzielt auch die Methode der **Simulation bzw. Imagination**: eine Gruppe bearbeitet eine gemeinsame hypothetische Situation, in der sie als Team alle Konsequenzen zu tragen haben.

Ebenso reizvoll kann es sein, eine positive Abhängigkeit über eine **begrenzte Materialzuweisung** zu erzeugen: Jedes Team erhält nur einen Satz begrenzter Arbeitsmittel, mit denen die Aufgabe zu lösen ist. Um erfolgreich zu sein, muss eine Abstimmung über die gemeinsame Arbeit erfolgen.

Positive Abhängigkeit lässt sich aber auch über die Schaffung einer **Identität** innerhalb einer Gruppe hervorrufen: Über einen Gruppennamen, ein Banner mit Logo, einen Wahlspruch, eine Uniform oder ein gemeinsames Lied stärken die Mitglieder ihr Zugehörigkeitsgefühl zum Team.

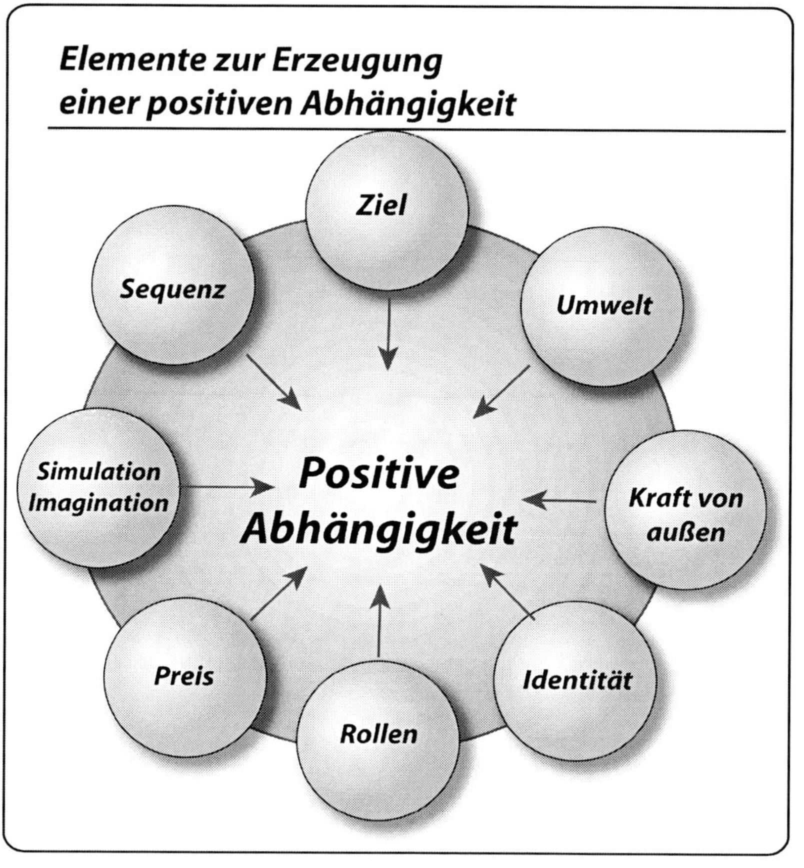

Abb. 25: Maßnahmen zur Erzeugung positiver Abhängigkeiten

Weitere Motivationselemente sind

- **eine <u>Kraft: von außen</u>** Die Gruppe tritt gemeinsam gegen eine Kraft von außen an,
- **die <u>Umwelt</u>** Die Gruppenmitglieder müssen gemeinsam mit bestimmten räumlichen Bedingungen umgehen.

Einen großen Effekt erzielt die **<u>Verteilung von Rollen</u>** innerhalb einer Gruppe: Die verschiedenen Rollen[28] ergänzen sich und stehen in Beziehung zueinander. Die Gruppe kann nur dann erfolgreich sein, wenn jedes Mitglied seine Rolle erfüllt.

Mögliche Rollen sind:

Chef-UntersucherIn / KontrolleurIn *(Principal Investigator)*	achtet darauf, dass alle ihre Rollen wahrnehmen, am Arbeitsauftrag arbeiten und dieser erfüllt wird.
EntscheiderIn *(Decision maker)*	wird von der Gruppe aktiviert/angerufen und entscheidet auf Verlangen; hat im Streitfall das letzte Wort, i.e. über diese Entscheidung wird nicht mehr diskutiert.
VorleserIn *(Reader)*	liest Texte der Gruppe laut, langsam und deutlich vor, so dass die Gruppenmitglieder sie verstehen und sich erinnern können.
Material-ManagerIn *(Material Manager)*	holt das benötigte Material, achtet auf sorgsamen Umgang und bringt es nach Beendigung der Arbeit wieder zurück. Sie sorgt für Ordnung und Sauberkeit am Tisch.
Hilfe-AnfordererIn *(Asker for Help)*	ist die einzige, die nach gemeinsamem Beschluss der Gruppe von der LehrerIn Hilfe erfragen kann. Danach muss sie das, was sie fahren hat, in der Gruppe berichten.

[28] vgl. Sharan, S. (Hrsg.): Handbook of Cooperative Learning Methods; S. 227f

ZeitwächterIn *(Timekeeper)*	überwacht das Einhalten der Zeit, die zur Bearbeitung zur Verfügung steht, mahnt zur schnelleren Bearbeitung oder beruhigt die Gruppe. Sie achtet darauf, dass alle Teammitglieder an der Arbeit bleiben.
FluglotsIn/ ModeratorIn *(Air Traffic Controller)*	überwacht den Luftraum über dem Tisch und sorgt dafür, dass alle Teammitglieder sorgsam mit sich und den anderen umgehen. Sie passt darauf auf, dass jede alles sagen kann, was sie denkt, ausreden kann und keine Herabwürdigungen stattfinden.
ProtokollantIn *(Recorder, Writer)*	schreibt die Ideen oder Antworten der Gruppe auf und dokumentiert, was die Gruppe erarbeitet hat. Ihre Unterlagen können die Grundlage für Präsentationen oder der Ausgangspunkt für eine spätere Weiterbearbeitung sein.
ReporterIn	sammelt die Arbeitsergebnisse der Gruppe und sorgt dafür, dass sie in eine Präsentation umgewandelt werden. Sie muss diese Präsentation allerdings nicht unbedingt selber vortragen.
MutmacherIn *(Encourager)*	achtet darauf, dass sich alle Teammitglieder beteiligen und bezieht zögerliche oder stille Mitglieder mit ein. Sie ermutigt sie mitzumachen, indem sie diese z.B. fragt: "Sabrina, wie ist Deine Meinung dazu?" - "Thomas, kannst Du noch etwas ergänzen?"
LoberIn *(Praiser)*	bestärkt Mitglieder nach ihren Beiträgen und sorgt für ein gutes Gefühl, indem sie ihnen mitteilt, dass ihr Beitrag sehr nützlich und sie für die Gruppe hilfreich waren. Diese Rolle stärkt das Selbstwertgefühl der einzelnen Teammitglieder und hilft, Herabsetzungen zu vermeiden. Beisp.: "Eine gute Idee, Thomas." - "Sabine, das war wirklich hilfreich."
Chip-ManagerIn	verwaltet und überwacht den Einsatz von Rede- oder Fragechips (siehe: Seite 206)
Post it-ManagerIn	bewegt die Post it-Zettel auf einer Präsentation (siehe Post it-Brainstorming, Seite 314)

SondiererIn *(Prober)*	Diese Rolle sorgt in einer sehr angenehmen Weise dafür, dass sich die Gruppe nicht mit der erstbesten Antwort zufrieden gibt, sondern auch nach Alternativlösungen sucht. Sie gibt Impulse durch Fragen wie: „Welche anderen Möglichkeiten haben wir denn noch für dieses Problem?“ – „Was können wir an dieser Stelle noch machen?“
ÜberwacherIn *(Checker)*	achtet darauf, dass die Gruppenmitglieder alles verstanden haben, indem sie die MitschülerInnen bittet, das Gelernte oder Diskutierte zu erklären oder zusammenzufassen, z.B. "Thorsten, warum haben wir uns bei Nummer 2 für diese Antwort entschieden?"
SpionIn *(Spy)*	darf als einzige während der Gruppenarbeitsphase durch den Klassenraum gehen. Wenn eine Gruppe nicht mehr weiterkommt, kann sie in anderen Gruppen ausspionieren, wie die das Problem angehen. Allerdings darf sie keine Aufzeichnungen anfertigen. Sie kehrt danach in ihre Gruppe zurück, berichtet und gibt neue Anregungen.
Geräusch-ÜberwacherIn *(Noise Monitor)*	überwacht den Lärmpegel und regelt ihn durch ein non-verbales Zeichen.
Aufbauer*In* *(Energizer)*	gibt der Gruppe bei den ersten Zeichen von Erlahmung neue Energie.
Zusammen-fasserIn *(Summerizer)*	fasst die Argumente oder Lösungsansätze zusammen, damit alle Teammitglieder den gleichen Stand zur Weiterbearbeitung haben.
BeobachterIn *(Observer)*	beobachtet das Arbeitsverhalten der einzelnen Gruppenmitglieder und gibt ihnen Rückmeldung.
n.n.	Hier entwickeln Sie eine neue Rolle!

Tabelle 2: Rollen und ihre Beschreibung

Je nach Bedarf können die Rollen abgewandelt oder neue Rollen definiert werden. Der Kreativität des Unterrichtenden sind hier keine Grenzen gesetzt.

Abb. 26: Eine Spionin am Werk!

Es ist wichtig, dass die Aufgabenstellung, die mit der Rolle verbunden ist, den SchülerInnen deutlich ist. Nur so können sie die Rolle auch ausfüllen. Damit die SchülerInnen mit den neuen Rollen nicht überfordert sind, bietet sich bei *Cooperative Learning* – Anfängern an, erst mit einer Rolle zu beginnen und nach und nach neue Rollen einzuführen. Eine Rolle, die immer benötigt wird, ist der Zeitwächter. Mit dieser Rolle kann man sofort beginnen, ohne die SchülerInnen zu überfordern.

Eine weitere Unterstützung bieten laminierte Rollenkarten, auf denen auch beschrieben wird, welche Aufgabe mit dieser Rolle verbunden ist.

Abb. 27: Rollenkärtchen (Vorder- und Rückseite)[29]

Wie die Rolle ausgefüllt wurde und ob die Aktivitäten des Rolleninhabers hilfreich waren, wird nach der Arbeitsphase in der Gruppenreflexion geklärt.

Zusammenfassung

Zu jeder Aufgabenstellung gehört die Zielvorgabe. Das Element „Ziel" ist also immer aktiv. Die Erfahrung lehrt jedoch, dass ein gemeinsames Ziel nicht immer stark genug ist, um ein Team effizient arbeiten zu lassen.

Im Unterricht können neben dem Ziel auch die anderen acht Möglichkeiten zur Erzeugung einer positiven Abhängigkeit entweder einzeln oder miteinander kombiniert verwendet werden. Es muss nur gewährleistet sein, dass die Gruppe den Vorteil einer kooperativen Arbeitsweise erkennt. Jedes Mitglied muss – vergleichbar einem Spieler in einer Fußballmannschaft – davon überzeugt sein, dass sein persönlicher Erfolg von dem Erfolg der Gruppe abhängt. Positive Abhängigkeit kann somit als das Herzstück des Cooperative Learning angesehen werden. Eine Aufgabe wird umso erfolgreicher bearbeitet, je mehr positive Abhängigkeiten in die Aufgabenstellung eingebracht werden.

[29] Rollenkärtchen können von der Website www.cooperative-learning.de oder von der CD „Arbeitsmaterial zum Praxishandbuch *Cooperative-Learning*" heruntergeladen werden.

Individuelle Verantwortlichkeit

Eng verbunden mit der positiven Abhängigkeit ist die „individuelle Verantwortlichkeit".

Sie ist das Gefühl eines jeden Teammitglieds, dafür verantwortlich zu sein, dass die Gruppe ihr Arbeitsziel erreicht. Dafür ist es wichtig, dass die Gruppe für die einzelnen Mitglieder überschaubar ist. Bei ungeübten SchülerInnen ist eine Gruppengröße von vier bis fünf Teammitgliedern optimal. Die Gruppenmitglieder wissen bei einer solchen Größe u.a., wer Unterstützung und Ermutigung braucht und wer Hilfestellung geben kann. Die SchülerInnen erfahren durch eine entsprechende Führung des Teams, dass ihr Arbeitsanteil wichtig und ein Trittbrettfahren nicht möglich ist. Jede einzelne ist immer für ihren eigenen Lernerfolge ***und*** für den Lernerfolg der gesamten Gruppe verantwortlich.

Gruppenprozess reflektieren

Die Reflexion des Gruppenprozesses findet statt, wenn die Teammitglieder die Art und das Ergebnis ihrer Zusammenarbeit bewerten, mit dem Ziel, diese zu verbessern. Im Unterricht benötigen SchülerInnen Zeit um herauszufinden, welche Aktivitäten innerhalb der Zusammenarbeit hilfreich und welche weniger hilfreich waren. Daraus fällen sie Entscheidungen, welches Verhalten beibehalten oder welches verbessert werden muss. Diese Reflexionsprozesse ermöglichen den SchülerInnen zum einen, den Gruppenprozess überhaupt wahrzunehmen, und zum anderen, *feedback* über ihren Anteil an der Arbeit zu bekommen. Darüber hinaus erleichtern sie das Erlernen von sozialen Fähigkeiten und erinnern die SchülerInnen daran, dass Fähigkeiten zur Zusammenarbeit kontinuierlich geübt werden müssen.

Soziale Kompetenzen

Soziale Kompetenzen sind Fähigkeiten des menschlichen Umgangs, die u. a. Gruppen befähigen, effektiv zu arbeiten. In unserer individualistischen Zeit dürfen diese Fähigkeiten nicht mehr uneingeschränkt voraus gesetzt werden. Damit Teams aber aussichtsreich arbeiten können, müssen die Mitglieder über soziale Kompetenzen wie kommunizieren, aktiv zuhören, Hilfe erbitten und anbieten, Konflikte lösen, Kompromisse finden, überzeugen, führen, Entscheidungen treffen verfügen. Ein wesentlicher Bestandteil des *Cooperative Learning* ist, dass diese sozialen Fähigkeiten in einzelnen Phasen des Unterrichts trainiert und die SchülerInnen immer wieder dazu ermuntert werden, diese auch zu benutzen.

Face-to-Face-Interaction

Eine direkte Interaktion von Angesicht zu Angesicht ist die fünfte Grundvoraussetzung für ein effektives Arbeiten innerhalb eines Teams. Alle Teammitglieder können bei dieser Sitzanordnung direkt miteinander kommunizieren und aktiv an der gemeinsamen Arbeit beteiligt sein. Die Gruppe sammelt sich nicht nur im Geiste, sondern auch körperlich um den Lerngegenstand. Eine Sitzanordnung, in der sich alle Teammitglieder ansehen können, stellt sicher, dass jede Äußerung, auch die nonverbale, wahrgenommen wird. Stille oder schwächere SchülerInnen haben eine wesentlich größere Chance, aktiv am Gruppenprozess teilzuhaben. Die direkte Interaktion hat somit einen förderlichen Einfluss auf den Fortschritt des Gruppenprozesses.

Nur wenn alle fünf hier beschriebenen Grundelemente berücksichtigt sind, handelt es sich um Gruppenarbeit im Sinne von *Cooperative Learning*[30].

[30] vgl. Sharan, S. (Hrsg.): Handbook of Cooperative Learning Methods; Praeger Publischers Westport; 2.Auflage 1999; S.57ff

Die dritte Säule: Unterrichtliche Aktivitäten

Der Erfolg von *Cooperative Learning* ist von den Fähigkeiten der LehrerIn abhängig, Unterricht so zu planen, vorzubereiten und durchzuführen, dass die Basiselemente stimmig und zum Entwicklungsstand der Gruppe passend eingebunden werden. Grundsätzlich erfordert *Cooperative Learning* eine gute Unterrichtsvorbereitung, da Gruppenprozesse von der Lehrkraft bewusst geplant und gestaltet werden müssen. Die Zahl der Methoden, die im Rahmen des *Cooperative Learning* angewendet werden können, ist groß und vielseitig. Einige sind unkompliziert und leicht in den Unterricht zu integrieren, andere sind komplex und benötigen schon einige Übung –auch von Seiten der SchülerInnen. Für welche Arbeitsform sich die Lehrkraft entscheidet, hängt immer von dem zu unterrichtenden Inhalt, den zu erreichenden Zielen und den Fähigkeiten der SchülerInnen ab.

Im hinteren Teil des Buches werden einzelne unterrichtliche Aktivitäten ausführlich vorgestellt.

Rolle der LehrerIn

Als LehrerIn sind Sie nicht nur die Quelle und InitiatorIn, sondern integraler Teil der Veränderung: Sie verändern sich selbst.

Traditionelle LehrerInnen waren oft mächtig und einsam: Als unumstrittene fachwissenschaftliche und pädagogische Spitzenkraft waren sie das Zentrum und der Wissensquell häufig nicht nur in der Klasse. Es unterliefen ihnen keine Fehler; sie waren die Macht. Und wenn sie nicht so gut waren, dann waren sie, nachdem sich die Tür zum Klassenraum geschlossen hatte, mit dem an sie herangetragenen Anspruch nach Führerschaft auch ganz schön einsam. Jenseits des Pultes sitzt der „Feind". Im LehrerInnen-Zimmer darf man auch keine Blöße oder Schwäche zeigen, als ReferendarIn schon gar nicht! Und diese Einsamkeit nehmen viele KollegInnen auch noch mit nach Hause an den Schreibtisch.

Doch es gibt keinen Grund zu verzweifeln: Man kann beobachten, dass immer mehr LehrerInnen anders arbeiten. Sie pflegen schon heute den intensiven Austausch über ihre Arbeit und die damit verbundenen Probleme. Es gibt sie schon: Die kollegiale Hospitation als Anstoß zur Weiterentwicklung und die gemeinsame Unterrichtsvorbereitung.

Und Sie? Selbst wenn an Ihrer Schule noch überwiegend nach dem alten Stil gearbeitet wird, machen Sie sich keine Sorgen: Nachdem Sie sich bis hier hin vorgelesen haben, haben Sie schon neue nachhaltig wirkende Steine in das Fundament Ihres persönlichen Entwicklungsprojektes integriert. Sie sind schon – wieder – auf dem Weg! Und das wirkt auch auf Ihre Kolleginnen und Kollegen.

Die Rolle der LehrerIn ändert sich nachhaltig. Der Schwerpunkt der Arbeit verändert sich! Unterrichten wird entspannter, Sie werden mehr Zeit zum Beobachten und Stützen haben. Und – Sie werden mit anderen zusammen Unterricht planen!

Die LehrerIn bestimmt das Setting!

Auch im kooperativen Unterrichtsszenario tragen Sie weiterhin die Verantwortung für das, was in Ihrem Unterricht geschieht. Sie bestimmen, wer wo wie lange womit und was arbeitet.

Und wenn Sie Macht an die SchülerInnen abgeben, Entscheidungsprozesse auf die SchülerInnen übertragen, wenn Ihre SchülerInnen selbständig sich die Lerngegenstände aussuchen, auch dann sind Sie für alles, was in Ihrem Unterricht passiert, verantwortlich. Ihre neue Erfahrung wird sein, dass Sie das alles in Kooperation mit den SchülerInnen können. Dass Sie diese Verantwortung tragen können, ohne ständig im Stress zu sein. Weil Sie aus einer Supervisionsebene heraus Ihre SchülerInnen beim eigenständigen Arbeiten beobachten können und nicht mehr die AntreiberIn sind.

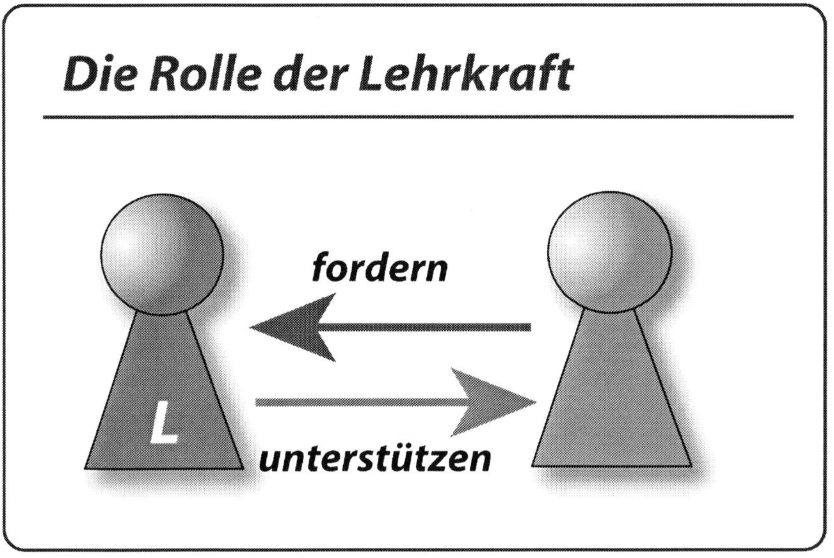

Abb. 28: Die Rolle der Lehrkraft

Und Sie werden erfahren, dass Sie, wenn es einmal ganz eng für einzelne SchülerInnen wird, auch Zeit für persönliche Gespräche haben, während das Lernen weitergeht. Sie werden zur ModeratorIn zwischen Wissenschaft und Lernenden, zur MentorIn Ihrer SchülerInnen, zum Coach.

Wie kommen Sie nun dahin?

Kleinschrittig, vor allem, wenn Ihre SchülerInnen noch sehr unerfahren im *Cooperative Learning* sind. Denken Sie dran, dass *Cooperative Learning* immer nur ***eine*** Vorgehensweise von vielen ist. Das gilt insbesondere in der Anfangsphase.

Arten der Gruppenbildung

Es gibt drei Arten, Gruppen zu bilden:

- schülerInnengesteuert
- per Zufall.;
- lehrerIngesteuert.

SchülerInnengesteuerte Gruppenbildung

Zwei SchülerInnen, die MannschaftsführerInnen, gehen aufeinander zu und stellen dabei immer einen Fuß direkt vor den anderen. „Tipp“ – „Topp“. Der Raum zwischen den beiden wird immer kleiner. Dann stehen sie direkt voreinander. „Tipp!“ Diejenige, die als letzter einen ganzen Fuß in die sich verkleinernde Lücke zwischen den Füßen der beiden stellen konnte, beginnt mit der Nennung seiner Leute. „Ich fange an: Frank!” – „Petra“ – „Svenja!“ – „Martin!“ .... Die, die zum Schluss genannt werden, sind die, denen nichts zugetraut wird. Man muss sie halt mitnehmen. Wie fühlen sich diese SchülerInnen?

Die Gruppenbildung durch die SchülerInnen stellt zweifelsfrei eine Methode dar, die den SchülerInnen in ihrer Handlung das Höchstmaß an Freiheit und Verantwortung gewährt. Sie hat immer dann ihre Berechtigung, wenn die SchülerInnen mit sich und ihren MitschülerInnen verantwortungsvoll umgehen und den angestrebten Kompetenzzuwachs in den Fokus ihres Handelns stellen.

Die Bildung von Gruppen durch die SchülerInnen lässt uns aber gelegentlich auch an der mathematischen Kompetenz unserer Schützlinge zweifeln. Nach der Aufforderung, Gruppen zu sechst zu bilden, finden wir - nach einer kleinen chaotischen Zwischeneinlage -, wenn wir Pech haben, eine Gruppe zu acht, zwei Vierer und eine Reihe Paare. Einige hilflos suchende SchülerInnen stehen noch im Raum herum.

Die Gruppenbildung durch die SchülerInnen ist diejenige Form, in der am ehesten Sympathien und Antipathien, manchmal auch nur diffuse Vorurteile gegenüber einzelnen MitschülerInnen zur Cliquenbildung führen. Dabei entstehen dann sehr leicht leistungsstarke und leistungsschwache Gruppen. Ein gleichmäßiger Lernzuwachs, ein soziales Lernen und eine Stärkung der sicheren Lernatmosphäre finden, wenn überhaupt, nur punktuell statt.

Gruppenbildung per Zufall

Die am meisten verwendete Form der Gruppenbildung ist das Zufallsprinzip, z.B. über Los. Sie hat den Vorteil, dass es zwischen SchülerInnen und LehrerIn in der Regel keine Diskussion über die Auswahlkriterien gibt. Meist gibt ja gar keine!

Dass bei dieser Art der Gruppenbildung nach ihrem Leistungsvermögen heterogene oder homogene Gruppen entstehen, unterliegt zwangsläufig auch dem Zufallsprinzip. Pädagogische Ziele lassen sich demzufolge auch nur zufällig erzielen.

Auch wenn diese Methode das geringste Potenzial für Konflikte zwischen LehrerIn und SchülerInnen zu haben scheint, ist sie deswegen nicht das Mittel der Wahl.

LehrerIngesteuerte Gruppenbildung

Diese Form der Gruppenbildung scheint zunächst diejenige mit dem größten Konfliktpotenzial zu sein, ruft sie doch bei mancher SchülerIn und mancher LehrerIn die Phantasie eines kommandierenden Generals im Klassenraum hervor: „Gruppe 1: Hans, Petra, Max! – Gruppe 2:...“

Nun denn – wenn die LehrerIn deutlich machen kann, nach welchen Kriterien sie die Einteilung durchführt und sie willens und in der Lage ist, Konflikte auszuhalten, Grenzen zu setzen und gleichzeitig einen Kompetenzzuwachs bei den SchülerInnen zu erzeugen, dann ist diese Methode nicht verwerflich. Man muss es halt nur können.

Für alle, denen ein Image als BefehlshaberIn nicht unbedingt, Führung aber sehr wohl am Herzen liegt, gibt eine andere Form.

Man kann es nämlich auch anders, sanfter, konfliktärmer und trotzdem stringent, zielgenau und LehrerIn-gesteuert machen. Denn in beiden Fällen nutzen wir unseren „Heimvorteil“: Wir kennen unsere SchülerInnen am besten und haben die individuelle Förderung im Auge. Wir sind für jede Phase unseres Unterrichts verantwortlich und nutzen unsere Unterrichtszeit effizient. Wir sorgen dafür, dass bei uns im Unterricht Dinge passieren, die für einen definierten Kompetenzzuwachs bei allen SchülerInnen sorgen. Beim diesem Weg nur nicht so offensichtlich.

Wie machen wir das?

- Wir bitten die SchülerInnen, sich einen Partner zu suchen, mit dem sie nicht an einem Tisch sitzen (und mit denen sie heute noch nicht gesprochen haben). So verhindern wir, dass immer die gleichen zusammen arbeiten und ermöglichen neue Erfahrungen im Bereich der Sozial- und Selbstkompetenz.
- Wir bestimmen ein Kriterium, das für die Lösung notwendig oder auch ganz x-beliebig sein darf, und bitten die SchülerInnen, sich diesem Kriterium entsprechend einzuordnen. Durch Abzählen richten sie bezogen auf das Kriterium garantiert heterogen Gruppen ein und sorgen mit Sicherheit für neue soziale und methodische Erfahrungen. Je nachdem wie die SchülerInnen stehen und welche Ziele wir mit diesem Schritt verfolgen, können wir in der Situation entscheiden, wie wir abzählen wollen.

- Wir verteilen Memory-Karten[31] an die SchülerInnen und bitten sie, sich ihre PartnerIn zu suchen. Die Karten haben wir jedoch vorher sortiert: Die Karten, die wir von unten herausholen, liegen schon in Paaren, so dass bestimmte Paare entstehen und andere SchülerInnen-Paare heute nicht möglich sind. (Sieht aus wie Zufall, ist aber keiner!

LehrerIn-gesteuert ist also nicht per se unvorteilhaft oder schlecht. Dies zu behaupten, ist gefährlich, denn es stellt die Rolle der LehrerIn falsch dar: Auch wenn wir in unserem Unterricht möglich viel Führung an unsere SchülerInnen abgeben, sie zum selbständigen Lernen befähigen wollen und die Unterrichtsgestaltung demokratisch gestalten, im Grunde ist jeder von LehrerInnen geplante Unterricht auch LehrerIn-gesteuert. Letztlich sind wir ja auch die AnleiterInnen unserer SchülerInnen und wollen ihnen helfen, ihren eigenen Weg in ein erfolgreiches Leben zu finden und auch zu gehen. Somit sind wir für alles, was unter unserer Führung geschieht, verantwortlich.

Unabhängig davon, welche Form sie nun einsetzen:

- Passen Sie die Form der Gruppenbildung dem Ziel der Gruppenarbeit und dem des Unterrichts an.
- Seien Sie klar! Machen Sie sich und ihrer Umwelt immer deutlich, welche Ziele Sie erreichen wollen.
- Führen Sie Ihre SchülerInnen ihrem Reifegrad entsprechend.

[31] Es müssen nicht unbedingt Memory-Karten sein. Zerschnittene Zeitungsbilder oder zerschnittene Postkarten, Karten von Zuordnungsaufgaben aus dem vorherigen Unterricht o. ä. tun es auch!

Denn Sie wissen nicht, was sie tun ... sollen

Von vielen SchülerInnen beklagen wir, dass sie sich nicht benehmen könnten und bestimmte andere Fähigkeiten, die wir bei ihnen voraussetzten, nicht zeigten.

Wir haben sehr häufig Recht mit dieser Klage. Doch was wollen wir jetzt machen? Wir können weiter Fertig- und Fähigkeiten voraussetzen, die nicht da sind, und dies beklagen. Wir könnten aber auch unser Verhalten und damit die Situation ändern!

Im Regelfall können SchülerInnen das, was sie nicht zeigen, auch nicht. Dann sind wir, die LehrerInnen, aufgefordert, ihnen die fehlenden Fertig- und Fähigkeiten beizubringen. Das gilt für die fachlichen wie die sozialen oder methodischen Kompetenzen. Lehrer, die nach den Grundzügen des *Cooperative Learning* unterrichten, folgen diesem Ansatz. Sie beginnen mit den Veränderungen bei sich selbst.

Abb. 29: Vorgesetzte erzeugen die Probleme,...

Ein Gedankenspiel

Wenn wir als LehrerInnen die (Schul-)Welt so wie in Abb. 29 sehen, und dazu möchten wir als Autoren Sie verleiten, dann hat das existenzielle Folgen:

Zwar sind SchülerInnen nicht unsere Untergebenen. Dennoch sind wir in der Schule quasi Vorgesetzte und wir erwarten, dass sie sich den Regeln in der Schule und unseren Anweisungen gemäß verhalten.

- Sehen wir als LehrerInnen unser Verhältnis zu SchülerInnen so, dann haben wir nach dieser These einen wesentlichen Anteil daran, wie sich SchülerInnen in der Schule verhalten.
- Dadurch haben wir jedoch die Möglichkeit, unser Verhalten vorzuplanen und unsere SchülerInnen in ihrem Verhalten zu beeinflussen.
- Wir sind wieder die Agierenden, nicht mehr die Reagierenden!

Bemerken Sie den Qualitätsanspruch, den diese Sichtweise in sich birgt?

***Wir*, die LehrerInnen, sind die Profis für guten Unterricht!**

***Wir* kennen die Probleme und sind <u>vor</u> ihnen da!**

***Wir* durchschauen die Mechanismen!**

Wir handeln planvoll und gezielt!

Wir sind die *Aktiven*!

Wir lassen uns nicht zu Opfern machen!

„Wo kann man lernen, die Schulwelt so zu sehen und dementsprechend zu reagieren?"

Am besten in gestaltpädagogischen Fortbildungen. Fragen Sie in Ihrem zuständigen Landesinstitut für LehrerInnen-Fortbildung nach. Oder fragen Sie uns.[32]

„Was mache ich bis zur nächsten Fortbildung?"

Wir versuchen zu erkennen, wie weit bestimmte benötigte Kompetenzen bei einer SchülerIn ausgebildet sind.

Nach Hersey und Blanchard lassen sich die Fähigkeiten von Mitarbeiter in vier „Reifegradstufen" einteilen (*siehe Abb. 30, Seite 121*). Wir sprechen lieber von ***Kompetenzgraden***, um deutlich zu machen, dass hierbei nicht darum geht, einen ganzen Menschen zu klassifizieren und festzustellen, wie reif oder gar er ist und ihn dann mit einer Kennzahl zu belegen.

K1 Menschen mit dem Kompetenzgrad 1 zeigen bei der gewünschten Kompetenz, dass sie „nicht wollen und nicht können"! Sie wissen nicht, wie's geht und wollen das auch nicht wissen.

K2 Menschen mit diesem Kompetenzgrad sind kooperationsbereit, brauchen aber viel Halt und genaueste Anweisungen, um zum Erfolg zu kommen.

K3 Der Kompetenzgrad 3 bescheinigt der InhaberIn eine hohe Fähigkeit zur Mitarbeit. Gleichzeitig ist sie jedoch noch teilweise verunsichert und braucht ggf. eine Begleitung, Beratung oder Ermutigung.

K4 Die MitarbeiterIn mit Kompetenzgrad 4 ist fähig und bereit. Sie wartet auf das Startsignal bzw. arbeitet schon.

[32] δragonboard-institut für fortbildung und beratung • meezen • fon: +49 – 4877 – 990 833

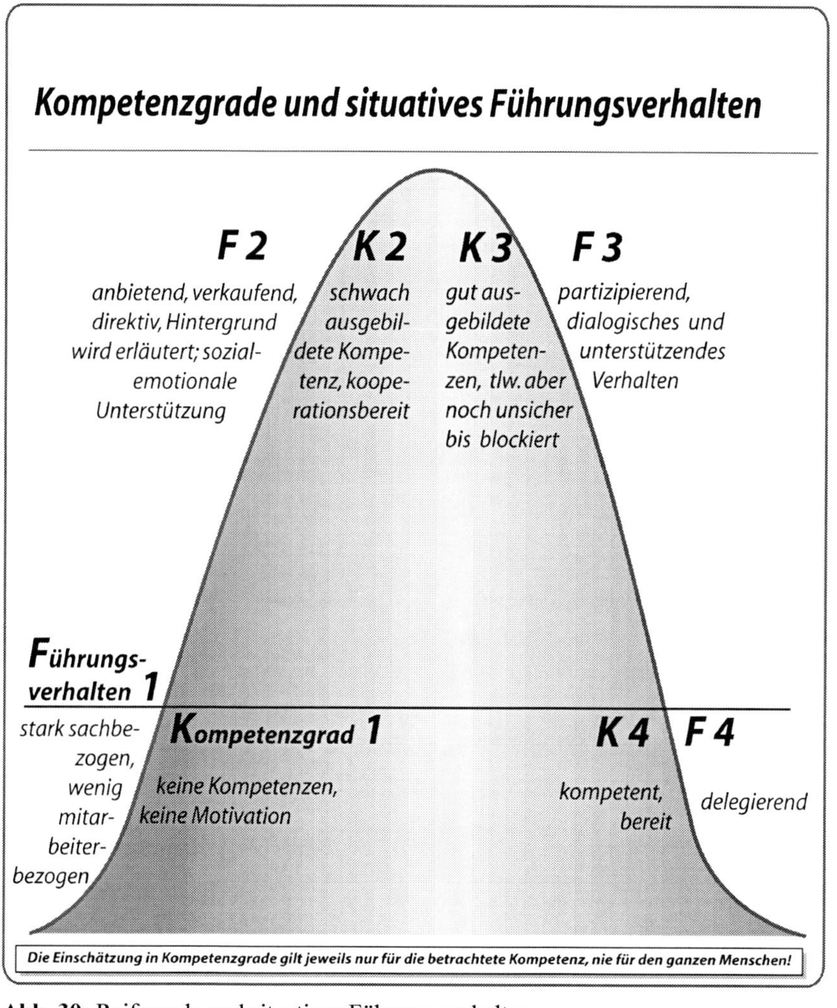

Abb. 30: Reifegrade und situatives Führungsverhalten

Aus dieser Einteilung lässt sich ableiten, mit welchem Führungsverhalten für die Entwicklung einer Kompetenz gesorgt werden kann.

Entsprechend ihres Kompetenzgrades benötigen die entsprechenden Menschen punktuell eine adäquate Führung.

F1 Führungsstil 1 ist bar jeder Emotion. Da die Vorgesetzte weiß, dass ihr Gegenüber nicht will und nicht kann, gibt sie einfach nur die Anweisung, wartet nicht auf Verständnis und investiert auch kein Gefühl. Sie wartet auch nicht auf eine Geste, die in irgendeiner Form Verständnis anzeigt. Und – erfolgt nicht das, was eigentlich passieren sollte, ist die Vorgesetzte auch nicht ärgerlich, denn sie wusste schon vorher: K1 kann und will an dieser Stelle nicht.

Menschen, die den K1 zeigen, wollen Sie als Vorgesetzte und Mensch nicht persönlich treffen. Darum sollten Sie dieses Verhalten auch nicht persönlich nehmen! Sie wiederholen die Anweisung und sind weg. Wenn Sie dieses Verhalten länger durchhalten als ihr Gegenüber, haben Sie gewonnen.

F2 Im Führungsstil 2 setzen Sie schon auf Verständnis und sorgen intensiv für Ihre MitarbeiterInnen. Sie erläutern, soweit notwendig, die Hintergründe und Ihre Motivation, sind dennoch direktiv und sorgen so für ein erfolgreiches Tun. Sie wenden sich Ihren MitarbeiterInnen emotional zu, ermuntern und bestärken sie. Dieses Führungsverhalten wird als „***scaffolding***“ = „Geländer geben“ bezeichnet.

F3 Führungsstil 3 hebt Ihre MitarbeiterInnen nahezu auf Ihre Stufe. Sie nehmen an Entscheidungsprozessen teil oder können in bestimmten Teilbereichen bereits selbständig arbeiten. Sie stehen als Berater (***Coach***) zur Verfügung.

F4 Im Führungsstil 4 geben Sie Macht und Einfluss an die MitarbeiterInnen so ab, dass Sie ganze Aufgabenbereiche delegieren. Sie lassen die MitarbeiterInnen im zugewiesenen Teil selbständig entscheiden und halten sich im Hintergrund (***fading***).

Beachtet eine Vorgesetzte nicht den Kompetenzgrad ihrer MitarbeiterInnen, dann kommt es zu Unter- oder Überforderungen, also zu einem falschen Umgang.

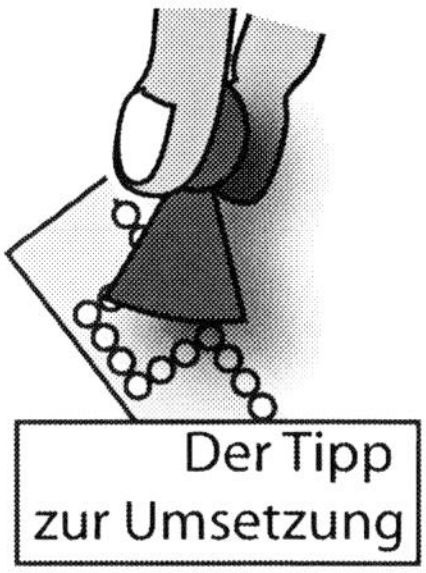

Beispiel 1: Einige SchülerInnen spucken immer wieder auf den Fußboden, obwohl dies in der Schule nicht gestattet ist. Was machen Sie?

Wegschauen ist ganz schlecht! Davon lernt die SchülerInnen nichts und Sie ärgern sich!

Sie könnten mit Strafen drohen. Achten Sie jedoch darauf, dass Sie nicht noch einen zweiten Kampfplatz eröffnen, wenn Sie die Bestrafung durchsetzen wollen. Wenn Sie letztendlich die SchülerInnen der Schule verweisen, können Sie mit ihnen nicht arbeiten. Dieser Weg wird zwar immer wieder gerne genommen, erscheint auf Anhieb nicht sehr erfolgversprechend.

Unser Vorschlag: Wenn Sie eine SchülerIn (K1) beim Spucken erwischen, gehen Sie hin und sagen ohne rudernde Hände und ohne Erregung: „Das wollen wir hier nicht!" Sie warten **nicht** auf eine Antwort oder ein bestätigendes Nicken und sind sofort wieder weg (F1).

Morgen wiederholt sich die Szene und übermorgen und am Tag darauf – vielleicht. Vielleicht sieht sich die SchülerIn aber erst um, ob Sie gerade kommen. Dann will sie vielleicht schon jetzt nicht mehr genervt werden und lässt das Spucken von selbst nach. Sie haben aber viele Nerven gespart: Sie haben keine Emotionen in diese Angelegenheit gehängt, nehmen nichts persönlich und sind nicht verstimmt. Im Gegenteil: Vielleicht ist es für Sie schon ein Wettstreit geworden: Sie müssen nur länger durchhalten als die SchülerIn.

Für den Fall, dass doch tief in Ihnen der kleine Ärger keimt, haben Sie auch schon einen Schwingungstilger installiert. (*dazu mehr auf Seite 125*)

Beispiel 2: Eine SchülerIn kommt jeden Tag zu spät und hat die tollsten Ausreden. Es ist nicht hilfreich für diese SchülerIn, wenn Sie ihr eine Bühne bieten, sich diese Ausreden anhören oder gar Verständnis entwickeln. Und Sie überfordern sie, wenn Sie Verständnis für Ihren Wunsch nach Pünktlichkeit zu erwarten. Das ist der sichere Weg zur ellenlangen Diskussion und zu Ihrer Enttäuschung.

Richtig ist es, die SchülerIn anzuweisen: „Morgen 8 Uhr! Unterrichtsbeginn!“ Danach ist das Kapitel geschlossen. Keine weitere Beachtung dieses Problems. Keine Bühne für die SchülerIn. Keine Diskussion - keine Emotionen - keine Handbewegung - weiter im Unterricht.

Morgen werden Sie sehen, was passiert. Rechnen Sie ggf. mit einem Misserfolg und ärgern Sie sich nicht. Vielleicht reagieren Sie aber auch problemlösend (*vgl. Seite 140*).

Ergänzend können Sie ein Vier-Augen-Fördergespräch mit dieser SchülerIn zu diesem Punkt führen.

Beispiel 3: Ihre SchülerInnen arbeiten selbständig, eigenverantwortlich und gut. Sie, die LehrerIn, sind etwas ängstlich und möchten sich in jedem Fall abgesichert wissen: Sie kontrollieren alles. Ihre SchülerInnen zeigen K 3-4 und werden mit F 1-2 behandelt. Eine Änderung ist nicht zu erwarten. Ihren SchülerInnen bleibt nur noch die innere oder äußere Kündigung (= Verweigerung der [selbständigen] Mitarbeit) oder die Rückentwicklung nach K1. Auf jeden Fall werden Sie Kummer mit Ihren SchülerInnen bekommen.

Der Schwingungstilger

Der **Schwingungstilger** ist ein schwingungsfähiges Teilsystem, dass aus Federn, einer gefedert gelagerten Masse und einem Dämpfer besteht.

Schwingungstilger werden im Bauwesen oder im Maschinenbau zur Beruhigung einer schwingenden Struktur bei einer bestimmten Frequenz oder in einem Frequenzbereich verwendet. Am bekanntesten ist der Einbau tonnenschwerer Gewichte in die Spitze von Hochhäusern in erdbebengefährdeten Gebieten. Bei Erdbeben erzeugt der Schwingungstilger eine Gegenbewegung zur jeweiligen Schwingung des Haus. Er verhindert so, dass das Haus zu stark nach rechts und links schwingt und dass die Teile, die die Konstruktion tragen, überbeansprucht werden und brechen.

Der Schwingungstilger hat drei entscheidende Merkmale:

- Er ist vor dem Problem da!
- Er hat Gewicht!
- Er sorgt an der Stelle für ruhige Bewegungen, wo sich sonst Schwingungen addieren und ein System überlasten.

Genauso muss der Schwingungstilger beschaffen sein, der verhindern soll, dass Sie durch sich überlagernde Schwingungen überlastet und möglicherweise kurzfristig handlungsunfähig werden. Voraussetzung für das ordnungsgemäße Funktionieren des Schwingungstilgers ist allerdings, dass Sie dies wollen.

Exkurs: Wie funktioniert ein Schwingungstilger?

Klassische Anwendungsfälle sind z. B. lange gestreckte Brücken und Treppen, Brückenpylone und Stahlschornsteine, aber auch Gebäude, die im Einzugsbereich von Industrie- oder Erderschütterungen liegen.

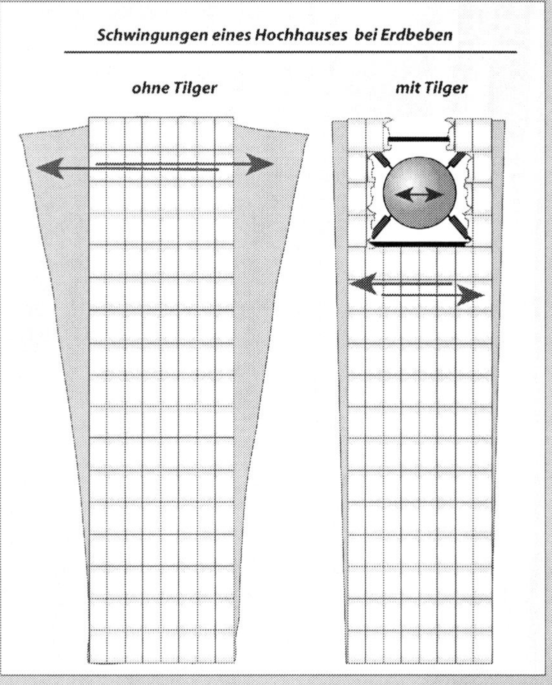

Abb. 31: Der Schwingungstilger

Der Begriff "Gegenschwingmasse" deutet am besten auf die Funktionsweise hin. Eine Tilgermasse wird über Tilgerfedern mit dem Hauptsystem, dessen Schwingungen verringert werden sollen, fest verbunden. Masse und Feder sind auf die zu eliminierende Frequenz eingestellt.

Kommt das Hauptsystem in Schwingung, dann entwickelt der Schwingungstilger eine Gegenbewegung, durch die der Schwingungstilger der Struktur Schwingungsenergie entzieht.

„Er ist vor dem Problem da!“ Das kann bedeuten: Sie haben erkannt, dass Sie immer in die gleiche Falle laufen, dass andere immer die gleichen Schalter bei Ihnen drücken können und ein vorher berechenbares Verhalten erhalten.

Der kluge Schritt ist es, diesen Schalter lahm zu legen, **bevor** wieder ein anderer ihn drückt. Dazu ist es notwendig, ein alternatives Verhalten zu dem bisher bekannten für die nächsten Male zu planen und ggf. auch einzuüben.

Gewicht bedeutet u. a.:

- Sie stehen mit beiden Beinen fest auf dem Boden, bildlich und tatsächlich. Sie haben ein gutes Körpergefühl. Es „haut Sie nichts so schnell von den Füßen“! Ihnen ist nichts Menschliches fremd.
- Sie sind sich Ihrer Fähigkeiten bewusst. Sie werden von einem stabilen Gefühl von Selbstsicherheit getragen, das aus einem großen Selbstvertrauen erwächst.

Ruhige und andere Schwingungen sind der erwartete Profit, der aus dieser Verhaltensänderung gezogen wird. Sie nähren die Motivation zur Verhaltensänderung.

Lösungszeit: Der Schwingungstilger lässt Sie jedoch auch dann nicht verzweifeln, wenn sich das alte Verhalten wieder einmal zeigt. Denn zu ihm gehört auch das Wissen, dass Veränderungen Lösungszeit benötigen, sie also nicht von jetzt auf sofort ohne Fehlerquote eintreten.

Wie komme ich zu meinem Schwingungstilger?

Wenn Sie einen Schwingungstilger haben wollen und in ihrem vorherigen Leben noch keinen installiert haben, werden Sie möglicherweise Begleitung und ein Training benötigen. Dabei können Sie berufliche Notwendigkeit und persönliche Entwicklung koppeln:

Besuchen Sie ein Seminar zur Streitschlichtung, zur Ausbildung als BeratungslehrerIn oder als VertrauenslehrerIn. Eine berufliche Weiterbildung im Feld der humanistischen Psychologie ist auch hilfreich. In jedem Fall sollten Sie sich während dieser Fortbildung in Begleitung intensiv mit sich selbst auseinandersetzen und sich selbst entdecken.

Grundlage ist in jedem Fall, dass Sie sich entschließen, Ihr altes Stressverhalten zu ändern. Dann hilft zwischen den Seminaren:

- das erwartete „Licht am Ende des Tunnels“ oder die Aussicht auf einen anderen großen Lustgewinn. Sie sorgen in vielen Fällen dafür, dass eine geplante Verhaltensänderung auch nicht im Ernstfall in Vergessenheit gerät.
- die Veröffentlichung der geplanten Verhaltensänderung (vor FreundInnen oder KollegInnen). Dadurch verhindern Sie, dass Sie sich in Zukunft dumm stellen können und einen Rückfall in das alte Verhalten nicht wahrnehmen.
- das Wissen und Fühlen der eigenen Stärke: Manchmal reicht es schon, wenn Sie sich selbst sehr präzise klar machen, was Sie an Fähigkeiten beherrschen und wie groß die Gefahr eines möglichen „Untergangs“ wirklich ist. In der Regel ist die Untergangsphantasie schlimmer als die Realität.

Die Erkenntnis, dass Sie sich ändern wollen, sorgt immer für das Erwachen des „inneren Zensors“. Er meldet sich, wenn Sie wieder einmal in die alte Falle laufen, und sagt: „Das wolltest Du doch nicht mehr tun!“

Anleitung zum Erfolg

(scaffolding –coaching – fading)

Dieses pädagogische Prinzip folgt dem Reifegradmodell. Eine gute Ausbildung befähigt Lernende, jetzt und in Zukunft Probleme auf der Grundlage des bereits Gelernten zu lösen. Sie haben während dieser Ausbildung das dazu nötige Selbstvertrauen und die notwendigen fachlichen, methodischen und sozialen Kompetenzen erworben und ihre Anwendung geübt.

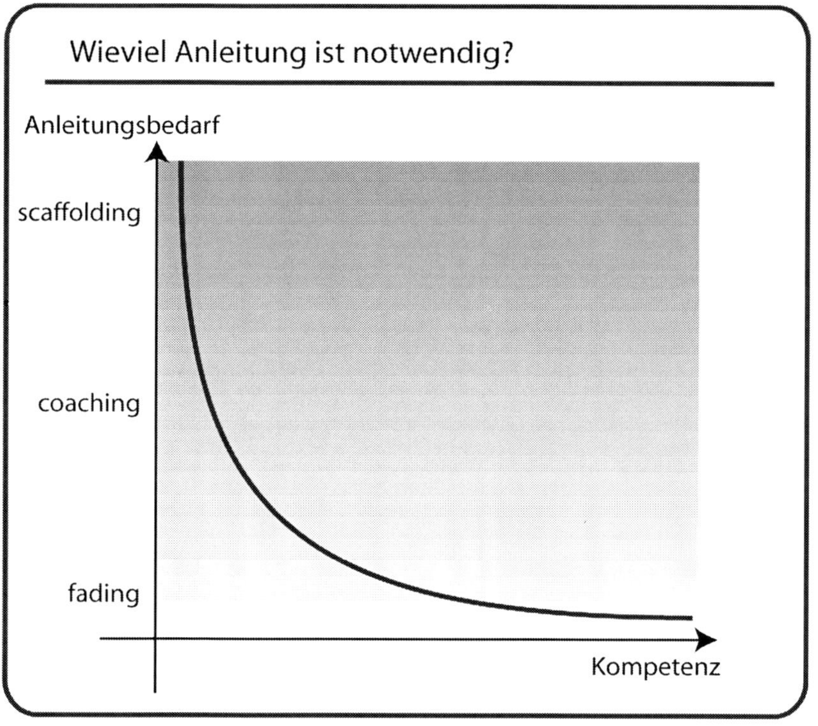

Abb. 32: Kompetenz und Anleitungsbedarf

Auch wenn eigenverantwortliches, reflektiertes Handeln das Ziel einer jeder Ausbildung ist, so benötigen Lernende am Anfang, wenn noch Kompetenzen fehlen, Führung, um Erfolge zu erleben.

Wie viel Führung wirklich notwendig ist, hängt von den Kompetenzen, die zur Problemlösung notwendig sind, ab. Je weniger Kompetenz im entscheidenden Aspekt vorhanden ist, um so mehr Anleitung (= Führung) wird benötigt, damit der Erfolg – und damit verbunden eine Stärkung des Selbstwertgefühls – sichergestellt ist.

Geht man davon aus, dass im Laufe einer Ausbildung die Lösungskompetenz wächst, dann bedeutet das, dass der geführte Mensch letztendlich keine unmittelbare und enge Anleitung mehr benötigt, vielmehr selbst zum Führenden werden kann. Das Prinzip, das hinter diesen Überlegungen steckt, heißt: **Führen – Begleiten – Zurückziehen.** (In der englischen Literatur finden Sie diesen Führungsstil unter den Begriffen: „*scaffolding – coaching – fading*“)

Führen: Die der Führenden anvertrauten Menschen werden eng mit klaren Anweisungen geführt. Sie haben keine oder nur wenige, aber klar umrissene Möglichkeiten der eigenen Gestaltung. Die Führende trägt die volle Verantwortung für das Wohl und Wehe der Geführten.

Eine klare Führung ist eine Hilfe am Anfang des Lernprozesses: Sie hat die Funktion eines Orientierung gebenden Leuchtfeuers, das auch im dicksten Chaos noch zu identifizieren ist und verlässlich an seinem Ort steht, um den Weg zum Erfolg zu zeigen.

Wenn die LehrerIn in dieser Phase Anweisungen gibt, macht sie mit ihrer Sprache und ihrem Habitus deutlich, dass dies nicht die Gelegenheit ist, Diskussionen über den Sinn der Anweisung oder über Alternativen zu beginnen. Sie gibt die Aufgabe Schritt für Schritt und den Zeitrahmen vor. Sie veranschaulicht, wie das Ergebnis aussehen soll.

Sie unterstützt, wo es notwendig ist, damit die SchülerInnen erfolgreich sind. Dadurch schafft sie auch Vertrauen in ihre Person.

Sie kontrolliert das Ergebnis und leitet die Lernenden zu einer Reflexion des Arbeitsprozesses an.

Gerade, wenn methodische und soziale Kompetenzen bei den Lernenden nur gering ausgebildet sind, ist es unabdinglich, Aufgabe und Zeitrahmen klein zu halten. Die Lernenden sollen den Überblick über die Aufgabe behalten. Besitzen sie nur geringe oder keine Kompetenzen im Zeitmanagement, müssen sie in einem für sie überschaubaren Zeitrahmen arbeiten und über die Rolle der ZeitwächterIn Zeitmanagement erlernen.

Besitzen sie nur geringe oder keine Kompetenzen, in Teams zu arbeiten, dann üben sie die notwendigen sozialen Kompetenzen in Paaren. Die Paararbeitsphasen sind nur wenige Minuten lang; Ergebnisfeststellung und Reflexion dieser Arbeitsphase erfolgen unter genauer Anleitung.

Die Unterrichtende stellt durch den Zeitpunkt des Einsatzes kooperativer Arbeitsphasen, die Aufgabenstellung und die Reflexion sicher, dass jede SchülerIn einen persönlichen Erfolg aus dieser Phase zieht.

Menschen, die eine Tätigkeit immer wieder nach Vorschrift/Anweisung oder unter Anleitung durchführen, erlangen Sicherheit. Vor dem Hintergrund dieser Sicherheit werden sie experimentierfreudig. Das ist der Moment, in dem eine AusbilderIn sukzessive in die zweite Phase überleitet: Sie wird von der Führenden zur BegleiterIn.

Abb. 33: Wer führt, gibt verlässlich Orientierung!

Begleiten bedeutet, die Eigenverantwortlichkeit des Handelns einzufordern und zu fördern. Menschen, die im Lernen begleitet werden, haben eigene Zielvorstellungen. Sie haben bereits gewisse Kompetenzen, die sie ausbauen und vervollkommnen wollen. In Entwicklungsgesprächen werden diese Ziele deutlich und mit Zeitvorgaben formuliert. Danach benötigen sie eine TrainerIn, die sie in täglichen Lernsituationen begleitet, Anforderungen stellt und stützt, Rückmeldung, Anregungen und auch Trost gibt. Die TrainerIn hilft den Lernenden, in allen vier Lernbereichen die Ergebnisse zu analysieren und Verbesserungsvorschläge zu erarbeiten.

Die Lernenden arbeiten schon für die Dauer einer oder mehrerer Unterrichtseinheiten in größeren Teams (4-max- 6 Mitglieder). Die Unterrichtende sorgt aber weiterhin dafür, dass jede SchülerIn mit möglichst vielen anderen Teams arbeitet und so gute und vertrauensvolle Arbeitsbeziehungen sich zwischen allen SchülerInnen bilden.

Die Aufgabenstellung wird in dieser Phase komplexer (fachliche und soziale Aufgabe); die Bearbeitungszeit dehnt sich aus. Zeitvorgaben werden teilweise von den Lernenden selbst bestimmt und von der Unterrichtenden bestätigt oder korrigiert. Rollen helfen den Lernenden, effektiv in den Teams zu arbeiten (*vgl. hierzu noch einmal Seite 104*)

Die Reflexion kann schon in den Teams erfolgen, die dann die Ergebnisse ihrer Reflexion präsentieren.

Zurückziehen: Haben Lernende ausreichende soziale und methodische Kompetenzen erworben, brauchen sie ihre TrainerIn nicht mehr. Es schadete sogar dem Selbstwertgefühl und einer Weiterentwicklung, bliebe die TrainerIn weiterhin präsent. Darum ist es die Pflicht guter TrainerInnen, ihre Schützlinge zunehmend in die eigene Verantwortlichkeit zu entlassen. Sie ziehen sich zurück.

In der Schule kann sich eine Vorgesetzte – also auch eine LehrerIn – aus dem Geschehen nur bedingt zurückziehen oder gar ganz verschwinden.

Man kann aber ganze Verantwortungsbereiche, abgeben und sich nur noch sporadisch nach dem Fortschritt und der Qualität in der Umsetzung erkundigen.

Die Lernenden arbeiten nun in Langzeit-Teams, die eine Teamidentität gebildet haben. Es sind jetzt Aufgabenstellungen möglich, die über mehrere Wochen auch außerhalb des Unterrichts bearbeitet werden können. Die Verteilung der Arbeit innerhalb des Teams und Art und Umfang der Präsentation werden von den Lernenden selbst bestimmt. Die Reflexion des Gruppenarbeitsprozesses ist Teil des Ergebnisses.

Unabhängig davon, wie geübt die SchülerInnen im selbstgesteuerten und kooperativen Lernen sind, ist die LehrerIn immer für den Unterricht verantwortlich. Im Rahmen dieser Verantwortlichkeit unterteilt sich die Aufgabe der LehrerIn immer in vier Phasen.

Die vier Phasen der LehrerInnen-Aktivität

Diese vier Phasen sind

- die Unterrichtsvorbereitung;
- der Start des Unterrichts;
- die Zeit während des Unterrichts;
- und das Ende des Unterrichts.

Aktivitäten vor der Stunde

Damit der Unterricht für die LehrerIn, vor allem aber für die SchülerInnen erfolgreich wird, bedarf es einer fein abgestimmten Vorplanung (das ist nicht wirklich neu – oder?)

Zunächst bestimmen Sie das ***Ziel***: Was sollen die SchülerInnen heute an neuen Kompetenzen erwerben? Dabei passen Sie die Aufgabe (wie immer) u. a. dem Alter der SchülerInnen, der Klassenstufe, der Lerngeschwindigkeit und dem Grad der Geübtheit im selbstständigen Lernen an. Sie überlegen, welches ***Arbeitsmaterial*** die SchülerInnen benötigen. Hier gibt es Veränderungen zu früher, denn nach einer selbständigen Arbeitsphase werden die SchülerInnen ihre Ergebnisse präsentieren. Dafür brauchen sie Material. (Jetzt kommt ggf. der Metaplan-Koffer zum Einsatz!)

In welchem ***Gruppensetting*** erreichen die SchülerInnen die gesteckten Ziele? Das ist auch nicht wirklich neu! Sie planen, durch welche unterrichtliche Aktivitäten die SchülerInnen zum Ergebnis kommen. Nur – die Werkzeuge, die Sie jetzt einsetzen, gehen über das Zusammenfassen von SchülerInnen zu Gruppen hinaus. Die Planung, wie, wann und mit welchem Ziel Sie ein Gruppensetting einsetzen, ist eines der Herzstücke Ihres Unterrichts.

Wie gewohnt, formulieren Sie den ***Arbeitsauftrag***. Dabei achten Sie jetzt darauf, dass Sie den Auftrag in für SchülerInnen überschaubare Teilaufträge einteilen. Es ist eine Überforderung, bei SchülerInnen, denen es noch schwergefallen, sich auf den aktuellen Auftrag zu konzentrieren, komplexe Aufträge zu veröffentlichen.

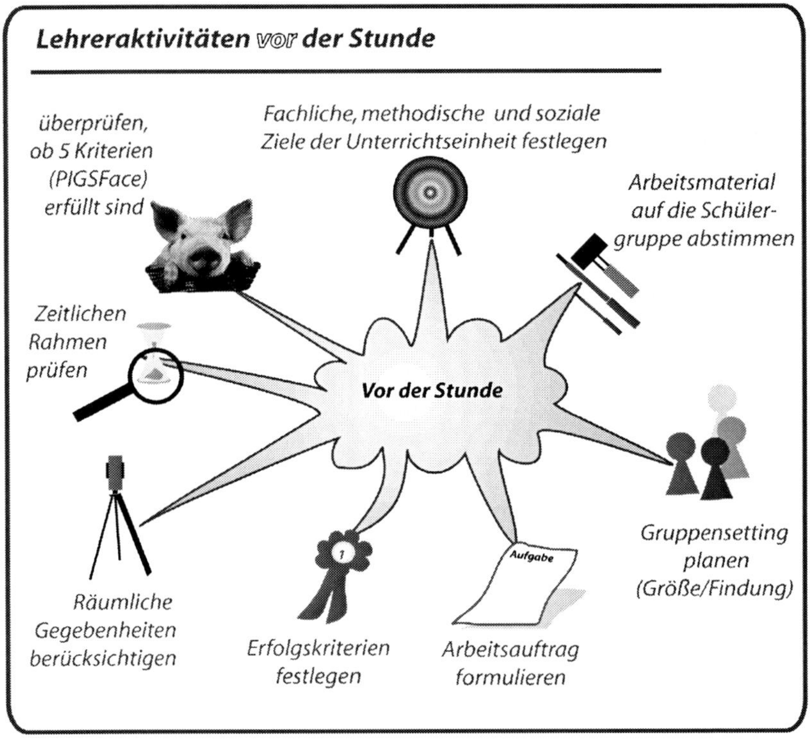

Abb. 34: Aktivität vor der Stunde

Woran werden Sie erkennen, dass Ihre SchülerInnen Kompetenzzuwächse erlangt haben? Die Festlegung der ***Erfolgskriterien*** ist die Grundlage zur Unterrichtsevaluation. An dieser Stelle können Sie auch für sich sehr große Kompetenzzuwächse erwarten. Sie werden sehen, dass die Anzahl der geplanten Ziele mit dem Grad Ihrer Geübtheit abnimmt, ihre Fähigkeit zur Formulierung der Kriterien, die Ihnen den Erfolg anzeigen, zunimmt.

Prüfen Sie die **räumlichen Gegebenheiten**. Räume, die voll gestopft sind, eigen sich nicht dazu, dass die SchülerInnen auch noch ihre Plätze verlassen und umhergehen. Also müssen Sie den Raum umorganisieren oder es muss ein anderer Raum her! Sie und Ihre Klasse brauchen Platz. Überlegen Sie auch, ob die Tische umgestellt werden müssen, ob Sie sie selbst umstellen wollen oder ob die SchülerInnen diese Arbeit durchführen sollen.

Ein Beispiel:

Abb. 35 gibt ein gutes Beispiel dafür, wie man durch eine Umgestaltung des Klassenraums a) die Sitzordnung für Teamarbeit vorbereitet und b) Platz im Klassenraum gewinnt.

Das vorliegende Beispiel wurde in einem ca. 36 m² großen Raum mit 18 SchülerInnen realisiert. Dadurch, dass vier bis fünf SchülerInnen an einem Tisch sitzen und mit dem Platz auskommen müssen, erhöht sich der Druck, friedlich miteinander auskommen zu müssen. Jede ist individuell dafür verantwortlich. Gleichzeitig erhöht sich auch für alle Arbeitsphasen die positive Abhängigkeit der SchülerInnen voneinander.

Lassen Sie von vorne herein die Tische für Gruppenarbeit stehen, z. B. im Fischgrätmuster[33]. Aus diesem Setting heraus können Sie sofort aus einer Frontalphase in eine Teamarbeitsphase gehen.

Häufig brauchen Sie nicht zwei Tische für eine Lerninsel, damit vier SchülerInnen an dieser Insel arbeiten können. Versuchen Sie es mit nur einem Tisch. Das schafft Platz und reicht in der Regel aus.

[33] Die Tische stehen schräg zu einem Mittelgang hin. Alle SchülerInnen können von ihrem Platz aus zu Ihnen / nach vorne / zur Tafel blicken.

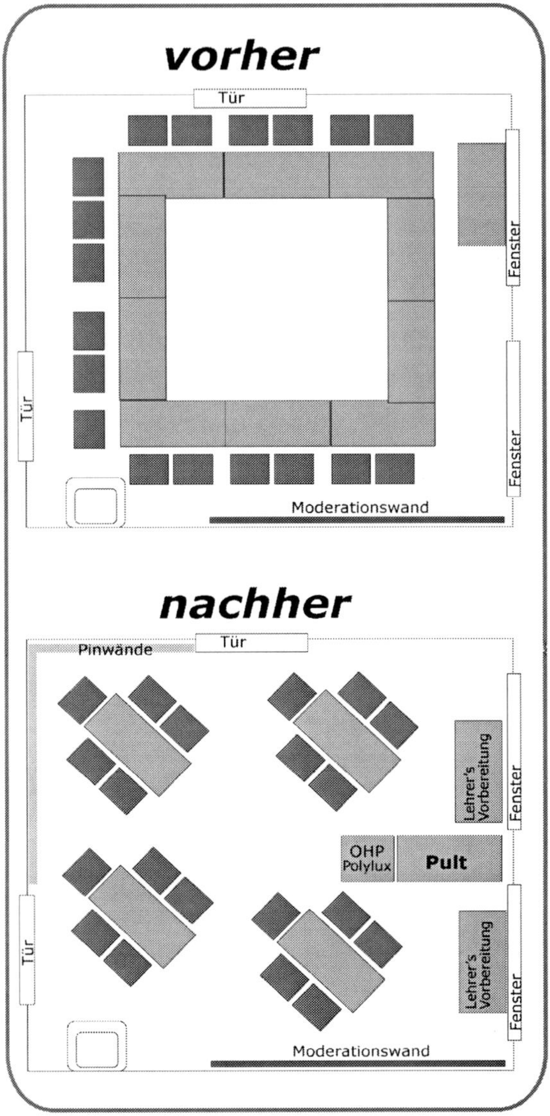

Abb. 35: Mehr Platz durch Umgestaltung

Die ***Zeit*** ist eine der schwierigsten Ressourcen und spielt in der Unterrichtsplanung eine entscheidende Rolle: In den einzelnen Arbeitsschritten soll sie der Fähigkeit, mit Zeit ökonomisch umzugehen, angepasst sein: Bei ungeübten SchülerInnen soll sie kurz sein, bei geübteren SchülerInnen sind die Arbeitsphasen länger. Die SchülerInnen sollen Zeit als eine knappe Ressource erfahren und lernen, sie sich einzuteilen und mit ihr sparsam umzugehen. Zeitverknappung hilft zudem, die SchülerInnen eng an der Aufgabe zu halten, weil sie keine Zeit haben, sich anderweitig zu beschäftigen. Zeitintervalle, die nicht durch 5 Minuten geteilt werden können, helfen den SchülerInnen zu erkennen, dass es auch noch Zeit zwischen den großen Teilstrichen einer Analoguhr gibt.

Gleichzeitig muss man den SchülerInnen so viel Zeit geben, wie sie benötigen, um eine Aufgabe erfolgreich zu Ende zu bringen.

Planen Sie immer Zeit für Ankunfts- und Abschiedsrituale sowie für eine Stundenreflexion ein.

Zum Schluss wird noch überprüft, ob alle ***fünf Basiselemente*** des *Cooperative Learning* installiert und aktiv sind:

- ✓ Gibt es eine positive Abhängigkeit zwischen den Teammitgliedern?
- ✓ Wie wird die persönliche Verantwortlichkeit installiert?
- ✓ Welche sozialen Kompetenzen werden erworben?
- ✓ Welche Gruppenprozesse sollen reflektiert werden und in welcher Form findet die Reflexion statt?
- ✓ In welcher Form / räumliche Anordnung sollen die SchülerInnen arbeiten?

Aktivitäten zu Beginn der Stunde

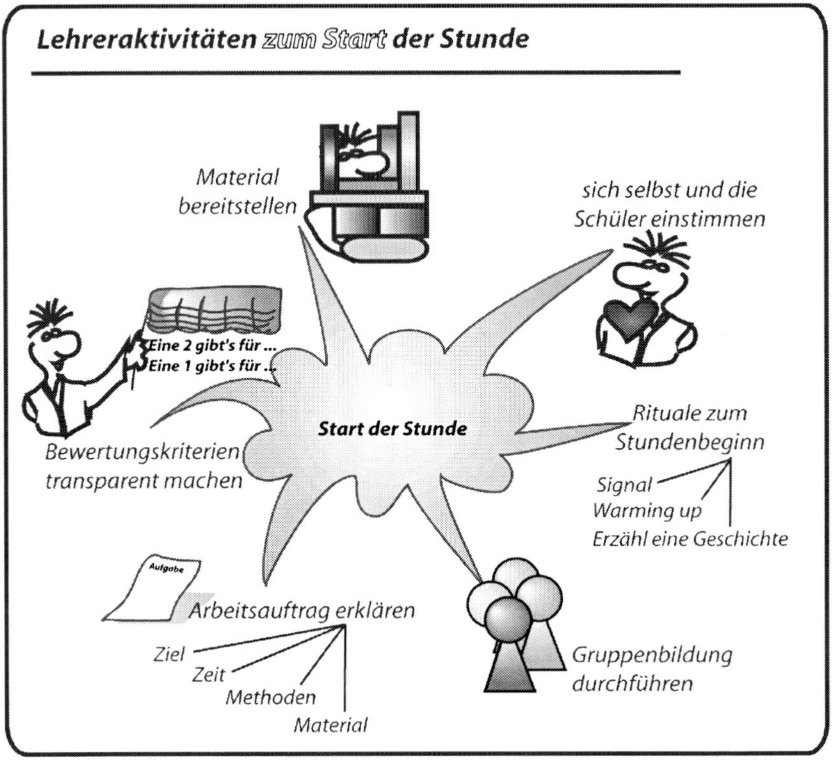

Abb. 36: Aktivität zum Start der Stunde

Die jeweilige Stunde beginnt immer mit den gleichen Ritualen: Zunächst stimmen sich die Akteure, LehrerIn und Klasse, ein. Die Grundlagen für ein angenehmes Arbeitsklima legt man dadurch, dass man die SchülerInnen willkommen heißt oder auf andere Weise seine Freude über das Wiedersehen und seine Wertschätzung aus drückt.

Wichtig ist, dass LehrerIn und SchülerInnen in der Klasse auch wirklich ankommen und nicht mit ihren Gedanken irgendwo anders sind. (*vgl. Seite 227)* Das Ankommen wird durch eine **Aufwärmübung** (*warming up)* wie Singen, Tanzen, Spiele (*weitere Aufwärmübungen stehen auf den Seiten 213 und 304*), durch ein Signal (Pfiff, Hupe) oder durch das Erzählen einer Geschichte positiv unterstützt. Die Aufwärmphase bietet aber noch einen weiteren Vorteil: SchülerInnen, die zu spät zum Unterricht kommen, können besser in den angelaufenen Unterricht integriert werden.

Nachdem die Gruppen gebildet wurden, wird der Arbeitsauftrag erklärt. Dabei werden das Ziel, die zu verwendenden Methoden, das Material und die zur Verfügung stehende Zeit mit den SchülerInnen besprochen.

Bevor die SchülerInnen beginnen, erklärt die Unterrichtende, an welchen Merkmalen sie den Lernerfolg festmachen will. Das kann bedeuten, dass die LehrerIn erklärt, dass aus jeder Gruppe eine namentlich genannte SchülerIn die Präsentation durchführen wird und das Ergebnis erklären können muss. Sinnigerweise ist die präsentierende SchülerIn natürlich nicht die leistungsstärkste, sondern eine der leistungsschwachen. Die Gruppe ist dann erfolgreich, wenn diese SchülerIn erfolgreich ist.

Zum Schluss wird das Material freigegeben. Danach dürfen die SchülerInnen beginnen und die LehrerIn kann sich auf seine Beobachtungsaufgabe konzentrieren. (*siehe ggf. noch einmal „Tipp zum Geben von Anweisungen" auf Seite 78*).

Aktivitäten während der Stunde

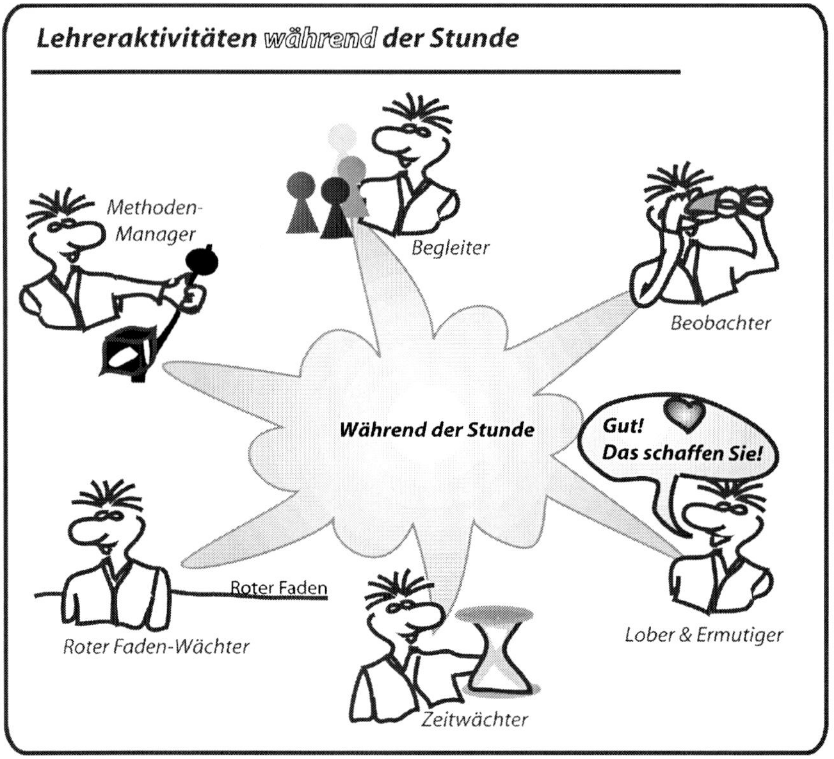

Abb. 37: Aktivität während der Stunde

In den frontal geführten Phasen nimmt die Unterrichtende ihre traditionelle Stellung im Unterricht ein. Während der Teamarbeitsphasen ändert sich jedoch die Rolle: Sie nimmt am Erwerb von Wissen bzw. bei der Vermittlung des Wissens aktiv nicht teil. Sie zieht sich vollständig auf eine begleitende und beobachtende Position zurück, bestärkt und ermutigt oder greift korrigierend bei Bedarf ein.

Aktivitäten zum Ende der Stunde

Das Ende der Teamarbeitsphase wird durch ein Signal (Glocke, Hupe, Pfiff) angekündigt. Die Unterrichtende moderiert die Präsentation der Ergebnisse (oder überwacht die Moderation), die abschließend zusammengefasst dargestellt werden.

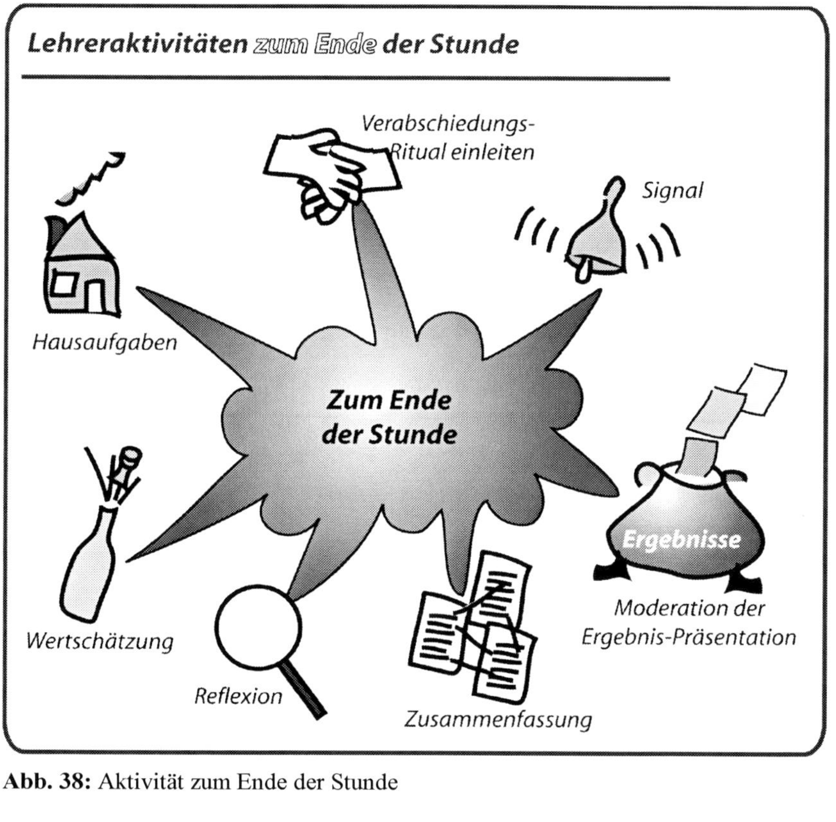

Abb. 38: Aktivität zum Ende der Stunde

Nach der Reflexion der Unterrichtsinhalte durch die SchülerInnen findet eine Wertschätzung der Stunde durch die Unterrichtende statt. Dabei wird noch einmal herausgestellt, was wirklich gut war, aber auch, was noch verbessert werden kann.

Nach der Bekanntgabe der Hausaufgaben wird das Verabschiedungsritual eingeleitet – und die Stunde ist zu Ende.

Nach dem Unterricht ist vor dem Unterricht

Für die LehrerIn bleibt jetzt nur noch die eigene Reflexion der Unterrichtseinheit. Aus den Ergebnissen dieser Reflexion werden inhaltliche und methodische Schlüsse für die nächste Stunde gezogen. Das tun wir aber ja so wie so.

Bewertung von Gruppenarbeit

Bewertung an sich ist ein Thema, für das auch ein Extrabuch nicht ausreichend wäre. Dennoch soll sie hier angesprochen werden.

Generell ändert sich an den Formen der Bewertung erst einmal nichts. Besondere Überlegungen sind jedoch da notwendig, wo persönliche, soziale und methodische Kompetenzen bewertet werden sollen.

Vor allem gilt: Die Bewertung sollte für alle Beteiligten transparent sein. Dazu gehört zuallererst, dass sich die LehrerIn über die Kriterien klar ist, die bei einer Gruppenarbeit bewertet werden sollen. Diese Kriterien müssen dann auch den SchülerInnen mitgeteilt werden

Es muss also für die SchülerInnen deutlich werden, was sie tun müssen, um eine Note zu halten oder sogar besser zu werden. Hierfür ist es sowohl für die SchülerInnen als auch für die LehrerIn sehr hilfreich, bereits zu Beginn einen entsprechenden Kriterienkatalog ausgearbeitet zu haben. Anhand dieses Kataloges (eventuell gemeinsam mit den SchülerInnen) kann dann eine Leistung überprüft und benotet werden. Auch Noten sollen die SchülerInnen fördern und fordern. Damit dies nicht im Alltagsstress vergessen wird, sollten diese Hinweise ein Teil des Zeugnisses, also schriftlich an die SchülerInnen, ausgegeben werden.

Dem tragen schon viele Schularten durch die Erstellung von Berichtszeugnissen Rechnung. Der Unterrichtskultur entsprechend folgen Berichtszeugnisse, die Ergebnisse eines Unterrichts nach den Grundzügen des *Cooperative Learning* darstellen, ebenfalls der Leitidee „Was war gut? Was kannst Du nächstes Mal besser machen?/Wo liegen die Entwicklungsfelder?"

Kompetenzbeschreibungen

Lernbereich:	
Klassenstufe:	
LehrerIn:	

Kriterium	ausreichend	befriedigend	gut	sehr gut

Hier steht, was eine SchülerIn können muss, um diese Note zu erhalten.

Wie bewerte ich die SchülerInnen-Leistungen?

Wirklicher Entwicklungsbedarf besteht sehr häufig in der Notengebung. „Wie kann ich als LehrerIn meine Leistungsbewertung für die SchülerInnen nachvollziehbar darstellen und dabei individuellen Entwicklungen bei einzelnen auch Rechnung tragen?“

Für den fachlichen Bereich wird weithin angenommen, dass eine möglichst objektive und transparente Bewertung erreichbar sei. Wir sind an dieser Stelle vorsichtig in unseren Formulierungen, weil wir auch hier nicht die subjektive Wahrnehmung einer SchülerInnen-Leistung ausschließen können.

Beispiel: Eine Textaufgabe, die über einen Dreisatz gelöst werden muss. Für die Bewertung kann folgender Schlüssel aufgestellt werden:

Verstehen der Aufgabe uns das Formulieren des 1. Satzes:	3 Punkte
Rechenweg bis zum Lösungsbruch:	3 Punkte
Ergebnis und Antwortsatz	3 Punkte
Formale Richtigkeit und Sauberkeit:	1 Punkt

Das ist klar und nachvollziehbar!

Methodische Kompetenzen können als Teil einer Fachnote klassisch bewertet werden. Wenn eine SchülerIn weiß, wie sie einen Text verarbeiten kann und an die wichtigen Informationen kommt, dann kann dies Teil der Fachnote in Biologie oder Chemie sein. Es ist aber auch nachvollziehbar, dass diese Leistung in die Note für Deutsch einfließt.

Soziale und persönliche Kompetenzen finden bisher bestenfalls in den Kopfnoten der Zeugnisse oder in den Bemerkungen ihren Niederschlag.

Dabei sagt die eine „2“ in Betragen in der Schule eigentlich nur aus, dass eine SchülerIn nicht negativ auffiel, ein „sehr gut“ in Beteiligung am Unterricht, dass diese SchülerIn immer den Finger oben hatte.

Beide Noten sagen aber nichts über die sozialen und persönlichen Kompetenzen eines Menschen aus. Die sind aber dann interessant, wenn sich eine SchülerIn bewirbt und der Ausbildungsbetrieb wissen möchte, wen er sich da einkauft.

In einzelnen Schulformen, insbesondere in der beruflichen Vorbereitung, werden SchülerInnen Teilqualifikationen in einer Anlage zum Zeugnis bescheinigt. In dieser Anlage werden auch Stärken in der Persönlichkeit und im sozialen Umgang beschrieben. Durch diese Vorgehensweise sollen die Chancen der Jugendlichen, einen Ausbildungsplatz zu bekommen, erhöht werden. Denn für viele Betriebsinhaber sind die persönlichen und sozialen Eigenschaften mindestens ebenso relevant wie das Beherrschen der Kulturtechniken. Je geringer die Kompetenzen aber in letzteren sind, umso wichtiger sind die sozialen und persönlichen Kompetenzen. Eine MitarbeiterIn, der man Arbeitsaufträge haarklein vorgeben muss, die aber immer pünktlich zur Arbeit erscheint, ist verständlicherweise vielen BetriebsinhaberInnen lieber als ein fachliches Ass, von dem man aber nie weiß, ob und wann er erscheint.

Die Bewertung erfolgt nicht über Noten, sondern über eine verbale Beurteilung oder eine symbolische Beschreibung in drei Abstufungen:

✡✡✡	✡✡	✡
Dieses Merkmal wird erfüllt.	Dieses Merkmal wird in der Regel erfüllt.	Der/die Schüler/in bemüht sich, dieses Merkmal zu erfüllen.

Darüber hinaus bescheinigen die Teilqualifikationszeugnisse handwerkliche Fähigkeiten, die im letzten Jahr erworben wurden.

Auch wenn dieses Beispiel speziell für Berufsschulen gilt, lassen sich vergleichbare Zeugnisse in allgemein bildenden Schulen erstellen. Soziale und persönliche Kompetenzen sollen ja in allen Schulformen erworben werden. Darüber hinaus ist denkbar, spezielle handwerkliche Fertigkeiten aus dem Technikunterricht wie „– kann eine Drehbank sicher bedienen.“ „– kann einen Hefeteig herstellen und verarbeiten.“, „– kann einen Reifen wechseln“ zu attestieren.

Teilqualifikationszeugnisse können jedoch auch in Ganztagesschulen Auskunft über Qualifikationen geben, die in Neigungskursen oder in Veranstaltungen außerschulischer Anbieter (Rotes Kreuz, Feuerwehr, Pfadfinder, u.v.m.) erworben wurden. Dazu zählen ein Erste-Hilfe-Schein, Kanu führen, Maßnahmen zur Brandvorbeugung oder -bekämpfung. Der Phantasie sind hier kaum Grenzen gesetzt.

Wie kommt man zu Bewertungsdaten?

Auch hier lautet die Antwort: klassisch: Durch Sammeln von Daten. Das bedeutet aber auch, dass sich eine Menge an Daten ansammelt, wenn man auch noch in verschiedenen Klassen unterrichtet. Wie kann man sich das Leben etwas einfacher machen?

Hierzu drei Beispiele:

#1: Eine SchülerIn erfüllt das Pünktlichkeitsmerkmal, wenn sie entweder zum vereinbarten Zeitpunkt mit den notwendigen Unterlagen arbeitsbereit anwesend ist oder rechtzeitig vorher abgesagt (sich krank oder verhindert gemeldet) hat.

Dafür bekommt sie einen Anwesenheitspunkt. Führen Sie diesen Anwesenheitspunkt in einer EXCEL®-Liste, dann ist u. a. auch durch eine Grafik zu veranschaulichen, wie hoch die Anwesenheitsquote jeder einzelnen SchülerIn ist.

Persönliche und soziale Kompetenzen können wie folgt beschrieben werden:

- ist in der Lage, sich selbst realistisch einzuschätzen.
- kann über seinen seelischen und körperlichen Zustand differenziert Auskunft geben.
- jammert nicht, denkt und handelt lösungsorientiert.
- zeigt die Bereitschaft, auch komplexere Aufgaben anzugehen.
- kann sich auf Grenzerfahrungen einlassen.
- hält Termine ein oder sagt rechtzeitig ab.
- erscheint mit vollständigem und ordnungsgemäßem Arbeitsmaterial (gewaschene und gebügelte Arbeitskleidung, Unterrichtsmaterial).
- ist aufrichtig und gebraucht keine Ausreden.

- ist höflich und freundlich gegenüber Vorgesetzten, Kunden und MitarbeiterInnen.
- arbeitet konstruktiv im Team.
- hilft, wenn nötig, seinen/ihren KollegInnen.
- ist kritikfähig und gibt sachlich *feedback*.
- kann *feedback* kommentarlos anhören und zieht die notwendigen Konsequenzen.
- reagiert in Konflikten sachlich angemessen, hört zu, wird nicht persönlich, sucht ggf. nach Kompromissen.
- zeigt unabhängig von der Tagesform Einsatzbereitschaft und Engagement.
- kann Hilfe anfordern und Hilfe geben.

	27.1	28.1	29.1.	30.1.	31. 1.	1.2.
Vorname						
Patrick	1 1 1	1 1 1				

Tabelle 3: Auszug aus einer Anwesenheitsdatei mit Microsoft Excel®

Aus dieser Grafik Abb. 39 können die SchülerInnen jederzeit ihre persönlichen Daten ablesen. Sie lernen gleichzeitig – wenn Sie es noch nicht können –, eine Säulengrafik zu interpretieren und dass man, wenn man erst einmal unter 100% gerutscht ist, diesen Wert auch nie wieder erreicht.

Eine Beispieldatei zur Feststellung der Anwesenheit ist auf der CD „Arbeitsmaterial zum Praxishandbuch Cooperative Learning".

#2: Am Ende einer Unterrichtsstunde, eines Unterrichtstages, einer Woche oder eines Abschnitts kann es Teil der Reflexion durch die Lerngruppe sein, dass persönliche Leistungen bewertet werden. Dazu können folgende Spielregeln gelten:

Sie haben Leistungskarten in der Tasche: je zwei für die besondere fachliche Leistung, die besondere soziale Leistung, die Mehrarbeitskarte und die besondere persönliche Leistung.

Die SchülerInnen schlagen vor, wer diese – knappen – Karten erhalten soll und begründen ihren Vorschlag. Dabei dürfen sie sich nicht selbst vorschlagen. Zum Schluss der Runde haben sie die Möglichkeit, auch einen Vorschlag zu machen. Je nach Kompetenz der SchülerInnen haben Sie in der Runde der SchülerInnen eine EntscheiderIn installiert oder Sie sind es selbst.

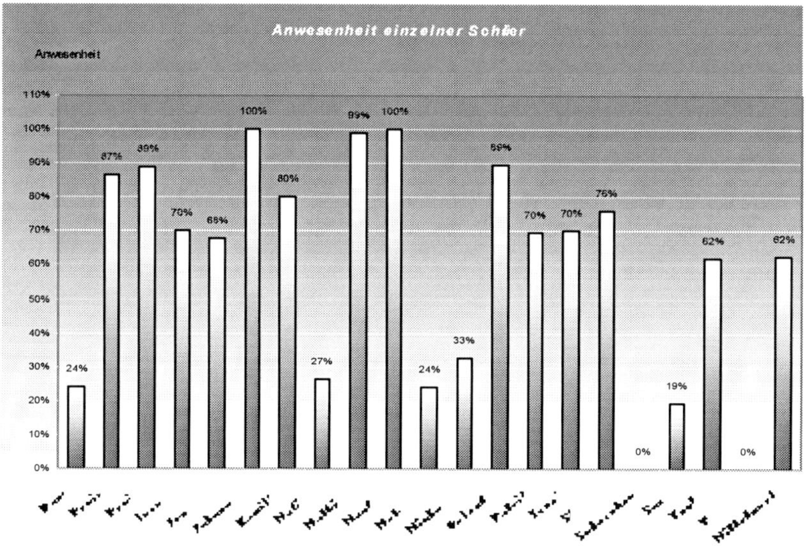

Abb. 39: Anwesenheitsgrafik auf Grundlage der Datei aus **Tabelle 3**

Die auserkorenen SchülerInnen erhalten ihre Leistungskarte und sammeln sie. Zum Zeitpunkt der Notenbesprechung legen Sie diese Karten wieder vor, die dann in eine Zeugnisbewertung umgewandelt werden.

Beispieldateien für Leistungskärtchen sind auf der CD „Arbeitsmaterial zum Praxishandbuch Cooperative Learning".

#3: Bewertung von Einzelleistungen bei der Gruppenarbeit. Trotz intensiver Beobachtung nach objektiven Merkmalen sind wir uns doch häufig bei der Bewertung von Leistung nicht 100%ig sicher. Die einzelnen Teammitglieder können dagegen viel eher sagen, wie groß der individuelle Anteil an der Erbringung der Gruppenleistung war. Von einer Kollegin haben wir ihre persönliche Vorgehensweise erfahren:

Die Leistung in einer Gruppe wird z. B. mit 75 Punkten bewertet. Die Gruppe besteht aus 4 Mitgliedern. Dann bekommt die Gruppe insgesamt 300 Punkte, die nun von den vier Mitgliedern unter sich verteilt werden müssen. Das Ergebnis der Verteilung bekommt die KollegIn zu wissen.

Bewertung von Leistungen ist ein weites und unsicheres Gebiet. Das ist es, wenn traditionell frontal unterrichtet wird und das bleibt es, wenn wir in Teams arbeiten.

LehrerInnen, die nach *Cooperative Learning* arbeiten, dürfen sich jedoch etwas sicherer fühlen:

- Ihre Aufgabe weg vom „Wissensquell" hin zum „Begleiter und Beobachter" erlaubt ihnen, intensiv Informationen über die Leistungen der einzelnen SchülerInnen während des Unterrichts zu sammeln.
- Feedbackrunden liefern ihnen weitere Informationen über die Kompetenzen ihrer SchülerInnen.
- Die Einbeziehung der SchülerInnen in die Leistungsbewertung macht diese transparenter und für die SchülerInnen nachvollziehbarer. Gleichzeitig bekommen die LehrerInnen eine Rückmeldung, ob ihre Benotung der Bewertung der SchülerInnen entspricht oder nicht.

5

Kapitel 5 – Was muss ich persönlich zur Umsetzung tun?

Sie würden wahrscheinlich auch nicht einfach ohne eigene Vorbereitung zum Mond fliegen – oder?

Sie würden schon von sich aus dafür sorgen, dass Sie körperlich einigermaßen fit sind, dass Sie die Technik soweit beherrschen, dass sie auch ohne Computer hin- und wieder zurückkämen, Sie würden sich wahrscheinlich auch geeignete Maßnahmen ausdenken, die Sie retteten, wenn Dinge schief liefen.

Warum sollten Sie dann unvorbereitet Innovationen in Ihrem Unterricht vornehmen?

Eigene Vorbereitungen

Eigene Fortbildungen

Viele Landesinstitute für LehrerInnen-Fortbildungen bieten mittlerweile Fortbildungen, insbesondere jahreszeitliche Akademien, zu *Cooperative Learning*, meist mit Norm Green und seinem Team[34], an.

Nehmen Sie an den Basis- und *follow up*-Veranstaltungen Ihres Landesinstitutes oder freier Anbieter teil und bilden Sie sich regelmäßig zu diesem Themenkomplex fort.[35] Zurück gekehrt in Ihre Schule beginnt aber die eigentliche Vorbereitung.

Zunächst aber drosseln Sie bitte etwas die eigene Geschwindigkeit.

Lesen Sie bitte diesen Abschnitt sorgsam, damit Ihre Begeisterung nicht an der ersten Hürde zerbricht und ihre Motivation in Enttäuschung umschlägt!

Denn, was wir unseren SchülerInnen gönnen, gönnen wir uns auch:

Erfolg!

[34] Norm Green ist durch seine Arbeit in Kanada auf dem Feld der Unterrichtsneugestaltung und der Einführung von Cooperative Learning in seinen Schuldistrikt bekannt geworden.

[35] Informationen zu Fortbildungsangeboten finden Sie auch unter www.cooperative-learning.de oder www.dragonboard-meezen.de.

Das Erneuerungsloch

(engl.: implementation-dip)

Das kennen Sie bestimmt auch aus eigener Erfahrung oder Beobachtung: Eine KollegIn kommt von einer Fortbildung, strahlt vor Begeisterung und Schwung. Als PionierIn will sie nun in ihrer Klasse Neuerungen einführen, und spätestens nach einigen Wochen sind der Schwung und die Idee dahin und die KollegIn frustriert. Sehr häufig erfährt man dann noch, dass sich eben diese KollegIn alleine gelassen fühlte, keine Unterstützung hatte. Sie sitzt im Erneuerungsloch fest. Dort ist die Idee erst einmal gestorben.

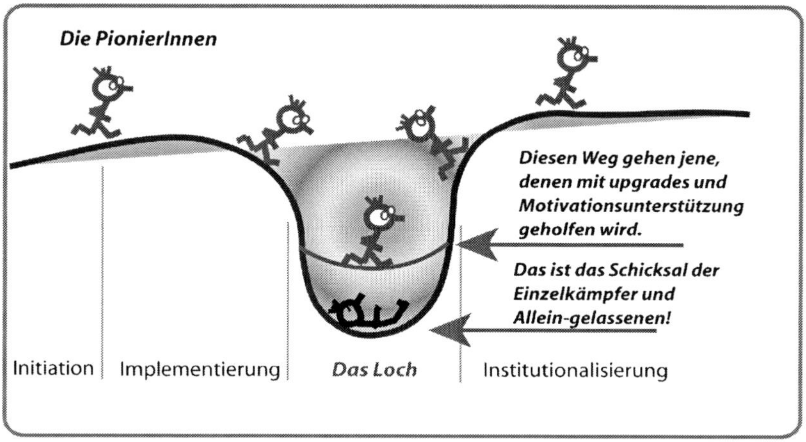

Abb. 40: Die PionierIn durchläuft das Erneuerungsloch

Dem Erneuerungsloch kann niemand, der Neues auf den Weg bringen will, entgehen. Man kann einfach nur seine Auswirkungen verringern.

Will eine PionierIn Neues wagen, braucht sie viel Unterstützung durch ihre Vorgesetzten und durch ihre KollegInnen. Sie braucht eine *peer-group* zum ständigen, wohlwollend-kritischen Austausch und zur Ermutigung.

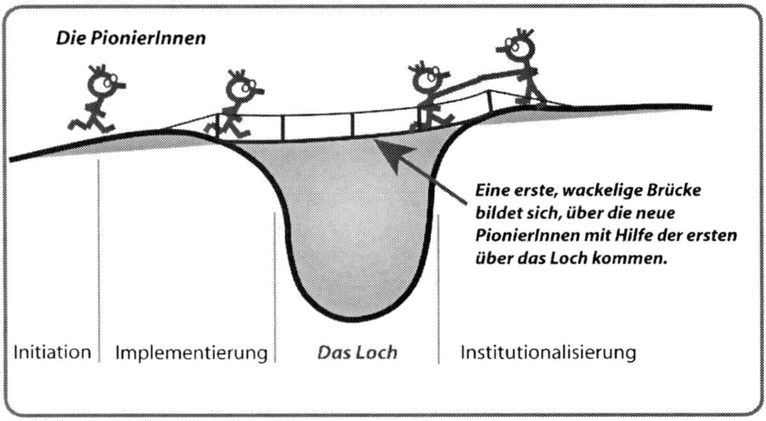

Abb. 41: Weitere KollegInnen folgen der PionierIn.

Diese *peer-group* muss nicht unbedingt aus KollegInnen bestehen. Allerdings sollten die *peers* wissen, wovon unsere PionierIn redet. Unter solchen Bedingungen durchschreitet sie das Erneuerungsloch erfolgreich.

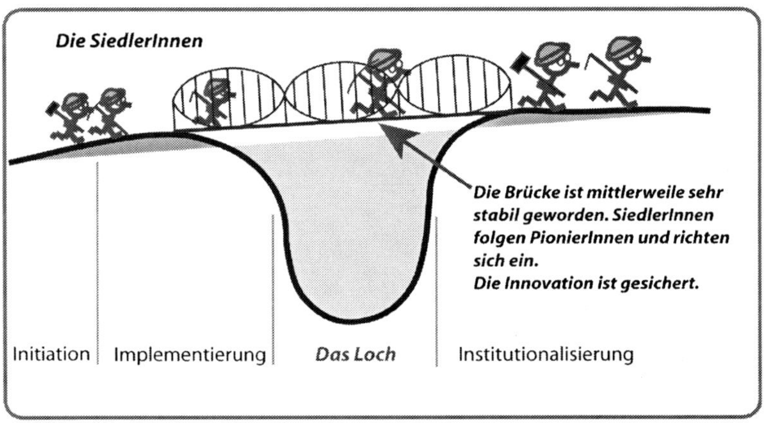

Abb. 42: Brücke fest installiert.

Am anderen Ufer angekommen kann die PionierIn nun nachfolgenden KollegInnen helfen. Je mehr KollegInnen ihr folgen, um so eher entsteht zunächst eine zwar noch wackelige, aber zunehmend fester werdende Brücke über dem Loch.

Am Ende ist die Erneuerung fest installiert. Kein Mensch nimmt das Erneuerungsloch von damals noch wirklich wahr.

LehrerInnen-Typen

Rechnen Sie mit unterschiedlichen Typen von KollegInnen. Nicht jeder Kollege oder jede Kollegin wird Sie in Ihrem Wunsch nach Erneuerung unterstützen.

Neuerungen sind nicht jedermanns Freund, sondern erzeugen auch immer Angst. Dies gilt für die Menschen allgemein wie für die Schule im Besonderen.

Wenn Sie sich in Ihrem Kollegium umschauen, werden Sie fünf verschiedene LehrerInnen-Typen erkennen:

Bahnbrecher, Pioniere, Siedler,
Stubenhocker und Widerständler.

Während die ersten drei Gruppen früher oder später sich von Ihrer Idee bestimmt begeistern lassen, sind die WiderständlerInnen die Gruppe, die Ihnen das Leben schwer machen wird. Lassen Sie sich nicht von ihnen klein machen. Reden Sie auch regelmäßig mit diesen KollegInnen und hören Sie sich die Ängste an. Meist lehnen sie alles Neue ab, können Ihnen aber auch keine wirklichen Argumente bringen. Wenn Sie diesen KollegInnen zuhören, wissen Sie wenigstens, woher der Wind bläst. Wenn Sie sie in ihren Befürchtungen ernst nehmen, können Sie den aktiven Widerstand ggf. abbauen.

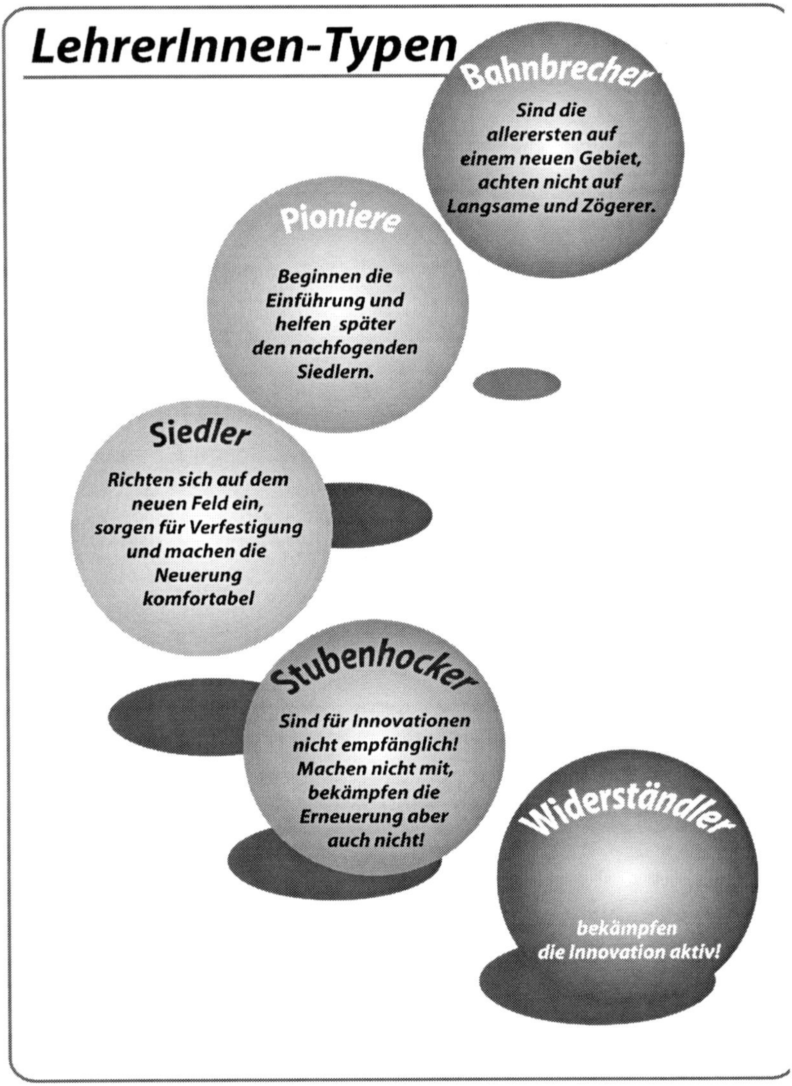

Abb. 43: LehrerInnen-Typen

Killerphrasen

Überhaupt nicht hilfreich, deswegen aber immer wieder gern genommen werden Killerphrasen: Sätze, die neue Ideen schon im Keim abtöten sollen. Lassen Sie sich von Sätzen wie „Das haben wir doch schon versucht!“ – „Das wird nie klappen!“ – „Nicht mit diesen SchülerInnen!“ nicht bremsen. Entlarven Sie die Ideenkiller schon im Ansatz. Wir haben einige zur Ihrer Erbauung und zur Stärkung der Widerstandskraft auf den nächsten zwei Seiten aufgelistet. Wenn Sie neue hören, nehmen wir die gerne auf.

Eine sehr beliebte Killerphrase ist das Wort „aber“: „Klingt gut, aber... “ – „Änderungen sind ganz wichtig, aber...“ – „Ja, aber...!“. Gleiche Wirkung haben Worte wie „dennoch“, „trotzdem“, „jedoch“. Der Mechanismus dieser Worte ist immer gleich: Sie werten das, was vorher gesagt wurde, ab und erhöhen das, was nach ihnen folgt.

Ein besonderes Zeichen von Vielfalt ist, dass man auch zunächst scheinbar Widersprüchliches als gleichzeitig präsent und wichtig anerkennt: Streichen Sie diese Wörter vollständig aus Ihrem Wortschatz und ersetzen Sie es durch „und“.

„Eine tolle Idee – und mit diesen SchülerInnen wird es schwer!“ Stimmt! *Cooperative Learning* ist eine tolle Idee – ***und*** – mit SchülerInnen, die eigentlich zum Konsumieren in die Schule kommen, ist eine Umstellung auf eigenverantwortliches Lernen schwer. Beide Tatsachen haben das gleiche Gewicht, die eine schließt die andere nicht mehr aus.

Versuchen Sie’s. Das Leben wird garantiert bunter!

25 effiziente Wege, neue Ideen zu killen

Schließlich müssen wir kein Geld verdienen. Wir sind doch kein Betrieb!

Gut für Schule! Mit dieser Phrase kommt man gut aus Diskussionen um produktionsorientierte Projekte.

Das Management/die Behörde/das Ministerium wird das nicht mitmachen!

Elegant! Ein Satz, um sich selbst den Rücken frei zu halten.

Lass uns länger darüber nachdenken!

Warum nicht einmal diese Phrase? Signalisiert sie doch scheinbares Interesse.

Ich weiß, es wird nicht funktionieren!

Brillant, wenn man schon mit dem Rücken zur Wand steht!

Wir sind zu klein/zu groß dafür!

Such Dir das Passende aus!

Das haben wir doch schon versucht!

Wenn Du den Enthusiasmus an der Wurzel killen willst, nimm das!

Das wird zu teuer!

Letzter Versuch, wenn Dir gar nichts mehr einfällt.

Dies ist nicht die Zeit für Diskussionen!

Wirkt garantiert immer!

Das bedeutet mehr Arbeit!

Das versteht auch jeder!!

Das haben wir schon immer so gemacht! Warum sollten wir das ändern?

Dies ist der älteste Ideenkiller, wirkt aber wie ein brandneuer.

Lass uns später drüber reden!

Killerphrase für Warmduscher.

Das bedeutet mehr Arbeit!

Wenn diese Phrase nicht beim ersten Mal wirkt, versuch's gleich noch einmal!

Das ist doch eigentlich gar nicht unsere Aufgabe!

Unglücklicherweise benutzen andere die Aussage auch!

Das passt nicht in unsere langfristigen Pläne!

Benutze diese Phrase, wenn Dir die Kraft oder Lust zum Diskutieren fehlt.

Erörtere das mit Karl - das ist nicht mein Gebiet!

Schnell und effektiv, um Leute loszuwerden.

Das lässt sich nicht verkaufen!

Eine gute Alternative zur Phrase, etwas sei zu teuer.

Keine Möglichkeit - das ist gegen unsere Politik!

Ende der Diskussion!

Dafür haben wir keine Zeit!

Sehr effektiv - wirkt immer!

Hört sich in der Theorie gut an. Wie ist es aber in der Praxis?

Um den bestmöglichen Effekt zu erzielen, muss dieser Einwand mit tiefer Stimme und sparsamer Gestik vorgebracht werden!

Das ist (wieder einmal) nicht zu Ende gedacht!

ICH bin der Realist und DU der Phantast! Gut für Organisatoren und stellvertretende SchulleiterInnen.

Mir fehlt der didaktische Rahmen!

Speziell für LehrerInnen! Wird immer wieder gerne genommen. Aber sehr ungeschickt, könntest Du den Rahmen doch selbst erarbeiten.

Wenn das die Kammer (!!!), die Betriebe/Eltern/meine Freunde wüssten!

Auch gut! Du würdest doch so gerne mitmachen, wenn nicht wichtige, mächtige Personen oder Institutionen im Hintergrund wären!

Wo ist das rechtlich abgesichert?

Endlich einmal kannst Du Dich als Verfechter der Normen und Gesetze zeigen.

Wie soll ich das bewerten?!

Beliebt in der Schule oder Bildungseinrichtungen! Als wenn Du jetzt 100 %ig gerecht beurteilst!

Wir haben nicht die richtigen Mitarbeiter/SchülerInnen!

Eine ewige Wahrheit!

Die Gruppe der Gleichgesinnten - die *peer-group*

„... es ist die Arbeit der Gruppe, die zählt. In einer industriellen Organisation gibt es keinen Raum für Stars. Man benötigt talentierte Menschen, aber sie können es nicht alleine schaffen. Sie brauchen Hilfe!“ (John F. Donnelly, Präsident, Donnelly Spiegel)

Erinnern Sie sich an das Erneuerungsloch? Sie brauchten eine *peer-group*, eine Gruppe von Menschen, die ihnen wohlwollend-kritisch gegenübersteht und mit denen Sie sich ständig austauschen können. Die Einführung von Neuerungen gelingt auch in der Schule nicht im Alleingang.

Dabei muss Ihre *peer-group* nicht groß sein: ein, zwei oder drei Menschen, die zumindest wissen, was Sie tun, und nicht unbedingt in Ihre Arbeit direkt involviert sind. Menschen, die wie Sie Ideen entwickeln und Unterricht planen können.
Die *peer-group* kann in Ihrem privaten Bereich installiert sein, oder an Ihrer Schule oder sie ist eine regionale Fortbildungsgruppe.

Der Kontakt für den Notfall – die Hotline

Auch das werden Sie kennen: Sie kommen von einer Fortbildung, sind hoch motiviert – und haben da noch ein, zwei Fragen. Oder nach einer guten Anlaufphase sitzen Sie auf einmal im Erneuerungsloch und keiner in Ihrem unmittelbaren Umfeld kann Ihnen beim Finden der Lösung helfen.

Abb. 44: Sichern Sie sich eine Hotline!

Es reicht eben nicht, Menschen ein neues Werkzeug in die Hand zu geben und zu sagen: „Gebrauch' es!" Sie brauchen zur Einführung eine permanent verfügbare professionelle Hilfe:

Sie benötigen die Möglichkeit, bei Schwierigkeiten innerhalb von wenigen Tagen Hilfe von Ihrem Trainer zu erlangen.

Sprechen Sie mit Ihrem Landesinstitut für LehrerInnen-Fortbildung – oder mit uns![36] Erste Tipps für den Fall, dass es nicht richtig funktioniert, finden Sie im Abschnitt „Hilfe" auf Seite 351 oder auf unserer Internetseite http://www.cooperative-learning.de .

Der Notfallkasten

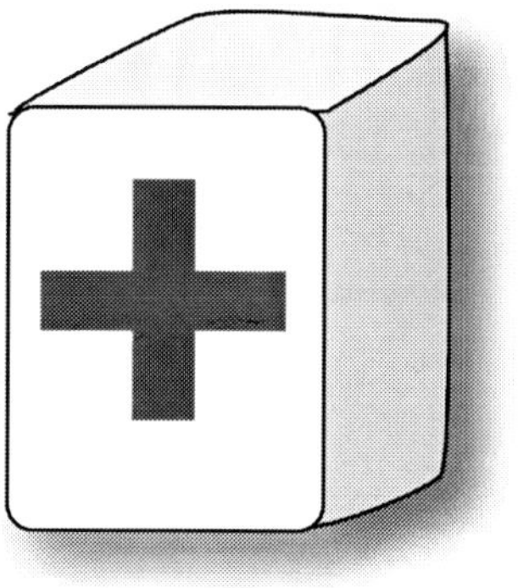

Abb. 45: Hilfe für schlechte Zeiten – der Notfallkasten

Eigentlich will keiner einen Verbandkasten benutzen müssen. Und – wie nützlich ist er, wenn man Verbandsmittel der kleinen und größeren Verletzungen wegen, die man eingesammelt hat, benötigt.

Rechnen Sie bitte auch bei der Ihrer täglichen Arbeit und gerade bei der Einführung neuer Ideen mit Verletzungen, weniger körperlicher als viel mehr seelischer Art.

Für die Zeiten, in denen es Ihnen schlecht geht, in denen Sie an sich selbst und am Erfolg zweifeln, brauchen Sie Menschen und Sachen, die Sie aufrichten bzw. an denen Sie sich wieder aufrichten können.

[36] dragonboard-meezen • forbildung und beratung • telefon: +49 – 4877 – 990 833
email: kirsten@cooperative-learning.de • sven@cooperative-learning.de

Was könnten Sie einpacken?

- Namen, Adressen und Telefonnummern von GesprächspartnerInnen, die Ihnen gut tun;
- Ihren Lieblingsduft;
- Wenn Sie gern baden, Badezusätze, die Sie gerne riechen und die sich gut anfühlen;
- Ihre Lieblingsmusik zum Trösten beim Traurigsein;
- Ihre Lieblingsmusik zum Wachrütteln;
- Ein Buch Ihres Lieblingsautors;
- Ihren Lieblingspsalm;
- Ein oder zwei Lieblingsgedichte;
- Kleidung, in die Sie sich gerne einkuscheln;
- Hinweis auf die Orte, die Ihnen gut tun (Wald, Lichtung, See, Strand, ...)
- Eine Liste, auf der steht, was Sie wirklich gut können;
- Einen Zettel, auf dem Sie aufgeschrieben haben, wie Sie Ihr letztes Tief überwunden haben.

Vorbereitungen in der Klasse

Abb. 46: 5 persönlichen Einstellungen

Die fünf persönlichen Einstellungen

Es ist günstig, wenn Sie bei Ihren SchülerInnen schon in der Anfangsphase die 5 persönlichen Einstellungen, die man zum effizienten Lernen benötigt, installieren können.

Aber auch diese Erkenntnis muss in den SchülerInnen wachsen, d.h. aus eigener Erfahrung, die sie im Unterricht mit Ihnen und Cooperative Learning sammeln, heraus erkannt werden.

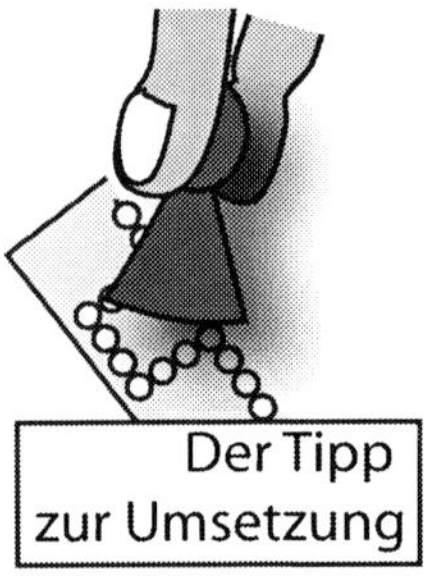

Reflektieren Sie nach jeder Anwendung methodischer Elemente, ob die SchülerInnen es nützlich finden, so zu arbeiten und sie sich dabei fühlten.

In Gesprächen zu diesen Fragen arbeiten Sie nach einiger Zeit diese Einstellungen heraus.

Material, das Sie für den Start brauchen

Um loszulegen brauchen Sie jetzt nicht mehr sehr viel. Mit anderen Worten: Die Einführung von *Cooperative Learning* in Ihren Unterricht müssen Sie nicht von einem Finanztitel abhängig machen.

Sie benötigen

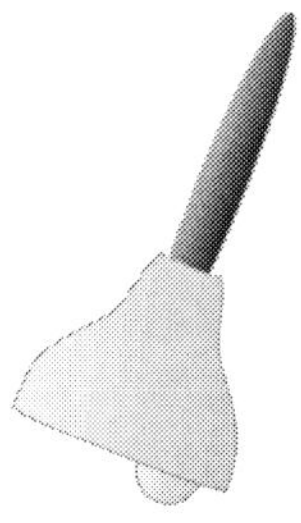

... eine Glocke. Mit dem Läuten der Glocke signalisieren Sie ihren SchülerInnen, dass Sie etwas von ihnen wollen. Wenn Menschen miteinander reden, dann wird es häufig sehr laut. Um sich dann Gehör zu verschaffen, reden die meisten Menschen noch etwas lauter. Um dagegen anzukommen, brauchen Sie die Glocke und...

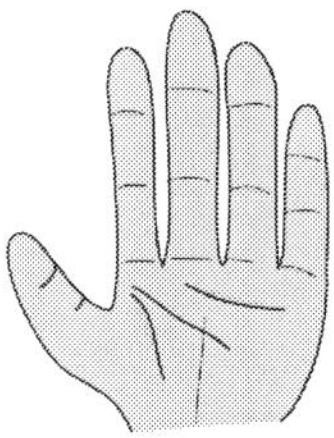

... ein Handzeichen. Zum Beispiel die Faust, die einen unsichtbaren Schieberegler anfasst und nach unter schiebt. Auf dieses Zeichen hin wissen ihre SchülerInnen, dass sie etwas leiser sprechen sollen.

Ein zweites Handzeichen ist der gestreckte Arm nach oben, der „Achtung!“ signalisiert. Auf Ihr Zeichen hin, sollen die SchülerInnen ihre Gespräche einstellen und auf Ihre Ansage achten. Sie können u. U. Ihr Handzeichen durch ein eigenes beantworten und damit zeigen, dass sie aufmerksam bei Ihnen sind und zuhören.

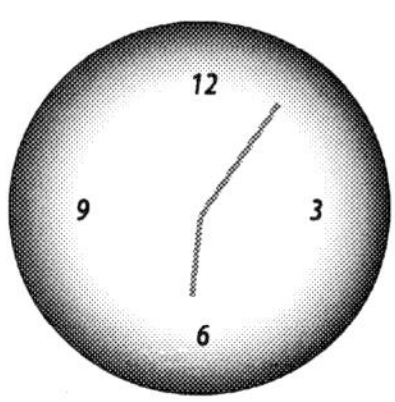

Drittens benötigen Sie eine Uhr. Am besten eine große Stoppuhr, die Minuten und Sekunden anzeigt. Wenn diese nicht vorhanden oder verfügbar ist, reicht auch eine ganz einfache Uhr, die jedoch so groß sein soll, dass sie gut zu erkennen ist. Die Uhr ist wichtig, weil die SchülerInnen grundsätzlich unter Zeitvorgaben arbeiten.

Viertens ist eine wirklich präzise Unterrichtsvorbereitung notwendig. Insbesondere bei Klassen, die ihren Neuerungsgedanken misstrauisch gegenüberstehen, ist das wichtig. Die eingesetzten Aktivitäten müssen so exakt geplant sein, dass sie schon beim ersten Einsatz für alle ein Gewinn sind. Mit jedem Misserfolg steigen die Widerstände. Darum auch der Tipp: Führen Sie die Neuerung nicht gleich in jedem Unterricht ein. Überfordern Sie sich bitte nicht!

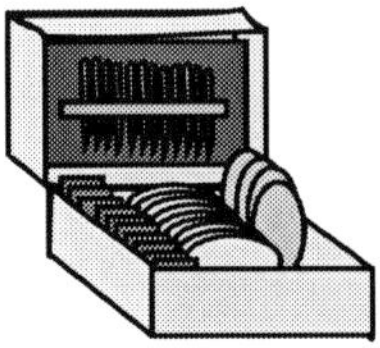

Als letztes brauchen Sie einen „Metaplan-Koffer“ mit dicken Filzstiften, Kleber, Scheren, Wachsmalstiften, Buntstiften, kleinen Plakaten, ..., eben mit allem, was man für die Erstellung von kleinen und großen Präsentationen benötigt.

Jetzt sind Sie fast vollständig vorbereitet. Mit etwas Glück hat die Klasse, in der Sie nun beginnen wollen, einen eigenen Klassenraum. Und in diesem Klassenraum dürfen Sie die Wände bekleben, ohne gleich in Auseinandersetzungen mit dem Hausmeister zu kommen. Wenn letzteres nicht der Fall ist, sprechen Sie doch einmal nett mit Ihrem Hausmeister, ob Sie nicht zusammen eine Lösung finden.

Fangen Sie, wenn es irgend geht, nicht alleine an!

Diesen guten Rat möchten wir Ihnen noch zum Schluss geben. Optimal sind die Bedingungen für eine Einführung, wenn Sie auch noch im Klassenteam Mitstreiter haben, die auch in ihrem Unterricht die von Ihnen angestrebte Neuerung einführen.

Wenn Sie jetzt beginnen, sollten Sie beachten, dass sich all dies nur entwickeln kann, wenn Sie im Unterricht dafür sorgen, dass sich Beziehungen aufbauen und die SchülerInnen aus der Arbeit Erfolge ziehen.

Und lassen Sie sich Zeit! Reißen Sie nicht Ihren gesamten Unterrichtsstil auf einmal um. Denken Sie an Ihre SchülerInnen und die Umgewöhnungszeit, die sie brauchen werden!

Zusammenfassung:

Hier noch einmal die wichtigsten Vorbereitungen in einer Übersicht:

Abb. 47: Große Checkliste „Gut vorbereitet“

Mach mit!

Anders unterrichten

Cooperative Learning

6

Kapitel 6 – Die ersten Unterrichtsschritte

Jetzt sollen die neuen Erkenntnisse in den Unterricht einfließen. Wir planen also los:

Der erste Unterricht

Unsere Klasse – eine grobe Skizze

Unsere fiktive Klasse ist eine 5. Klasse und besteht aus 23 Jugendlichen.[37] Wir haben in dieser Klasse drei LeistungsträgerInnen und fünf lernschwache SchülerInnen. Drei der Lernschwachen und eine leistungsstarke SchülerIn fallen regelmäßig durch Störungen im Un-

[37] Diese Planung ist natürlich mit entsprechender Änderung des Schwierigkeitsgrades auf jede andere Zielgruppe zu übertragen.

terricht auf. Die Klasse ist „konsumierenden“ Unterricht gewöhnt; Gruppenarbeit ist kaum zu machen.

Die SchülerInnen sitzen in Reihen.

Unsere Devise

Durch langsames, stetiges Verändern mit Erfolgsgarantie zum Ziel!

Was wir jetzt vorhaben, wird unseren SchülerInnen zunächst nicht gefallen oder zumindest sehr ungewöhnlich für sie sein: Sie sollen für ihr Tun Verantwortung übernehmen und aktiv am Unterricht teilnehmen. – **Alle!** – Sie sollen sich im Unterricht auch körperlich bewegen.

Je mehr Veränderungen im Anfang unserer Umsetzung installiert werden, umso mehr Widerstand werden wir bei den SchülerInnen erzeugen. Wir können uns weder Widerstand noch Fehler erlauben! Also, vorsichtig ans Werk!

Unsere Strategie

Mindestens ein Vierteljahr lang werden die SchülerInnen vorrangig und immer häufiger am Tag/in der Stunde in neue Paarsituationen gesteckt. Dabei sollen sie lernen, dass sie mit jeder in der Klasse arbeiten können und dass sie aus diesen Situationen mit einem persönlichen Erfolg herauskommen.

Sie sollen sich an körperliche Aktivität auch im „Theorieunterricht“, an eine neue Sitzordnung und auch an Platzwechsel gewöhnen. Wenn größere Gruppen gebildet werden, dann nur für eine Stunde oder einen Tag.

Darum beginnen wir beim allerersten Mal „nur“ mit einer Teilaufgabe.

Die (Teil-)Aufgabe:

In unserem aktuellen Unterricht sollen die SchülerInnen die Aufgabenstellung einer Textaufgabe in Mathematik lesen und verstehen. Im Prinzip kann die Aufgabenstellung eine x-beliebige Aufgabe sein. Das Verständnis dieses Textes ist für die Lösung der damit verbundenen Aufgabe wichtig.

Die neue Sitzordnung

Ab sofort und in Absprache mit den KollegInnen sitzen die SchülerInnen für den Rest des Schuljahres in Lerninseln. Wir stellen die Tische so hin, dass sich Gruppen zu viert oder fünft um die Tische bilden und die SchülerInnen Sichtkontakt nach vorne halten können, ohne sich das Kreuz zu verdrehen.

Das ermöglicht uns, zu jedem Zeitpunkt im Unterricht und ohne die sonst übliche Unruhe, die SchülerInnen in Gruppen arbeiten lassen zu können.

Falls es in Ihrem Klassenraum zu eng wird, können Sie die Anzahl der Tische reduzieren:

Abb. 48: Veränderte Sitzordnung

Es müssen nicht immer nur zwei SchülerInnen pro Tisch sitzen. In der Regel sind die Tische breit genug, um an jeder langen Seite 2 SchülerInnen arbeiten zu lassen.

Der Unterricht

Wir beginnen unseren Unterricht wie immer. An der Stelle jedoch, an der die Teilaufgabe nun ansteht, kommt die Änderung:

Phase	Gepl. L-Aktivität	Erwartetes S-Verhalten	Bemerkungen
Auftrag I	„Lest Euch bitte die Textaufgabe durch. Dafür bekommt Ihr von mir 1½ Minuten.“	*(UPS!)*	Uhr aufstellen!
	Wenn die SchülerInnen beginnen zu reden, dann:		
T-Chart „Lesen“	L: „Ich möchte mit euch klären, woran man erkennen kann, ob jemand liest oder nicht!“		T-Chart (vorbereitet) wird an die Wand geheftet. Material: Flipchart-papier, Klebestreifen, dicke Eddings
	LF „Was kann ich sehen, wenn jemand liest? Was kann ich hören, wenn jemand liest?“	SchülerInnen nennen einzelne Aspekte	
	L oder ein S schreiben die Beiträge auf das T-Chart		
	L hängt das fertige T-Chart „Lesen“ an die Wand und wiederholt die Aufgabenstellung: „Lest Euch bitte...“	S beginnen zu lesen, reden nicht mehr!“	

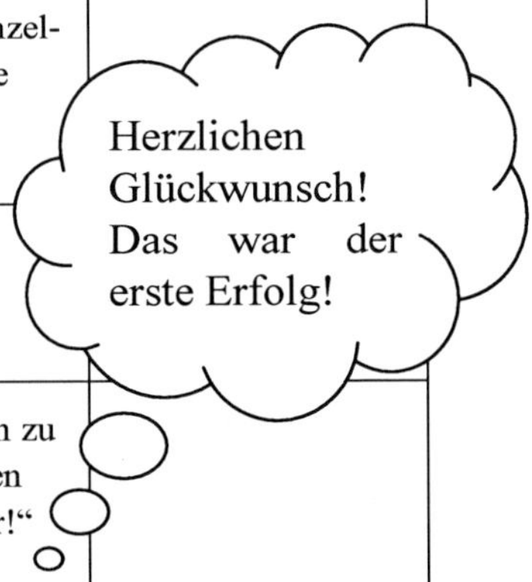

	nach 1½ Minuten: Glocke läuten und:		
Auftrag II	L: „Überlegt kurz, wie ihr an diese Aufgabe gehen würdet. Zeit 30 Sekunden	S beginnen mit Partnergesprächen	
T-Chart 2	L: „***Stopp!*** Was bedeutet ‚Überlegen'?" „Was sehe ich, wenn jemand überlegt? - Was höre ich, wenn jemand überlegt?"	SchülerInnen nennen einzelne Aspekte, an denen man erkennt, dass jemand überlegt.	
	Das fertige *T-Chart* wird ebenfalls an die Wand gehängt, der Auftrag wiederholt.	S überlegen	
	Nach 30 sec.: „Suche Dir einen Partner und tausche Dich mit ihm über Deine Gedanken aus! Zeit 2 Minuten!"		Nach 2 T-Charts wollen wir den Bogen nicht überspannen und lassen auch Tischpaare zu.
Abfrage	Glocke und: LF: „Thomas, was hast Du von Lutz erfahren?"	Einzelne SchülerInnen berichten aus ihren Paargesprächen	Nach drei Paaren fragen wir generell: Wer hat noch andere Ansätze?
	L: „Setzt Euch mit Eurem Partner nun hin und löst die Aufgabe gemeinsam. Zeit: 3 Minuten!"		Wir gehen durch die Reihen, loben die, die zusammen arbeiten, und ermuntern die, die nebeneinander arbeiten.

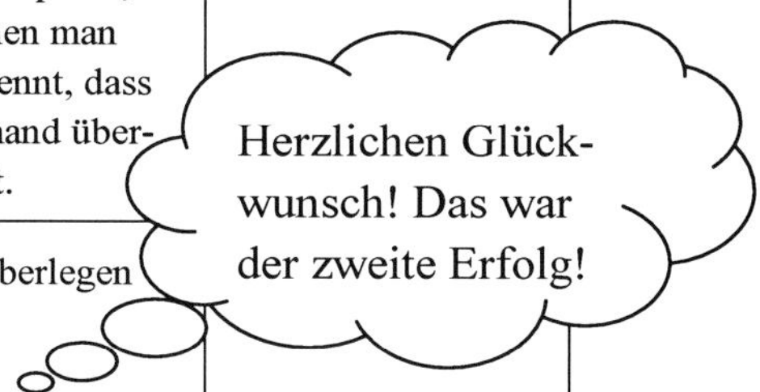

	Abfrage der Ergebnisse		
Reflexion:	LF: „War es für Euch leicht oder schwer, die Aufgabe zu lösen? Hat es Euch geholfen, einen Partner zu haben?“		

Wenn wir so vorgehen und das auch realisiert bekommen, haben wir einen guten Anfang geschafft:

In zwei ***T-Charts*** haben wir für den Rest des Schuljahres geklärt, wie Lesen und Überlegen aussieht und was man bei diesen Tätigkeiten hört. Als ständige Erinnerung hängen diese beiden *T-Charts* an der Wand und es bedarf nur eines Hinweises auf dieses gemeinsame Ergebnis, um ein entsprechendes Verhalten zu bekommen.[38] (Nie mehr immer wieder kehrende Diskussionen!) Damit haben wir es möglich gemacht, dass die SchülerInnen zwei wichtige soziale bzw. methodische Kompetenzen erwerben. Sie wissen nun, dass man beim Lesen und Überlegen nicht redet. Wenn man nicht redet, sondern erst liest und dann überlegt, kann man hinterher seiner PartnerIn etwas erzählen.

Durch unser methodisches Vorgehen haben die SchülerInnen auch erfahren können, dass bei der Abfrage die Gedanken des einzelnen wichtig sind, denn sonst kann die PartnerIn nichts erzählen.

Die Aufgabenlösung hat mehr Spaß gemacht als sonst, denn die SchülerInnen durften reden. Vielleicht haben die, die partnerschaftlich hinterher gearbeitet haben, auch innerhalb der Zeitvorgabe bzw. schneller das richtige Ergebnis erhalten.

[38] Wenn Sie keinen festen Klassenraum haben, werden die T-Charts sie begleiten müssen. Da Sie auch noch mehr Material zu tragen haben, könnten Sie diesen Transport als eine Art von „Amt“ in die Hände der SchülerInnen legen oder Sie besorgen sich einen Materialwagen, den Sie nur aus einem Sammlungsraum holen müssen. Vielleicht fällt Ihnen aber auch noch eine völlig andere Lösung ein.

Bewusst haben wir auf kritische Bemerkungen bei den SchülerInnen, die nicht partnerschaftlich arbeiteten, verzichtet. Vielmehr haben wir die, die dies taten bestätigt und die anderen ermutigt, mehr Partnerarbeit zu versuchen. So erfahren die SchülerInnen gleichzeitig die neue Unterrichtskultur:

„Schnapp sie dir, wenn sie gut sind!“

Die einzelnen methodischen Elemente

T-Charts

Am ehesten sind Ihnen bestimmt die *T-Charts* (weil englisch: „*tischarts*“ ausgesprochen) aufgefallen. *T-Charts* sind große Plakate, deren Oberfläche durch ein „T“ unterteilt ist.

Mit einem Werkzeug wie den *T- Charts* klärt man einmal ein bestimmtes soziales Verhalten zusammen mit den SchülerInnen unter den Aspekten „Wie sieht das aus!“ - „Wie hört sich das an?“.

Dabei tragen die SchülerInnen Kenntnisse aus ihrem eigenen Erfahrungsschatz zusammen. Im Grunde ist das Verhalten, was wir von ihnen wünschen, den SchülerInnen ja nicht unbekannt.

Neben den „*T-Charts*“ gibt es noch „*Y-Charts*“ (*wai-scharts*), deren Unterteilung wie ein Ypsilon aussieht.

Zu jedem Verhalten kann ein solches *T-Chart* entwickelt werden.

Der Einsatz von *T-Charts* räumt mit einem beliebten, immer wieder gerne verwendeten, aber leider falschen Vorurteil auf: „Das Training sozialer Fähigkeiten kostet wertvolle fachliche Zeit!“

Um zu klären, welches Verhalten beim Ankommen, Begrüßen oder Nachdenken in Zukunft in der Erwachsenenwelt allgemein üblich und von uns als LehrerInnen erwartet wird, benötigen wir jeweils einmalig ca. 15 Minuten.

"Nachdenken"

Wie sieht das aus?	Wie hört sich das an?
• *Kopf ist aufgestützt*	• *Es spricht keiner!*
• *kein Augenkontakt mit anderen*	• ...
• ...	

Abb. 49: *T-Chart* „Nachdenken“

Bei Bedarf genügt später ein sehr kurzer Hinweis auf die bereits erarbeiteten Merkmale eines bestimmten Verhaltens, um sie erneut einzufordern. Früher –vor dem Einsatz von *T-Charts*– konnten wir ein Fehlverhalten ignorieren, sanktionieren oder die gewünschte Verhaltensänderung erneut bearbeiten. Urteilen Sie selbst, welche Vorgehensweise effektiver und zeitsparender ist!

Abb. 50: ***Y-Chart***

Weitere Beispiele für *T-Charts* finden Sie auf der Seite 227.

Ich – Du – Wir *(Think – Pair – Share)*

Sie haben es bestimmt gemerkt: Wir forderten die SchülerInnen im Auftrag II auf, für kurze Zeit sich selbst Gedanken zu machen. Im zweiten Schritt suchten sie sich eine PartnerIn, mit der sie sich austauschten. In einem dritten Schritt sollte jeweils eine SchülerIn das berichten, was er von ihrer PartnerIn erfahren hatte. Diese Vorgehensweise wird im Deutschen „Ich – Du – Wir" genannt; die englische Bezeichnung ist „*Think – Pair – Share*".

„Ich – Du – Wir" ist eines der grundlegenden Arbeitselemente im *Cooperative Learning.* Es sorgt dafür, dass sich eine SchülerIn immer zuerst eigene Gedanken machen muss. Mit diesen eigenen Gedanken geht es in einen Gedankenaustausch.

Natürlich müssen sich die SchülerInnen erst einmal mit dieser Arbeitsweise anfreunden und sie üben.

Erste Widerstände werden bald überwunden sein, denn die SchülerInnen werden merken, dass sie in dieser Arbeitsform recht schnell ein positives *feedback* erhalten.

„Ich – Du – Wir" trainiert die SchülerInnen in den drei Lernbereichen „individualistisch", kooperativ" und „kompetitiv": In der Einzelarbeitsphase sorgt diese Vorgehensweise aber dafür, dass sich SchülerInnen nicht ohne eigene Gedanken in eine Zusammenarbeit begeben. „Ich *(Think)"* übt die SchülerInnen im Sicht-Gedanken-Machen und erlaubt ihnen, sich in der „Du *(Pair)*"-Phase über die Gedanken zu unterhalten.

Gleichzeitig loten wir auch aus, wie viel Vor- oder Teilwissen die SchülerInnen zu unserer Problemstellung bereits mitbringen. Damit verhindern wir zum einen, Eulen nach Athen zu tragen und die SchülerInnen mit dem zu langweilen, was sie schon wissen. Zum anderen erfahren die SchülerInnen schon in dieser Phase eine Wertschätzung:

Think-Pair-Share / Ich - Du - Wir

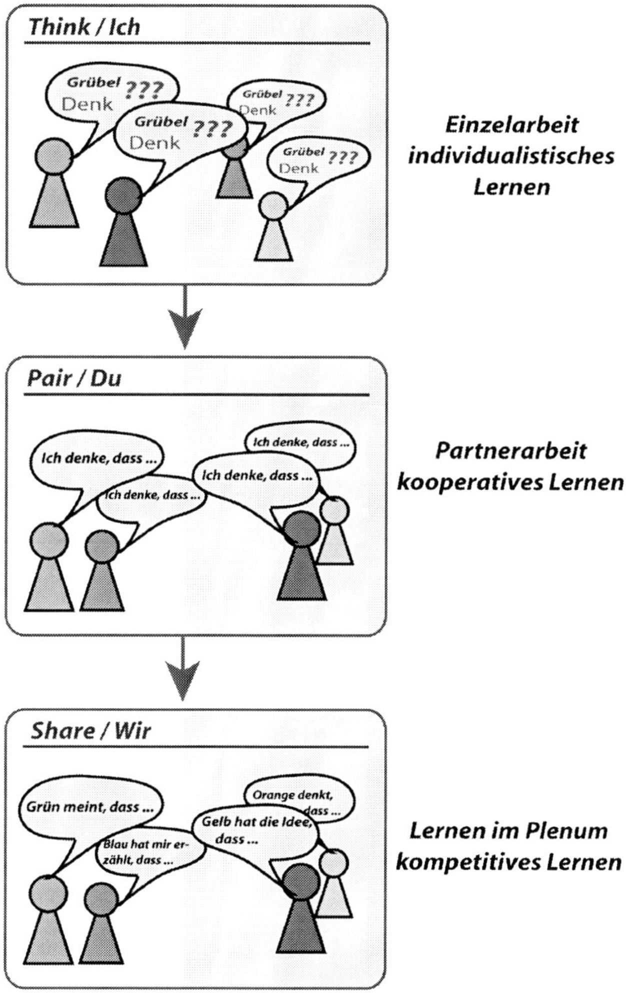

Abb. 51: Ich – Du – Wir (*Think – Pair – Share)*

Abb. 52: ***Pair***

Wir unterstellen ihnen einfach schon im Vorwege, dass sie zumindest einzelne Komponenten der Lösung kennen oder Phantasien darüber besitzen.

Auf diese Weise gewinnen die SchülerInnen die Sicherheit und das Selbstwertgefühl, die sie versuchen lässt, Lösungen zu entwickeln.

In der Abfrage („Wir“ (*Share)*) müssen sie nicht über die eigenen Gedanken, sondern darüber berichten, welche Gedanken die jeweilige PartnerIn ihnen mitgeteilt hat. Die einzelne muss nur genau zuhören und berichten können. So sorgt diese Vorgehensweise schnell für ein Erfolgserlebnis. Zusätzlich sorgt sie für Sicherheit: Sie schützt davor, dass eine SchülerIn von sich selbst eventuell zugeben muss, dass sie auf dem Holzweg war.

Damit sind die Vorteile von „Ich – Du – Wir“ noch längst nicht alle benannt: U. a. bietet dieses Element die Möglichkeit, dass Synergien entdeckt und genutzt werden: Es kann sein, dass die SchülerInnen nach dem Gedankenaustausch bereits weiter gearbeitet und schon neue Ideen zusammen entwickelt haben.

Damit wir alle Vorteile von „Ich – Du – Wir“ nutzen können, werden wir in den folgenden Unterrichteinheiten immer häufiger solche Situation erzeugen. Dabei hilft uns die Tatsache, dass eigentliche alle unterrichtlichen Aktivitäten zum Sammeln und Verarbeiten von Daten diesem Prinzip folgen. Abwandlungen von „Ich – Du – Wir“ sind ab Seite 258 beschrieben.

Kurze Zusammenfassung

Kein Mensch weiß nichts! Jeder Mensch hat eine Vorstellung zu einem Wort oder Problem oder ein Hintergrundwissen, das manchmal aber nicht ständig oder vollständig verfügbar ist, weil es nicht in jedem Moment benötigt wird.

Insbesondere vor dem Hintergrund der Forderung, Unterricht soll handlungsorientiert, seine Wurzeln also in Alltagserfahrungen der Lernenden haben, ist es notwendig und sinnvoll, dieses Hintergrundwissen zu aktivieren. Dies kann u. a. durch Impulse geschehen, die ein Lernender durch das Gespräch mit einem anderen Menschen bekommt.

Dadurch, dass ihr bereits vorhandenes Wissen die Basis für den folgenden Unterricht ist, erfährt eine Lernende eine positive Würdigung. Das Hintergrundwissen erhält eine Nützlichkeit; seine Aktivierung sorgt zudem für die Stärkung des Selbstwertgefühls und damit auch für die Erhöhung der Lernmotivation.

Damit dies auch mit jeder in der Klasse geschieht, sollen alle SchülerInnen aktiv werden und sich zuerst ihre eigenen Gedanken zu einer Frage machen. Aus diesem Grunde beginnt eine Arbeitsphase immer mit der Aufforderung, sich eigene Gedanken zu der Fragestellung zu machen. Das Ergebnis des Nachdenkens können bereits Fakten, Vermutungen, aber auch eigene Assoziationen sein. Damit sie nicht verloren gehen, können die Lernenden ihre Gedanken aufschreiben.

In der zweiten Phase werden sie aufgefordert, sich mit einem oder mehreren PartnerInnen auszutauschen. Dabei erhalten sie Denkanstöße, die sie weiterdenken und möglicherweise zu neuen Erkenntnissen kommen lassen. Sie lernen auch, Synergien im Prozess einer gemeinsamen Problemlösung zu erkennen und zu nutzen.

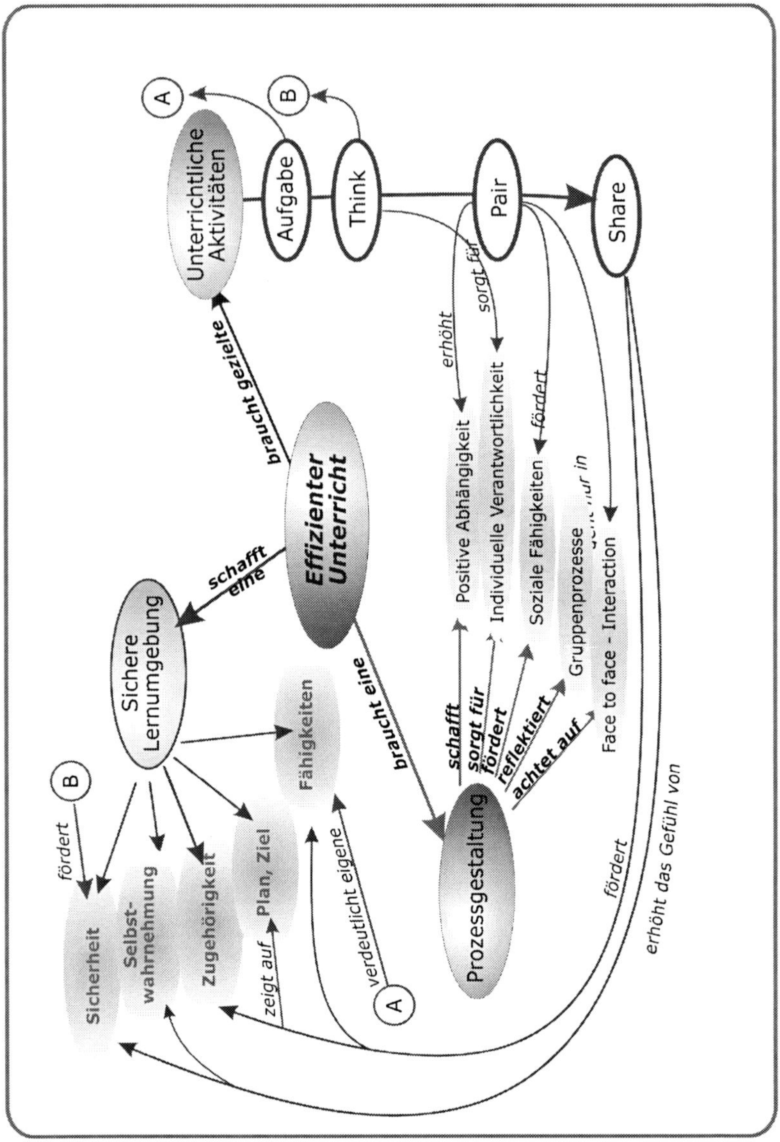

Abb. 53: Concept-map „Der erste Tag“

Störungen nutzen

Abb. 54: Probleme sind unsere Freunde.

Probleme sind unsere FreundInnen, denn sie sorgen bei uns für Entwicklung. Erst im unerwarteten Fall zeigen wir, wie entwickelt unsere Lösungskompetenz ist – wie gut wir wirklich sind.

Probleme führen zu natürlichen Unterrichtssituationen, die, führten wir sie künstlich herbei, wir und die SchülerInnen nur als aufgesetzt und künstlich erführen.

Beispiel: Die Aufforderung, über eine Frage nachzudenken, führt immer wieder zu einer allgemeinen Unruhe und Gesprächen zwischen den Lernenden. An dieser Stelle lässt sich gut über ein *T-Chart* klären, wie Menschen aussehen, die nachdenken, und was man von ihnen hört.

Ohne aktuellen Anlass und nur, weil wir das *T-Chart* so gut finden, sollten wir auf die unterrichtliche Behandlung dieser sozialen Fähigkeiten lieber verzichten.

Der zweite Tag

Ab sofort bestimmen wir – die Unterrichtenden -, wer mit wem oder vielmehr, wer mit wem ***nicht mehr*** zusammenarbeitet. Wir wollen alte Seilschaften und Cliquen aufbrechen und den SchülerInnen ermöglichen, neue, gute Erfahrungen in der Zusammenarbeit mit allen MitschülerInnen zu machen.

Akademische Aufgabe: Der Mathematik-Stoffverteilungsplan sieht das Thema „Schätzen" vor. Die Kollegen sind übereingekommen, das Schätzen in allen Fächern zu üben. Dabei sollen die SchülerInnen auch Instrumente entwickeln, die ihnen das Schätzen erleichtern.

Soziale Aufgabe: Bereitschaft zur Zusammenarbeit, Abbau von Vorurteilen, Zuhören

Elemente:
Ich – Du – Wir *(Think – Pair – Share)*, In Linie aufstellen (*Line-up*), Reflexions-Journal

Phase	Gepl. L-Aktivität	Erwartetes S-Verhalten	Bemerkungen
			Uhr aufstellen!
Auftrag I	„Versucht bitte zu schätzen, wie viele Menschen sich auf diesem Bild befinden? Zeit: 20 sec ." – „Überlege, wie Du zu Deinem Ergebnis gekommen bist! Zeit 30 Sekun-		Folie mit einer Menschengruppe, OHP

	den" –		
	„Such Dir bitte einen Partner, der nicht mit Dir an einem Tisch sitzt und mit dem Du heute noch nicht gesprochen hast. Tausch Dich mit ihm aus. Zeit 2 Minuten		

Neue oder veränderte Methodenelemente

Ansprache:

Die Ansprache verzichtet auf die Anrede im Plural, sondern verwendet bewusst den Singular. So fühlt sich jeder Schüler persönlich angesprochen (→ individuelle Verantwortung)

Ich – Du – Wir *(Think – Pair – Share)*

- Die SchülerInnen müssen sich von nun an eine PartnerIn aussuchen, *„mit der sie nicht an einem Tisch sitzen und heute noch nicht gesprochen haben."* Mit dieser Anweisung erreichen wir, dass die SchülerInnen sich jedes Mal, wenn in eine neue Partnerarbeitsphase gehen, eine neue PartnerIn suchen müssen. Sie werden dabei feststellen, dass sie mit anderen, mit denen sie sonst nie arbeiten würden, arbeiten können. Dabei überwinden sie eigene Grenzen und erhalten dafür einen Erfolg. Dies stärkt das Gefühl der Sicherheit und des Selbstwertes.
- Sie stellen fest, dass sie ernst genommen werden, zu Wort kommen und dass ihnen zugehört wird. Das ist manchmal

mehr als sie sonst im Unterricht erleben und fördert das → Selbstwertgefühl.

- Da die SchülerInnen ihren jeweiligen PartnerInnen auch berichten müssen, wie sie sich selbst helfen, möglichst genau zu schätzen, offenbaren sie etwas von ihrem „Schatzkästchen“. Veröffentlicht ein Mensch Teile seiner Persönlichkeit, dann schafft er in der Regel Vertrauen und erhöht so das subjektive Gefühl der → Sicherheit.

Wir wollen jetzt, dass die SchülerInnen, die mit dem Schätzen Schwierigkeiten haben, eine Hilfe bekommen. Dazu sollen sie durch eine SchülerIn unterstützt werden, die schon gut schätzen kann. Um die Klasse nach dieser Fähigkeit zu sortieren, benutzen wir das Werkzeug „**In Linie aufstellen**“ („*Line-up*“).

In Linie aufstellen (Line-up)

Die SchülerInnen bekommen den Auftrag, sich in einer Linie aufzustellen: An einem Ende stehen die, die schon gut schätzen können, am anderen Ende die, die meinen, sie bräuchten noch Hilfe.

Durch diese Anweisung müssen sie sich selbst einschätzen und sich im Vergleich mit den anderen einordnen. Somit ist *Line-up* eine gute Übung zur → Selbst- und Fremdwahrnehmung.

Fortsetzung Unterrichtsplanung

Auftrag II “*Line-up*“	„Ich möchte, dass ihr euch in einer Reihe aufstellt. Links, an der Tür, stehen die, die meinen, dass sie schon sehr gut schätzen können. Rechts stehen die, die meinen, dass sie noch viel Übung benötigen!“ Zeit zum Aufstellen: 20 Sekunden!“		Uhr aufstellen!

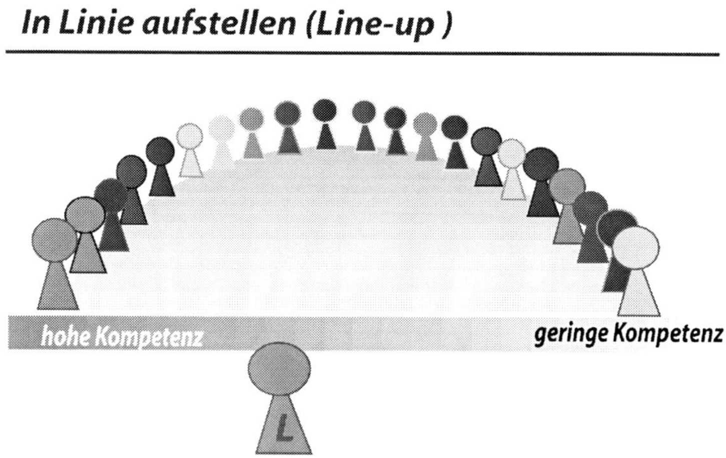

Abb. 55: ***Line-up*** nach Kompetenz

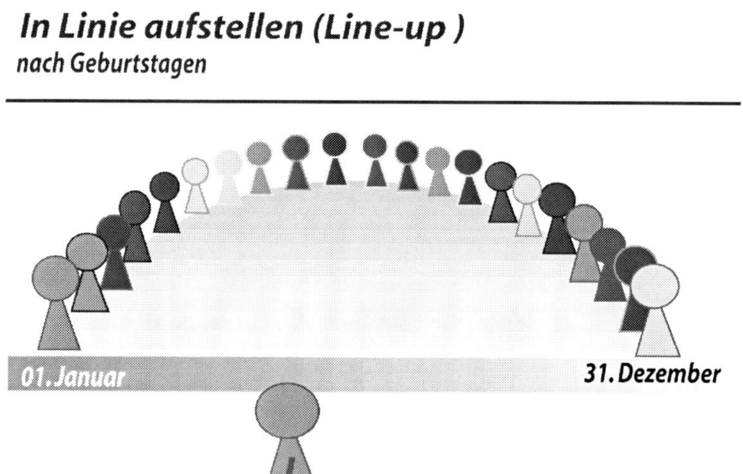

Abb. 56: ***Line-up*** nach Geburtstag

Bei den ersten *Line-ups* werden Sie etwas mehr Zeit einkalkulieren müssen. Denn die SchülerInnen haben bestimmt Schwierigkeiten, a) sich einzuordnen und b) eine Linie zubilden. Stehen viele Tische im Weg, sollten Sie ansagen, dass auch eine Schlangenlinie möglich ist.

Ein *Line-up* muss aber nicht unbedingt auf der Basis einer Fähigkeit oder Fertigkeit geschehen. Die Helligkeit der Augenfarbe, der Haare oder Kleidung, der Geburtstag (mit und ohne Jahr), die Körperlänge oder jedes andere Kriterium kann dazu dienen, dass sich die SchülerInnen einsortieren.

Weitere Beispiele für Line-up-Kriterien finden Sie ab Seite 299

Wie aus der Linie nun Gruppen werden, hängt von unserem Ziel ab. Fünf heterogene Gruppen erhält man, wenn man nun jeweils bis fünf abzählt und alle Einsen an einen Tisch setzt, die Zweien an eine anderen, die Dreien an eine Dritten, usw.

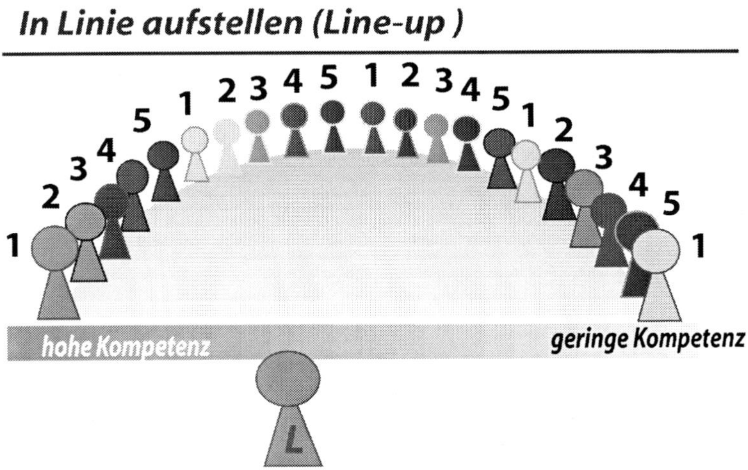

Abb. 57: Einteilung in fünf Gruppen

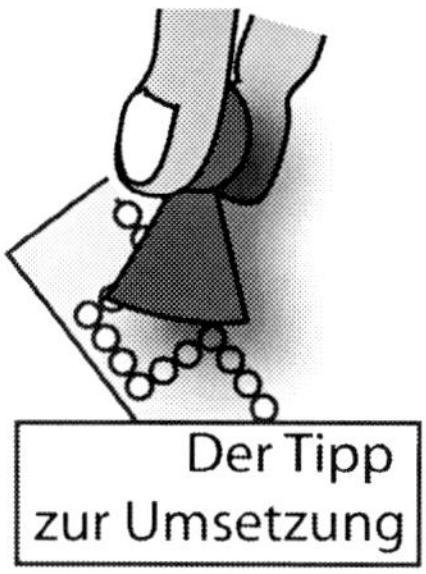

1. Überprüfen Sie unbedingt, ob alle SchülerInnen die ihnen zugewiesene Nummer kennen: „Alle Einsen heben bitte einmal die Finger hoch! – Danke! Nun möchte ich alle Vieren sehen.“
2. Weisen Sie den SchülerInnen ihre neuen Sitzplätze klar zu: „Die Einsen bitte an den Tisch neben der Tür; die Zweien vorne an der Fensterfront, ...“

In unserem Beispiel wollen wir **heterogene Paare**. Darum lassen wir die Reihe einfach so einklappen, dass beide Enden zusammen ein Paar bilden.

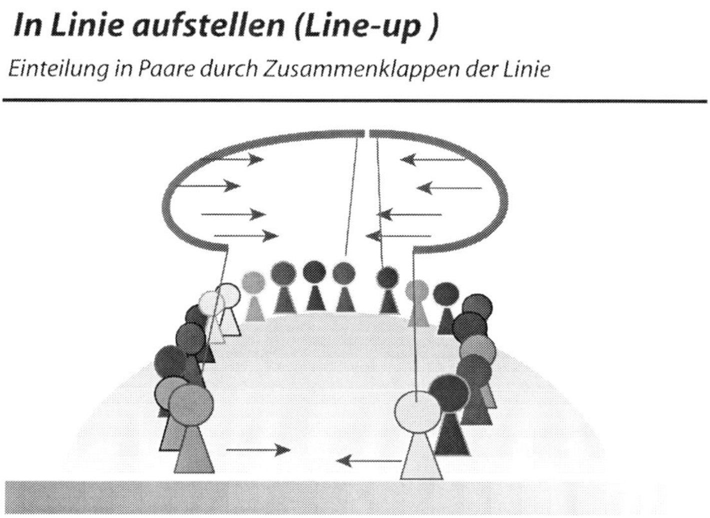

Abb. 58: Paarbildung nach ***Line-up***

Somit hat die SchülerIn mit dem höchsten Förderbedarf diejenige zur PartnerIn, die sich stärksten fühlt. Letztere wird durch das Erklären gezwungen, das Gelernte noch einmal zu durchdenken, zu verstehen und so aufzubereiten, das ihre MitschülerIn versteht, um was es geht.

Vorschlag zur Bewertung: Damit die leistungsstarke SchülerIn ihrer Lehr-Aufgabe auch gerecht wird, bekommt sie neben ihrer individuellen Leistungsnote eine zweite, eine „Lehrnote". Das ist die Note, die die leistungsschwache SchülerIn nach der PartnerInnen-Arbeit erzielt.

Ausklingen lassen - Reflexion

Wir wollen sicherstellen, dass das, was die SchülerInnen fachlich, aber auch über sich in der Zusammenarbeit gelernt haben, dokumentiert und verinnerlicht wird. Dazu geben wir den SchülerInnen am Ende der Stunde oder Lerneinheit Zeit.

Diese Rückbesinnung auf die Erlebnisse im Unterricht sorgt dafür, dass die Erinnerungen, die im Kurzzeitgedächtnis „lagern", auf den Weg ins Langzeitgedächtnis gebracht werden (*siehe* Exkurs: Wie das Gehirn arbeitet, Seite 197).

Dazu können wir zwei Möglichkeiten nutzen:

- das freie Schreiben und
- das Reflexions-Journal.

Freies Schreiben

Zeitaufwand 12 Minuten. Wir fordern die SchülerInnen auf, fünf Minuten lang aufzuschreiben, was sie vom Unterricht behalten haben oder was ihnen wichtig war. Falls ihnen der Stoff ausgeht, sollen sie noch einmal von vorne beginnen. Es werden keine Pausen gemacht und es wird nicht geredet.

Nach fünf Minuten fordern wir die SchülerInnen auf, vier wichtige Begriffe in ihrem Text zu unterstreichen – und über einen der Begriffe noch einmal fünf Minuten das zu schreiben, was ihnen dazu einfällt.

Neben der Wiederholung der Lerninhalte mit eigenen Worten sorgen wir auf diese Weise dafür, dass unsere SchülerInnen schreiben. Dabei üben sie nicht nur das Formulieren, sondern auch die handwerkliche Technik.

Natürlich kann man diese Dokumente aber noch weiter verarbeiten:

- Die SchülerInnen können die Dokumente untereinander austauschen und über den Inhalt diskutieren. (→ Teilen von Ansichten)
- Sie können gegenseitig eine Rechtschreibprüfung vornehmen.
- Sie können –freiwillig– die Zettel uns zur Deutschprüfung geben und erhalten auf Wunsch dann eine Note, wenn das Ergebnis besser als ausreichend (oder besser als ihre aktuelle Deutschnote) ist.

Auf jeden Fall haben wir ganz nebenbei etwas für die Kommunikationskompetenz gemacht.

Reflexions-Journal

Beim Reflexionsjournal geben wir der Rückbesinnung eine Struktur vor. Über einen Vordruck stellen wir am Ende der Stunden vier Fragen:

1.) Was hast Du heute Neues (über dich, über MitschülerInnen/die Gruppe/die Klasse, methodisch und fachlich) gelernt.

2.) Wozu kannst Du das Gelernte gebrauchen?

3.) Welche Fragen sind für Dich unbeantwortet geblieben?

4.) Wie hast Du Dich heute im Unterricht gefühlt?

Mit Frage 1 stoßen wir direkt eine Rückbesinnung auf die Lerninhalte an. Dabei fragen wir alle vier Kompetenzbereiche ab. Es reicht, wenn etwas aus einem Bereich als wirklich neu und bemerkenswert beschrieben wird.

Frage 2 stellt die zum Lernen essenzielle Kohärenz her. Nur was wirklich von Nutzen ist, verbleibt im Gehirn und ist abrufbar. Es ist unsere Aufgabe als LehrerInnen, diese Kohärenz aufzuzeigen (vgl. Allgemeinbildung, Seite 43ff).

Frage 3 liefert für uns ein wichtiges *feedback*. Tauchen an dieser Stelle in verschiedenen Reflexionsjournalen immer die gleichen Fragen auf, haben wir im Unterricht an dieser Stelle nicht 100%ig gearbeitet. Wir müssen also beim nächsten Mal hier wieder anfangen.

Frage 4 gibt uns ein Blitzlicht zum seelischen Zustand unserer SchülerInnen. Nur SchülerInnen, die mit Lust und Freude und in Sicherheit Erfolge und Wertschätzung erlebt haben, werden morgen gerne und motiviert wiederkommen und das heute Gelernte mit diesen guten Gefühlen verbunden abspeichern.

Darüber hinaus liefert das Reflexionsjournal eine sehr gute Möglichkeit zur persönlichen Kommunikation zwischen LehrerIn und SchülerIn.

Denn beim Durchlesen schreiben wir einen oder mehrere Kommentare an den Rand, mit denen wir die SchülerInnen bestätigen oder ermutigen.

Die Reflexion erfolgt am Ende der Unterrichtseinheit. Wir sammeln die Journale ein, lesen sie zuhause durch, hängen ein neues leeres Blatt hinten dran und geben sie beim nächsten Mal wieder aus.

Die investierte Zeit von ca. 10 Minuten zahlt sich durch erhöhte Effektivität aus.

Der Reflexions-Stern

Eine andere Möglichkeit eines vorstrukturierten Reflektierens ist der Reflexions-Stern:

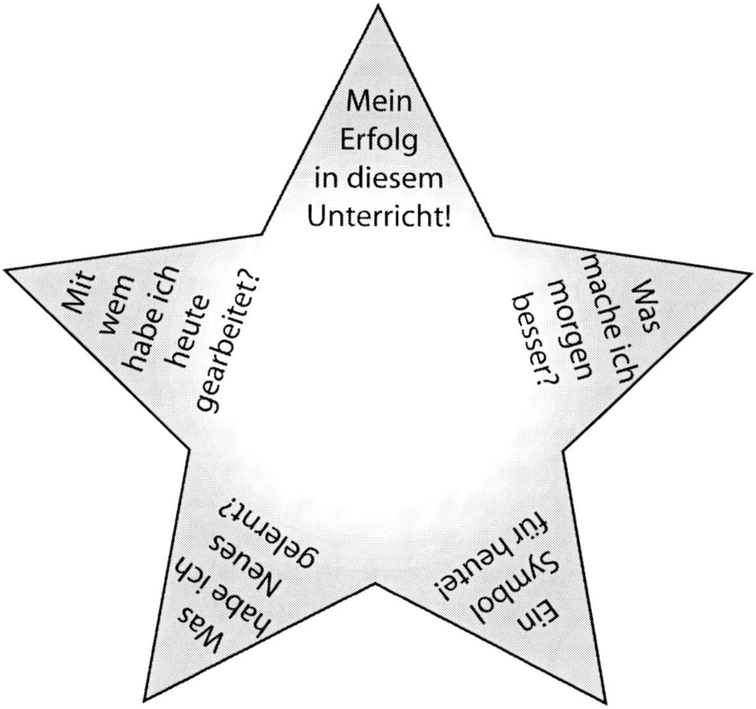

Abb. 59: Reflexions-Stern

Die Fragen in den Sternspitzen sind veränderbar und werden den Unterrichtszielen angepasst.

Unsere SchülerInnen müssen die Reflexion üben. Sinnvoll ist es auch, etwas über die Hintergründe (z.B. wie das Gehirn arbeitet) von ihnen erarbeiten zu lassen. Nachdem wir zwei- bis dreimal das

Reflexionsjournal benutzt haben, werden die SchülerInnen sehr genau darauf achten, ob sie einen neuen Kommentar im Journal haben. Dies ist für sie der Beweis, dass wir sie und ihre Ausführungen wahrgenommen haben.

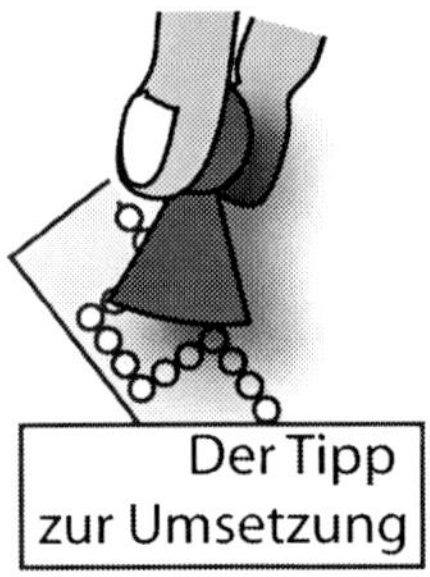

Verzichten Sie bei der Durchsicht der Reflexionsaufzeichnungen nie auf einen kurzen Kommentar. Ein knappes „Ok.!“ reicht, mehr wäre sehr schön.

Nutzen Sie diesen Weg zur Kommunikation!

Kopiervorlagen zum Reflexionsjournal befinden sich auf der Material-CD oder können unter der Webadresse www.cooperative-learning.de/downloads.htm heruntergeladen werden.

Exkurs: Wie das Gehirn arbeitet

Der Teil des Gehirns, der Informationen speichert, lässt sich grob in zwei Bereiche untergliedern: Das Kurzzeit- und das Langzeitgedächtnis. Im ersten werden die aktuellen Informationen kurzfristig gespeichert. Sie können unter Umständen sehr schnell wieder verloren gehen. Die Informationen, die im letzteren gespeichert werden gehen nicht mehr verloren und sind für immer verfügbar.

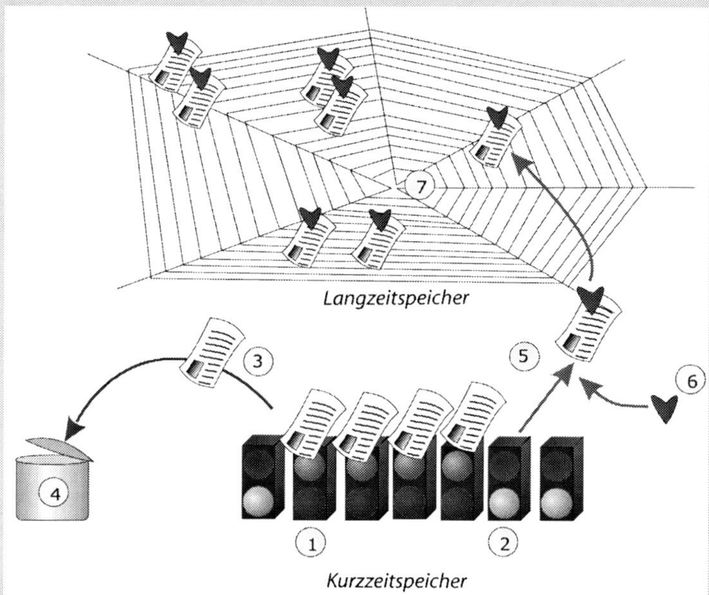

Abb. 60: Kurz- und Langzeitspeicher

Das Gehirn hat sieben Kurzzeitspeicher. Die Kurzzeitspeicher werden durch Informationen wie z. B. Musik, Informationen über Freunde, Familienangelegenheiten, Lernstoff belegt.

Bereits vorhandene und neue Informationen konkurrieren miteinander um die Speicherplätze. Die Freigabe eines Speicherplatzes erfolgt nur, wenn die neue Information eine höhere Wichtigkeit hat als die bereits vorhandenen.

Ein kurzzeitiger Lernerfolg ist also nur wahrscheinlich, wenn der Unterrichtsstoff vom Lernenden als wichtig erkannt wird. In diesem Zusammenhang ist auch von großer Bedeutung, dass die existentiellen und sozialen Bedürfnis der Lernenden weitestgehend befriedigt sind. Mängel in den ersten zwei Bedürfnisstufen nach Maslow sind Informationen, die wichtiger sind als kulturelle und Bildungsbedürfnisse. (*siehe hierzu Seite 237*)

Sind alle Speicher belegt (1), muss zur Aufnahme einer neuen Information ein Speicherplatz frei gegeben werden (2). Die auf diesem Platz befindliche Information kann entweder vergessen werden (3); sie landet im „Papierkorb“(4).

Oder sie wird auf den Weg in den Langzeitspeicher gebracht (5). Im Langzeitspeicher (7) sind die meisten Informationen zusammen mit einem Gefühl (6) gespeichert. Der Abruf der Information erfolgt dann über den Abruf der Gefühlserinnerung. Solche Informationen sind schneller verfügbar.

Nachdenken über Gelerntes und die Anwendung dessen, was man erlernt hat, bringen die Informationen auf den Weg zum Langzeitspeicher. Dabei ist es egal, ob dieses Nachdenken im Rahmen einer Reflexion oder deswegen geschieht, weil der, der nachdenkt, das Gelernte einem anderen Menschen erklären will.

Deswegen hilft es auch der starken SchülerIn beim Lernen, wenn sie das Gelernte einer schwächeren MitschülerIn erklärt.[39]

[39] Lies auch dazu: Vera F. Birkenbihl: Das "neue" Stroh im Kopf? Vom Gehirn-Besitzer zum Gehirn-Benutzer. - 36. vollk. überarb. Aufl. - Landsberg a.L.: mvg, 2000. - ISBN: 3-4780-8839-9

Einbindung in die klassische Arbeitsform

Auch wenn der Unterrichtsstil *Cooperative Learning* folgt, haben alle anderen Unterrichtsstrategien, die wir noch kennen, weiterhin Bestand. *Cooperative Learning* ersetzt keine der bekannten Methoden, sondern erweitert unsere Handlungsmöglichkeiten. Das allerdings nachhaltig und effektiv.

Frontal	führt zum Thema	Auch ein CL-Unterricht beginnt in der Regel mit einer Frontalphase. In dieser Unterrichtsphase begrüßen Sie die SchülerInnen (und die SchülerInnen Sie) und dann steigen Sie in das Thema ein.
Einzelarbeit	individuellen Kenntnisstand und Ansichten und Ideen erforschen,	In der Einzelarbeitsphase überlegen die SchülerInnen, was sie zur Problematik wissen und welche Ideen sie spontan entwickeln.
Partnerarbeit	Austausch, Datenabgleich, Synergien entdecken und nutzen	Diese Ideen und Informationen bringen die SchülerInnen nun in die Partnerarbeitsphase. Sie vergleichen ihre Kenntnisse, Ideen und Ansichten mit denen der jeweiligen PartnerInnen und entwickeln weiterführende Gedanken.
Plenum	veröffentlichen der Arbeitsergebnisse	Die Veröffentlichung im Plenum sorgt dafür, dass alle SchülerInnen die Ideen und Ansichten der einzelnen MitschülerInnen erfahren. Durch gezielte Ansprache der Unterrichtenden werden auch Beiträge stillerer SchülerInnen durch die PartnerInnen veröffentlicht und erfahren die entsprechende Wertschätzung.

Noch einmal zur Zeit

Man kann es nicht oft genug sagen:

Halten Sie die Zeit kurz, wenn die SchülerInnen nur geringe Fähigkeiten in der Selbstorganisation besitzen!

Da wir ja unsere SchülerInnen ständig beobachten, wissen wir auch, wie weit sie mit der Lösung der gestellten Aufgabe sind und ob die Zeit ausreicht. Wie unsere SchülerInnen benötigen auch wir einige Übung, um einschätzen zu können, ob 4½ Minuten ausreichend sind oder nicht. Nutzen Sie jede Gelegenheit, dies zu üben. Sie können immer Zeit nachgeben – aber nie zurückholen!

Zur Unterstützung der Zeitmessung eignet sich eine große Stoppuhr, wie sie im Physikunterricht üblich ist, hervorragend. Können Sie so eine Uhr nicht bekommen, tut es aber auch jede andere Uhr mit großem Zifferblatt und Sekundenzeiger, wie es sie in vielen Möbelhäusern zu erwerben gibt.

Wir erweitern das Repertoire: Die erste Gruppe

Akademische Aufgabe: Die SchülerInnen sollen im Deutschunterricht bei der Bearbeitung eines Textes entscheiden, ob an entsprechenden Textstellen „als“ oder „wie“ benutzt werden muss und ihre Entscheidung begründen.

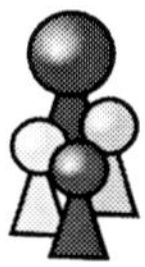

Soziale Aufgabe: Zuhören, Ansichten teilen, Ausreden lassen,

Elemente: Ich – Du – Vier (*Think – Pair –* ***Square)***, nummerierte Köpfe, Rollen, Redechips, Präsentation

Phase	**Gepl. L-Aktivität**	**Erwartetes S-Verhalten**	**Bemerkungen**
			Folie, OHP
Auftrag I	Die SchülerInnen erhalten einen Text (z.B. einen Bericht über ein Naturereignis), indem die Präpositionen „als“ und „wie“ teilweise falsch benutzt werden. 1. „Lies bitte den Text durch. Wenn Dir irgendwelche Fehler auffallen, unterstreiche diese bitte. Zeit 3½ Minuten“	SchülerInnen lesen.	Uhr aufstellen! **„ICH“**

	2. „Such Dir bitte eine PartnerIn, die nicht mit Dir an einem Tisch sitzt und mit der Du heute noch nicht gesprochen hast. Tausch Dich mit ihm aus. Zeit 2 Minuten“	SchülerInnen sprechen in Partnerarbeit über den Text.	**„DU“**
Abfrage	„Lutz, was hast Du von Melanie erfahren?“	Lutz berichtet, dass Melanie an bestimmten Stellen die falsche Benutzung von „als“ und „wie“ aufgefallen ist, nennt erste Beispiele.	Tafel od. Flipchart **„WIR”**
	L fragt drei weitere Paare ab, fragt Plenum nach Ergänzungen.		

Themenfindung *Think*	L gibt Thema bekannt 1. „Überlege kurz, welche Regeln Du zur Verwendung von „als“ und „wie“ kennst. Zeit 25 Sekunden“		**„ICH“**
Pair	*2.* „Tausch Dich mit Deiner PartnerIn aus! Zeit 2 Minuten“		**„DU“**
Square = Vierergruppe	***„Jedes Paar sucht sich jetzt ein zweites Paar und jede berichtet, was sie von ihrer PartnerIn erfahren hat. Zeit: 4 Minuten“***	SchülerInnen informieren sich gegenseitig.	**„VIER“**

„VIER“ (*Square*): Durch diesen Schritt haben sich die ersten Gruppen gebildet. Diese vier SchülerInnen werden nun den Rest der aktuellen Unterrichtseinheit zusammenarbeiten.

Umsetzen	L weist den Gruppen ihren jeweiligen neuen Platz zu.	SchülerInnen ziehen um.	
Gruppen-auftrag	„Bearbeitet den Text und entscheidet und begründet, an welchen Stellen „als“ und an welchen Stellen „wie“ benutzt werden muss. Zur Information liegt hier vorne ein Info-Blatt für Euch bereit.“		Unterstützung durch OHP und Folie mit Arbeitsauftrag.
	„Ich werde nach der Arbeit einen von euch bitten, das Ergebnis vorzutragen. Dazu sollt ihr ein Plakat erstellen.“		

Positive Abhängigkeit: Rollen

Wir erzeugen jetzt eine zusätzlich positive Abhängigkeit, indem wir eine oder mehrere Rollen an die Gruppenmitglieder verteilen. (Auch die Verteilung der Rollen überlassen wir, solange wir die SchülerInnen führen, nicht dem Zufall!) Damit erhöhen wir den Druck auf die Gruppenmitglieder, sich kooperativ zu verhalten und gemeinsam für den Erfolg der Gruppe zu sorgen. (*siehe auch: Positive Abhängigkeit, Seite 104*)

Magere Version

(Wenn wir gerade mit der Rollenverteilung beginnen, verteilen wir nur eine oder zwei Rollen):

Rolle: **Einsetzen eines Zeit-wächters**	„Ich möchte, dass ihr auf die Zeit selber aufpasst: Ich denke, dass ihr die gesamte Aufgabe in sieben Minuten erledigt haben werdet. Die bekommt Ihr jetzt von mir. → Und derjenige, der die hellsten Socken anhat, soll auf die Zeit achten!“	SchülerInnen entscheiden, wer die hellsten Socken trägt.	*Diese Vorgehensweise trägt zur Schulung der Beobachtungsfähigkeit bei und sorgt dafür, dass sich die SchülerInnen unter einem weiteren Aspekt wahrnehmen.*

Natürlich ist die Sockenfarbe nicht das einzige Kriterium, dass zur Auswahl derjenigen, die über die Zeit wacht, herangezogen werden kann. Man kann die gleichen Kriterien wie beim „Aufreihen“ benutzen: Geburtstag, Farbe der Haare,...

Rollenverteilung: Rollen können aber auch über Spiel- oder Memory-Karten verteilt werden: Auf jedem Tisch liegen vier Karten: Bube, Dame, König Ass. Die SchülerInnen nehmen eine Karte und wir bestimmen: „Die Dame achtet auf die Zeit!“

Die ZeitwächterInnen werden von uns während der Gruppenphase befragt, ob die zur Verfügung gestellte Zeit reicht. Sie werden ggf. auch darüber informiert, wenn wir Zeit nachgeben.

Version für erfahrene Gruppen:

(Die ZeitwächterIn ist nur eine Rolle, die von den Teammitgliedern übernommen werden soll!)

Rolle: **Zeitwächte-rIn** **Material-verwalterIn** **Gesprächs-führung** **Präsentation**	„Ich möchte, dass Ihr während der Gruppenarbeit eine zusätzliche Aufgabe übernehmt." L geht in eine Ecke des Klassenraums: „Diejenige, die mir jetzt am nächsten sitzt, erhält die Nummer 1! – Wer ist das bei euch am Tisch?" L fragt nun alle Tische ab. Danach fordert er die Gruppen auf, im Uhrzeigersinn die Gruppenmitglieder durchzuzählen. Ggf. überprüft er, ob jede ihre Nummer kennt. L weist nun den einzelnen Ziffern die Aufgabe zu: die Einsen sind die MaterialverwalterInnen, die Zweien...		

Redechips – Die ChipmanagerIn

Das kennen wir aus unserer täglichen Praxis: Eine in der Gruppe ist die VielrednerIn und eine oder zwei sind die großen Schweiger. Ziel ist es jedoch, dass alle SchülerInnen innerhalb der Gruppe die Chance bekommen, aktiv durch eigene Beiträge am Gruppengespräch teilzunehmen. Darum führen wir **Redechips** ein.

Redechips

(Talking Chips)

Zielgruppe:	1. Klasse – Erwachsene
Übungsgrad	Sehr gut für Anfänger und jüngere Lernende
Trainierte soziale Fähigkeiten	zuhören, präzise formulieren, abwarten, zu Wort melden,
Material	Redechips aus Papier, Plastik oder Schaustoff

Beschreibung:

Jede SchülerIn erhält drei Redechips. Je Wortmeldung in der Diskussion muss sie einen Chip in die Mitte des Tisches legen. Hat sie keine Chips mehr, muss sie warten, bis alle anderen auch ihre Chips verbraucht haben.

Danach werden die Chips neu verteilt und es dürfen wieder alle mit diskutieren, bis die Chips wieder verbraucht wurden. ..

Wir haben kleine Papiersäckchen mit den Chips vorbereitet: je drei Chips einer Farbe, vier oder fünf Farben in einem Säckchen (so sind wir immer auch auf größere Gruppen vorbereitet!)

Jede SchülerIn erhält nun drei gleichfarbige Chips. Für jede Wortmeldung während der Diskussion muss mit einem Chip bezahlt werden. Hat eine SchülerIn – das ist voraussichtlich die VielrednerIn – keine Chips mehr, muss sie solange mit ihren Beiträgen warten, bis alle anderen ihre Chips verbraucht haben.

Möchte eine SchülerIn auf ihren Redebeitrag verzichten, dann muss sie das deutlich sagen und legt ihren Chip in die Mitte. Haben alle SchülerInnen keine Chips mehr, werden die Chips neu verteilt und das Procedere beginnt von vorne.

Damit alles geordnet verläuft und niemand die Regeln bricht, ernennen wir die GesprächsführerIn (oder eine andere SchülerIn) zur **ChipmanagerIn**. Sie achtet darauf, dass jede für ihren Redeanteil bezahlt und ist die einzige, die die gebrauchten Chips wieder aus der Mitte herausnehmen darf.

(Gesprächsanteile, die mit der Wahrnehmung der Rollen zusammenhängen, müssen nicht mit Chips bezahlt werden!)

Fragechips – und das Leben wird ruhiger!

Kennen Sie das auch? Kaum haben SchülerInnen eine Aufgabe bekommen, werden Sie zum Auskunftsbüro und mit Fragen überschüttet. Die meisten Fragen hätten sich die SchülerInnen selbst beantworten können. Aber es ist ja bequemer, uns zu fragen. Wir dagegen können nicht unsere SchülerInnen beobachten, weil wir ständig mit Antworten beschäftigt sind.

Das Ende dieses leidigen Problems kündigt sich mit der Einführung der **Fragechips** an: Jede Gruppe bekommt einen, zwei oder drei Fragechips. Mit diesen müssen sie Fragen an uns bezahlen. Pro Frage ein Chip. Die Chips werden von der ChipmanagerIn verwaltet. Die Gruppe muss unter sich klären, ob die Frage, die gerade gestellt werden soll, wirklich einen Chip wert ist, oder man nicht vielleicht doch noch wartet?!

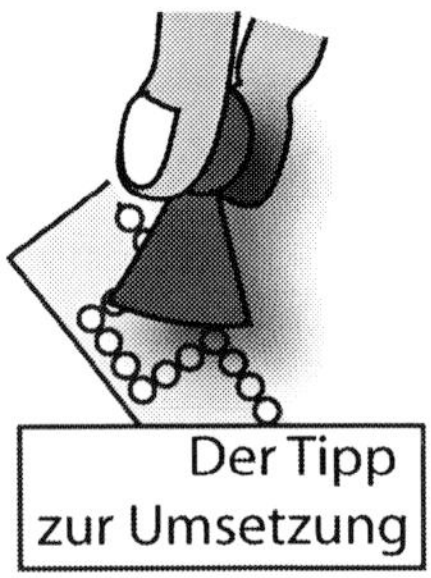

Noch ein kleiner Trick: Die Anzahl der verbliebenen Chips können wir ja auch noch als Qualitätsmerkmal ausrufen und in die Bewertung des Gruppenergebnisses einbeziehen.

Ein anderer Hinweis kommt von einem Kollegen, die Schoko-Bons als Chips ausgegeben hat. Wurde einer dieser Bonbons zum Fragen verbraucht, dann mussten die SchülerInnen sich die restlichen teilen. Wurde keiner verbraucht, wurde die Anzahl auf die Anzahl der Teammitglieder aufgestockt und zum Verzehr freigegeben.

Rede- und Fragechips müssen nicht rund und aus Plastik sein. Im einfachsten Fall sind diese Chips verschieden farbige Papierstreifen.

Was tun bei Klassengrößen, die nicht durch vier teilbar sind?

Da müssen wir manchmal sehr flexibel sein, denn die aktuelle Klassenstärke erfahren wir ja erst, wenn der Unterricht schon begonnen hat.

Feste Regeln gibt es nicht, aber vielleicht ein paar Anhaltspunkte:

Schon bei der Paarbildung gibt es bei ungerader SchülerInnenzahl ein Problem. Entweder wir bieten uns als PartnerIn an oder wir bestimmen, dass Petra bitte zur Gruppe von Lars und Simone geht.

18 Schüler stellen uns vor ein kleines Problem, wenn die SchülerInnen nach der PartnerInnenarbeitsphase in Gruppen gehen sollen. 18 = 2•4 und 2•5 SchülerInnen.

Wir wollen aber kein Paar nach der PartnerInnenarbeit trennen. Also kündigen wir für die Partnerarbeit an: 2•3 SchülerInnen und 6•2

SchülerInnen. In der „Vier"-Phase suchen sich die Dreiergruppen jeweils ein Paar, mit dem sie eine Gruppe aufmachen.

Alternative: Wir lassen zunächst Paare bilden und ordnen das überzählige Paar einer der Vierergruppen zu.

Dass wir Alternativen bereit haben, ist das Ergebnis einer präzisen Unterrichtsvorbereitung.

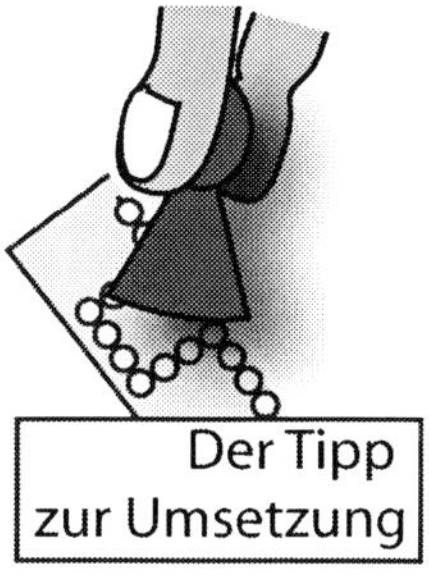

Spielen Sie zuhause einige Modelle durch, damit sie am Unterrichtstag nicht durch eine nicht kalkulierte Gruppengröße überrascht werden.

Dieser Tipp gilt ausdrücklich bei Lehrproben!

Die Präsentation – Lernen in allen vier Kompetenzbereichen

Alle Gruppen sollen die gleiche Wertschätzung ihrer Arbeit erfahren. Und wenn wir „Pech" haben, liefern uns alle Gruppen ein 100% richtiges Ergebnis. Spätestens die dritte Gruppe kann nur noch die Richtigkeit des vorher Gesagten bestätigen.

In einer grafischen Präsentation ändert sich inhaltlich nichts, jedoch haben alle Gruppen die Möglichkeit, sich individuell und für alle sichtbar zu präsentieren.

Die Form der Darstellung überlassen wir den SchülerInnen, wenn sie ausreichende Kompetenzen hierfür besitzen. Ansonsten müssen wir einmal Regeln für die Erstellung von Plakaten erarbeiten, die dann auch Anwendung finden müssen. Die Ausführung wird bewertet.

Die Gruppen müssen sich auf den Inhalt, die Darstellungsart und Verteilung der Arbeit einigen. In den hieraus entstehenden Diskussionen lernen sie, durch Argumente zu überzeugen, nachzugeben oder Kompromisse einzugehen.

Wir können diese Phase wieder mit der Verteilung von Rollen unterstützen: Eine GesprächswächterIn (ModeratorIn, GesprächsführerIn) sorgt für das Einhalten von Gesprächsregeln und Umgangsformen. Eine IdeensammlerIn (ReporterIn, SchriftführerIn) dafür, dass keine Ideen verloren gehen; eine MutmacherIn dafür, dass alle mitmachen und zu Wort kommen; eine SpionIn für Ideennachschub, wenn die eigenen Ideen ausgehen. Natürlich können Sie auch andere Aufgaben in der Gruppe vergeben.

Nach dem Unterricht haben wir fünf verschiedene Formen, in denen unsere SchülerInnen ihre Arbeitsergebnisse darstellen. Die Herstellung der Präsentation sorgte bereits für eine intensive Beschäftigung mit dem Lerngegenstand. Die Präsentationen bieten allen SchülerInnen die Möglichkeit, fünf unterschiedliche Aufarbeitungen des Themas durchzuarbeiten und dabei den gewünschten Kompetenzzuwachs zu erreichen.

Als (vor-)letzten Leistungsschritt müssen die SchülerInnen einer Gruppe ihre Präsentation auch vorstellen. Dies können sie gemeinsam tun oder sie bestimmen eine oder mehrere BerichterstatterInnen. Dabei kann ihnen der demokratische Zeigefinger helfen.

Der demokratische Zeigefinger

Zielgruppe:	1. Klasse – Erwachsene
Übungsgrad	Sehr gut für Anfänger und jüngere Lernende
Trainierte soziale Fähigkeiten	delegieren, entscheiden
Material	nichts

Beschreibung:

Alle Mitglieder eines Teams heben den Zeigefinger der rechten Hand und zeigen auf ein Zeichen hin auf das Teammitglied, das ihrer Meinung nach präsentieren soll. Diejenige mit den meisten Nennungen präsentiert (und darf sich noch eine AssistentIn mitnehmen).

Möglicherweise bestimmen auch wir, welche SchülerInnen wir berichten lassen, um festzustellen, ob auch die leistungsschwachen die erwarteten Kompetenzzuwächse erreicht haben.

In jedem Fall üben sich die SchülerInnen bei der Vorstellung in der freien Rede vor einem Auditorium. Dieses wiederum übt das kritische Zuhören und Nachfragen.

Zu guter Letzt wird die Präsentation selbst zum Lerngegenstand: Größe und Deutlichkeit der verwendeten Symbole und Schriften werden wir genauso besprechen wie die räumliche Aufteilung, die farbliche Gestaltung, fachliche Richtigkeit und eindeutige Darstellung.

Jede SchülerIn wird nach dieser Arbeit auch ein Erstarken des Selbstwertgefühls erfahren, denn sie findet sich bestimmt an mehreren Stellen der Präsentation ihrer Gruppe wieder.

Präsentationen müssen nicht zwangsläufig ein Thema beenden. Sie können sehr gut dazu genutzt werden, Teilabschnitte zu dokumentieren. Dadurch können sie im nächsten Unterricht die Grundlage für die Fortsetzung des Unterrichts sein und dann auch vervollständigt werden.

Bildet die Präsentation den Abschluss einer Lernphase, dann muss noch eine Umsetzung der Lerninhalte auf A4-Format stattfinden, damit die Ergebnisse im persönlichen Ordner der SchülerInnen erscheinen. Dazu bietet es sich an, ein vorgefertigtes Arbeitsblatt in die Teams zu geben und die SchülerInnen aufzufordern, die Ergebnisse in das Arbeitsblatt zu übertragen.

Diese Übertragung sorgt noch einmal dafür, dass sich die SchülerInnen sehr intensiv mit dem Lerngegenstand und ihren Ergebnissen auseinandersetzen. Denn diese Vorgehensweise zwingt sie in der einfachen Version, die Ergebnisse noch einmal neu zu formulieren. Bei fortgeschrittenen SchülerInnen kann das Arbeitsblatt auch die Aufgabe beinhalten, das Gelernte anzuwenden oder zu transferieren.

Grafische Denk- und Lernhilfen

Bei fortgeschrittenen Gruppen bietet sich zusätzlich an, sie in der Erstellung von grafischen Denk- und Lernhilfen wie *Mindmaps* oder *Concept-maps* zu schulen. (*Mehr zu diesem Punkt finden Sie ab Seite 325*)

Ausblick

Von nun an arbeiten unsere SchülerInnen zuerst immer in Paaren und, wenn es sich anbietet, in kurzlebigen Gruppen. Wir sorgen für wechselnde Arbeitsgruppen, bis wir und die SchülerInnen sicher sein können, dass die grundlegenden sozialen Fähigkeiten von jeder SchülerIn beherrscht werden und jede mit jeder auch erfolgreich arbeiten kann.

U.a. sorgen wir immer dafür,

- dass die Gruppen auch ihre Arbeitsweise und Effektivität reflektieren und sich insgesamt die Art der Zusammenarbeit ständig verbessert.
- dass die SchülerInnen die Synergie in Gruppenprozessen erkennen und Zusammenarbeit sich positiv auch auf den individuellen Leistungsstand auswirkt.
- dass jede SchülerIn ihre eigenen Erfolge wahrnimmt und so das Selbstwertgefühl gestärkt wird.

Nur wenn die SchülerInnen erkennen, wie sinnvoll und effizient die Kooperation mit MitschülerInnen ist, werden sie die Widerstände gegen diese Unterrichtsform aufgeben und gerne auf diese Methode zugreifen.

Gruppen einstimmen – Warming-up

Finden sich SchülerInnen zu einer Gruppenarbeit zusammen, ist es empfehlenswert, die Gruppenmitglieder kurz auf einander und die Aufgabe einzustimmen. Dazu dient das „*warming-up*". Bei Aufwärmübungen müssen die Mitglieder eine Aufgabe zusammen lösen. Ein Beispiel ist

Die magische 11 (*Magic Eleven*)

Zielgruppe:	1. Klasse – Erwachsene
Übungsgrad	Sehr gut für Anfänger und jüngere Lernende
Trainierte soziale Fähigkeiten	wortlos verstehen, abschätzen
Material	nichts

Beschreibung:

Die Ausführung folgt dem Spiel „Schere – Stein – Papier". Die TeilnehmerInnen stehen um ihren Gruppentisch, ballen eine Hand zur Faust und strecken sie zur Mitte des Tisches. Auf ein Kommando („Sching – Scheng – Schong") hin öffnen sie eine bestimmte Menge Fingern dieser Hand. Das Ziel ist erreicht, wenn alle TeilnehmerInnen insgesamt 11 Finger zu zeigen. Die TeilnehmerInnen dürfen sich nicht mit Worten verständigen.

Solange das Ergebnis nicht 11 ist, muss die Gruppe diese Prozedur wiederholen. Die Gruppen, die 11 erreicht haben, dürfen sich setzen.

Der Umfang einer Aufwärmübung steht immer im Verhältnis zur Länge der Teamarbeitsphase. Bleibt das Team nur sehr kurze Zeit zusammen, dann ist die Aufwärmphase auch zeitlich weniger aufwendig als bei einem Team, das einen Tag zusammen arbeiten soll. Eine Aufwärmübung, die etwas länger als die Magische 11 dauert, ist das Arbeiten mit Postkarten. Bei dieser Aktivität geben die Mitglieder aber auch schon Informationen über sich preis.

Postkarten

Zielgruppe:	1. Klasse – Erwachsene
Übungsgrad	Sehr gut für Anfänger und jüngere Lernende
Trainierte soziale Fähigkeiten	Ideen und Ansichten preisgeben und teilen
Material	Bildpostkarten mit verschiedenen Motiven

Beschreibung:

Die TeilnehmerInnen sitzen an ihrem Gruppentisch und suchen sich aus einem Stapel Postkarten jeweils eine heraus, die am besten ihre persönliche Stimmung wiedergibt oder etwas mit dem einzelnen zu tun hat.

Hat jede TeilnehmerIn eine Karte ausgesucht, dann erzählen sich die Teilnehmer, warum sie genau diese Postkarte ausgesucht haben.

Das gute Virus

Zielgruppe:	3. Klasse – Erwachsene
Übungsgrad	Sehr gut für Anfänger und jüngere Lernende
Trainierte soziale Fähigkeiten	diskutieren, überzeugen, Kompromisse finden, entscheiden, einigen, Phantasie benutzen
Material	1 Papierbogen, ggf. Malstifte

Beschreibung:

Die TeilnehmerInnen beginnen, indem jede einen Konsonanten und einen Vokal auswählt und auf ein Blatt Papier schreibt. Aus den Buchstaben aller Teammitglieder soll nun der Name des „guten Virus“ gefunden werden.

Das Virus hat nur gute Eigenschaften, die vom Team ebenso beschrieben werden sollen wie die Übertragungswege.

Nach der Teamarbeitsphase stellen die Teams ihre guten Viren vor. Das gute Virus kann auch als Gruppenidentität stiftende Aktivität benutzt werden.

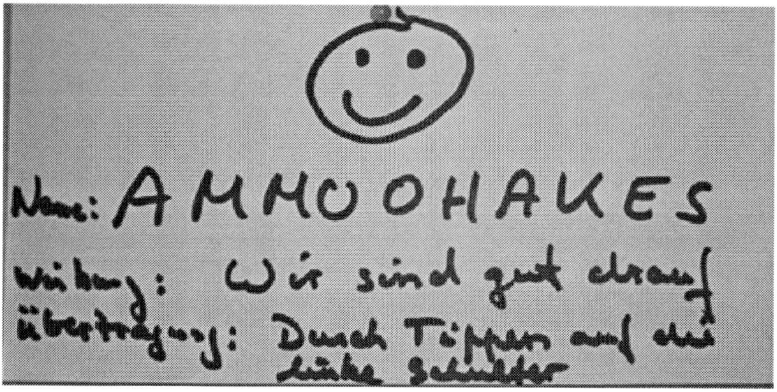

Abb. 61: Das gute Virus ***„Ammuohakes"***

Weitere Aufwärmübungen sind auf Seite 304 beschrieben.

Der dritte Schritt - Langzeitteams

Nachdem unsere SchülerInnen nun mehrere Monate geübt haben, mit einander zu arbeiten und diese Methode auch ihr festes Repertoire ist, haben wir die Möglichkeit, Langzeit-Teams zu gründen.

In diesen Langzeit-Teams werden die SchülerInnen für eine definierte Periode (mehrere Wochen, 3 Monate, halbes Jahr) arbeiten; sie sind ihre ***Heimatgruppen***.

Bildung einer Gruppenidentität

Damit Gruppen zusammenhalten und sich die einzelnen Mitglieder für einander verantwortlich fühlen, benötigen sie ein Zusammengehörigkeitsgefühl. Dies wird durch die Bildung einer Gruppenidentität gefördert. Eine Gruppenidentität entsteht durch ein gemeinsames, unverkennbares und nach außen wirkendes Zeichen: Eine Flagge, ein Symbol oder Logo, ein Gruppenname, ein Gruppenlied, ein bestimmtes Kleidungsstück,...

Die Vielzahl der Möglichkeiten macht deutlich, dass die Aufgabe, sich eine Gruppenidentität zu geben, von den SchülerInnen fächerübergreifend gelöst werden kann, wenn die LehrerInnen ihnen dazu die Möglichkeit geben.

Eine sehr leicht zu realisierende Aktivität ist das Finden eines Logos und eines Gruppennamens. Dazu benötigen wir Papier A 1 oder A 2 und Filzmalstifte.

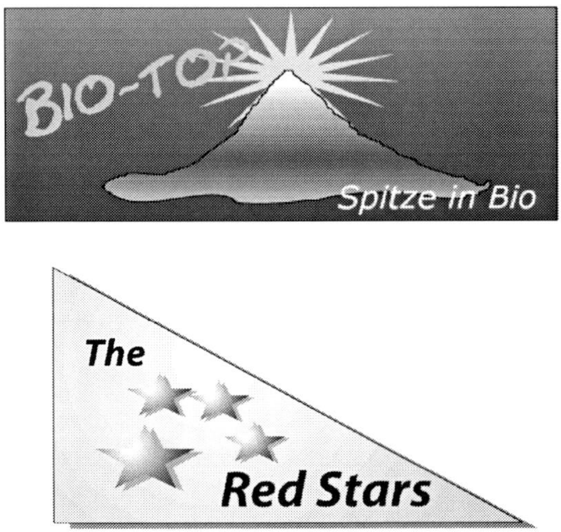

Abb. 62: Banner mit Logo und Teamname

Die Aktivität „Ein Banner kreieren" ist auf Seite 307 beschrieben.

Exkurs: Gruppenidentität

Nur etwas für Kinder? Möglicherweise denken Sie jetzt: Logo malen, sich einen Namen geben – das ist doch Kinderkram. Erwachsene tun so etwas nicht. Wie man sich doch irren kann: Mit dem Erdenken einer Firmenidentität verdienen große Firmen eine Menge Geld. Dabei sollen Firmenname und Logo nach außen einen Wiedererkennungseffekt beim Kunden erzeugen, nach innen die Belegschaft in ihrem Zusammengehörigkeitsgefühl stärken und hinter die Firmenführung und die Firmenidee bringen. Gruppenidentität erhöht das Gefühl, dazu zu gehören. Sie sorgt dafür, dass sich der einzelne gerade in großen Organisationen „zuhause" fühlt: Teil der Firma zu sein und dies auch zu fühlen erhöht die Motivation, in die Firma zu gehen und zu ihrem Erfolg beizutragen.

Viele Schulen und ihre Leitungen haben dies auch erkannt. Sie treten nach außen mit einem Logo auf, das auch auf T- oder Sweatshirts gedruckt wird oder sich als Aufkleber auf der Autoheckscheibe wiederfindet. Sie geben sich den Namen einer bekannten Persönlichkeit, die sie als gemeinsames Vorbild erkoren haben.

Der Internet-Auftritt, eine Schulband oder ein Orchester, ein schulischer Sportverband oder andere gemeinsame Aktivitäten, bei denen die Schule als Gemeinschaft auftritt, sind ebenso für das Gemeinschaftsgefühl förderlich wie gemeinsame Feiern, Tage der offenen Tür, bei denen sich einzelne SchülerInnen oder Schülergruppen als Vertreter der Schule mit ihren Erfolgen der Öffentlichkeit darstellen können. Das gleiche gilt natürlich auch für LehrerInnen.

Gruppenidentität entsteht nur, wenn die Mitglieder der Organisation als deren VertreterInnen in eine Kommunikation mit Menschen treten, die nicht zur Gruppe gehören. Und nur da ist sie auch nützlich und wirkt dann wiederum nach innen. Folgerichtig muss sich die Organisation nach außen darstellen. Schule muss sich und ihr Tun der Öffentlichkeit öffnen und mit der Welt außerhalb der Schulmauern aktiv kommunizieren.

Fazit: Die Suche nach einer eigenen, gemeinsamen und unverkennbaren Identität bringt eine Schule und ihre Mitglieder dazu, sich mit der Schule, ihrer Aufgabe und ihren Aktivitäten zu identifizieren. Sie verbessert das Arbeitsklima und die Motivation des einzelnen. Darüber hinaus fördert sie das Bestreben, sich nach außen verstärkt zu öffnen und mit der Gemeinde und ihren BürgerInnen zu kommunizieren.

Warum Langzeit-Teams?

Langzeit-Teams erhöhen das Gefühl der Zugehörigkeit zu einer Gruppe und damit auch das Gefühl der Sicherheit der einzelnen SchülerIn. Die einzelnen Mitglieder lernen sich innerhalb der Gruppe mit allen Stärken und Schwächen kennen. Sie lernen, besonders gegenüber den Schwächen tolerant zu werden und mitzuhelfen, diese zu überwinden. Sie sind eher in der Lage, Synergien innerhalb der Gruppe zu erkennen und zu nutzen.

Als festes Team sind die Gruppenmitglieder bestrebt, im Wettbewerb mit den anderen Teams Bestleistungen zubringen. So werden die lernschwächeren SchülerInnen im Team von den leistungsstärkeren SchülerInnen intensiv gefördert, was deren soziale Kompetenz erheblich stärkt. Hilfe anfordern und Hilfe geben werden zur Selbstverständlichkeit, das verstärkte Gefühl der Verantwortlichkeit für das Gruppenergebnis sorgt für die individuelle Motivation.

Langzeit-Teams können, wenn ihre Kompetenzen z.B. im Zeitmanagement das zulassen, nicht nur im Unterricht, sondern auch außerhalb der Unterrichtszeit zusammen arbeiten. Die Mitglieder bewältigen ihrem Alter entsprechend als Team Aufgaben mit ihnen angepassten Zeitvorgaben.

Arbeite ich nur noch mit Langzeit-Teams?

Die Bildung von Langzeit-Teams bedeutet aber nicht, dass von nun an nur noch in diesen Teams gearbeitet wird. So kann die Arbeit im Heimat-Team z. B. nur zu einer bestimmten Sequenz erfolgen, die sich in allen Unterrichtsstunden wiederholt. Ein Beispiel hierfür können Wiederholungs- oder Verfestigungssequenzen sein, die immer im Heimat-Team durchgeführt werden. In der übrigen Zeit arbeiten die SchülerInnen dann individuell, in Paaren oder anderen Kleingruppen.

Damit die SchülerInnen ihre Fähigkeit, mit allen MitschülerInnen zu arbeiten, nicht verlieren, lassen wir sie gelegentlich auch in anderer Gruppenzusammensetzung, z.B. unter Zuhilfenahme der Puzzle-Methode (Jigsaw-Methode), arbeiten.

Und sie arbeiten auch in den anderen Lernformen: Individualistisch und im Plenum.

Abb. 63: Was Menschen heute im Team schaffen,...

Die Puzzle-Methode

(Jigsaw)

Zielgruppe:	3. Klasse – Erwachsene
Übungsgrad	für geübte Gruppen
Trainierte soziale Fähigkeiten	zuhören, diskutieren, einigen, unterweisen, erklären, Verantwortung übernehmen
Material	
Beschreibung:	siehe Fließtext

Unsere 23 SchülerInnen sitzen in fünf Heimat-Teams. Zwei Teams bestehen aus je vier, drei aus je fünf SchülerInnen.

Fachliche Aufgabe: Wir stellen den SchülerInnen die Aufgabe, die aus vier Einzelaspekten besteht. Jeder Aspekt kann einzeln bearbeitet werden; alle vier geben aber erst das vollständige Bild.

Aufgabe des jeweiligen Teams ist es, eine Präsentation zu erstellen, die die Gesamtlösung verständlich und nachvollziehbar darstellt.

Soziale Aufgabe:
Die soziale Aufgabe besteht darin, den MitschülerInnen Informationen zu geben und Neugelerntes so zu erklären, dass die Mitschüler die neuen Informationen verstehen und lernen können

Damit die SchülerInnen das „Informationen-geben“ üben können, werden sie zu „SpezialistInnen“ ausgebildet. Zunächst erhält jede SchülerIn über die Aktivität „Nummerierte Köpfe“ (*siehe Seite 323*) eine Nummer zugeteilt. Alle Einsen sammeln sich an einem genau bestimmten Tisch und bearbeiten dort den Aspekt Nr. 1, alle Zweien gehen an den zweiten Tisch und bearbeiten Aspekt Nr. 2, die Dreien...

Die Fünfen werden entweder alle einer Gruppe zugeordnet oder sie begleiten die Nr. 4 aus ihrer jeweiligen Gruppe und unterstützen sie.

Reihenfolge für die Puzzle-Methode

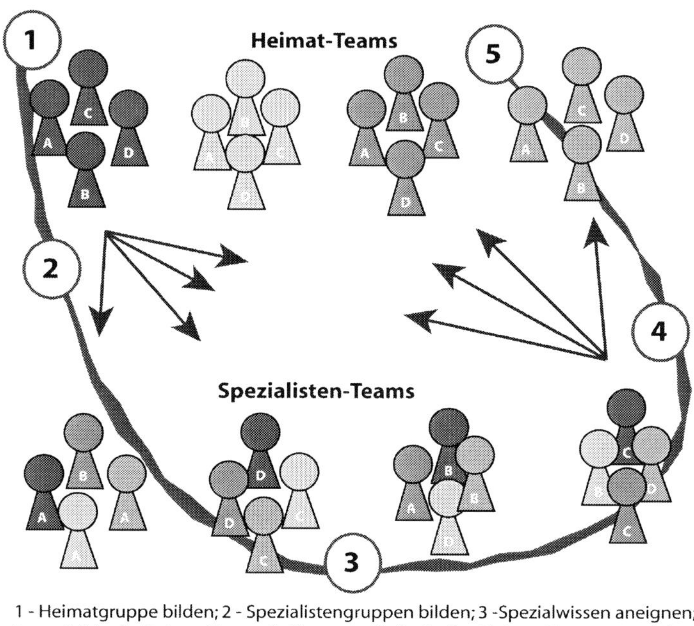

1 - Heimatgruppe bilden; 2 - Spezialistengruppen bilden; 3 -Spezialwissen aneignen; 4 - zurück in die Heimat-Teams; 5 - Teammitglieder in den Heimat-Teams unterrichten

Abb. 64: Vorgehen bei der Puzzle-Methode

Durch diese Aufteilung haben wir Gruppen gebildet, die jeweils nur einen Aspekt der Aufgabe bearbeiten sollen. Ihre Mitglieder werden zu den „SpezialistInnen" ausgebildet. Neben der Bearbeitung der fachlichen Teilaufgabe sollen die Teammitglieder auch überlegen, wie sie dieses Wissen in ihren jeweiligen Heimatgruppen vermitteln werden und ggf. Lernhilfen anfertigen.

Wenn die SpezialistInnen fertig sind, gehen die Arbeitsteams wieder auseinander und jede SchülerIn kehrt in ihr Heimat-Team zurück. Wie die einzelnen Teile eines Puzzles tragen sie nun ihren Teil zur Lösung der gesamten Aufgabe bei, indem sie die anderen Mitgliedern ihres Heimat-Teams unterrichten.

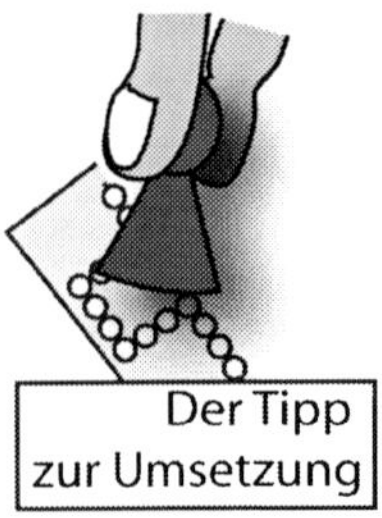

Beginnen Sie die Jigsaw-Aktivität
<u>immer</u> aus den Heimatgruppen heraus!

Würden Sie die Heimatgruppen zu Spezialisten ausbilden und forderten die SchülerInnen dann auf, sich in neuen Gruppen gegenseitig zu unterrichten, kann das Ergebnis sehr unbefriedigend sein.

Es besteht bei dieser Vorgehensweise für die SchülerInnen keine starke Notwendigkeit, ihre MitschülerInnen ordentlich und umfassend zu informieren. Der Erfolg des Heimat-Teams hängt bei diesem Procedere nicht von der ordnungsgemäßen Weitergabe der Information ab.

Zusammenfassung

In diesem Kapitel haben wir Ihnen Vorschläge für den Beginn gemacht.

Grundsätzlich gilt bei der Einführung des *Cooperative Learning* wie auch bei der Übernahme anderer Methoden, dass sie darauf achten müssen, dass die neue Art vorzugehen zu Ihnen passt und Sie auch in Ihrer neuen Rolle authentisch bleiben.

In Gesprächen mit KollegInnen stellen wir immer wieder fest, dass manche die Methodenelemente 1:1 übernommen haben und damit sehr erfolgreich sind. Die andere Art zu denken hat ihnen geholfen, sich selbst und ihre unterrichtlichen Kompetenzen weiter zu entwickeln.

Andere wiederum waren dadurch erfolgreich, dass sie einzelne Elemente verändert oder mit eigenen, bereits bekannten oder anderen Methoden kombiniert.

Beide Gruppen gemeinsam haben immer dafür gesorgt, dass sie selbst glaubwürdig blieben. Darum möchten wir auch Sie ermutigen, herauszufinden, wie Sie diese Methode in ihrem Unterricht für alle, die SchülerInnen und sich selbst Gewinn bringend einsetzen können.

Vielleicht hilft Ihnen als Leitspruch für die Erneuerung:

Abb. 65: Folge guten Beispielen...

7

Kapitel 7 – Unterricht für die Selbstkompetenz

Unterricht beginnt mit „Gut ankommen“

Unterricht, ob nun in 45- oder 90 Minuteneinheiten oder in langen, über mehrere Stunden gehende Unterrichtsphasen, ist eine in sich abgeschlossene Sequenz. Damit Menschen in dieser Zeit erfolgreich lernen können, müssen sie ankommen, motiviert auf einen Spannungshöhepunkt hin arbeiten und am Ende einen Abschluss finden – um frei für einen neuen Anfang zu sein.

Für den Erfolg des Unterrichts ist entscheidend, wie viel vorher passiert ist und in wie weit die Lernenden selber in der Lage sind, Irritationen abzubauen.

Viele KollegInnen beschweren sich, die SchülerInnen seien, wenn sie in den Klassenraum kämen, nicht zum Unterricht bereit. Sie kämen z. B mit großen privaten Problemen und/oder ohne Frühstück in die Schule.

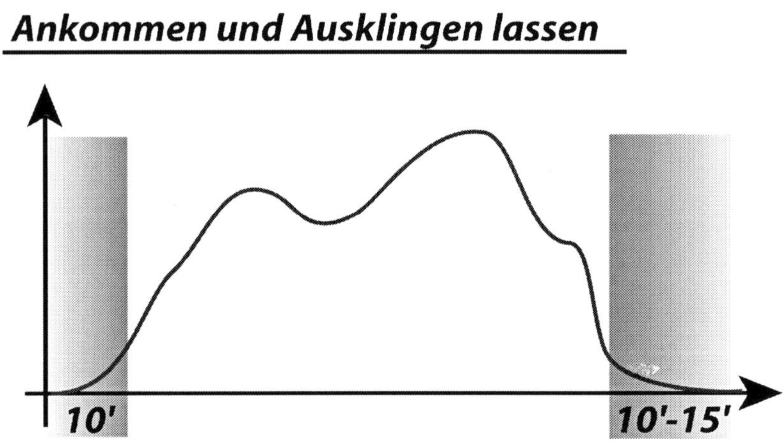

Abb. 66: Ankommen und Ausklingen lassen sind wichtig.

Viele unserer SchülerInnen haben tatsächlich mehr als ein Problem „am Hals“. Insbesondere SchülerInnen aus den unteren sozioökonomischen Schichten der Gesellschaft bieten häufig sowohl in Hinblick auf die Anzahl als auch in Hinblick auf die Vielfalt und Massivität eine erschreckende Auswahl. Am „einfachen“ Ende der Problemskala steht der Wunsch nach Anerkennung und Wertschätzung und ein Schulverhalten, das die Wunscherfüllung massiv einfordert. Am anderen stehen manchmal die Angst vor Ausweisung, ein drohendes Strafverfahren für ein nicht unerhebliches Delikt.

Manche dieser Probleme bedrohen die SchülerInnen zumindest subjektiv existentiell. Dabei spielt es in der Wahrnehmung keine Rolle, wo die Eigenverantwortung an diesem Problem liegt.

Existenzielle Probleme haben eine hohe Priorität und blockieren die Seele, den Kopf und den Magen.

Und wenn ein Frühstück in Gemeinschaft mit anderen nicht nur den Körper, sondern auch die Seele nähren soll, dann kommen die Jugendlichen oder Kinder, die vor dem Unterricht noch nicht gefrühstückt haben, auch ohne ausreichende Zuwendung und Bestätigung in die Schule.

Auch dies ist einer konzentrierten und effizienten Arbeit abträglich.

Wir, die Unterrichtenden können dies beklagen. Wir können aber auch darauf reagieren und konstruktiv mit diesen Störungsquellen umgehen und sie unterrichtlich nutzen.

Probleme "wegmachen" zu wollen, kostet viel kostbare Energie und ist i.d.R. ohne Erfolg!

Mach mit! Anders unterrichten

Cooperative Learning

Abb. 67: Umgang mit Problemen

Ankommen im Unterricht - Rückmelderunde

Gerade für leistungsschwache SchülerInnen ist die Schule ein Ort, in der sie sich bei fehlender Motivation per Zwang aufhalten müssen. Unterricht ist die unangenehme Unterbrechung der Pausen. Daher ist das Vorher und Nachher wichtiger. Sie signalisieren das – meist unbewusst – u.a. dadurch, dass sie Jacken und Kappen aufbehalten, als wollten sie gleich wieder gehen.

In der Zeit von gestern, als sie die Schule verließen, bis jetzt, dem Zeitpunkt, an dem sie wieder in die Schule kommen, ist manchmal soviel passiert, dass der Kopf überläuft und die Worte nur so aus dem Mund sprudeln.

Gleichzeitig wollen Sie als LehrerIn klare Kommunikation im Unterricht üben. Bitte sehr – hier ist die Gelegenheit dazu! Es gibt Themen; die SchülerInnen sind motiviert. Also, geben wir ihnen den Raum, den sie sich möglicherweise ohnehin nähmen.

Wir installieren eine Rückmelderunde.

Die muss nicht zwangsläufig im – möglicherweise zu engen – Klassenraum stattfinden. Obwohl die SchülerInnen Ihnen bestimmt beim schnellen Umbau der Klasse helfen.

In der warmen Jahreszeit können die nahe Wiese, die Pausenhalle oder eine Sporthalle oder die Aula oder ... als geeigneter Raum dienen. Sie finden garantiert einen passenden Ort. Dem Grundsatz „Sorge für dich!“ folgend kann jede gleich zu Beginn des Arbeitstages dafür Sorge tragen, dass sie wahrgenommen wird. Die Gruppe wird über mögliche besondere seelische oder körperliche Zustände informiert und kann angemessen reagieren.

So gehen keine Geburtstage oder andere wichtige Lebensstationen mehr verloren und jede hat die Chance, heute besonders wichtig zu sein.

Regeln für die morgentliche Rückmelderunde

Sitzordnung

Die SchülerInnen sitzen im Kreis.
Jeder kann jeden sehen. Keiner versteckt sich!

Leitfragen:

Wie geht es dir heute morgen?
Was ist von gestern übrig geblieben?
Was möchtest du von dir erzählen?

Es spricht immer nur einer!

Niemand wird unterbrochen!
Äußerungen werden nicht kommentiert
(Ausnahme die GruppenleiterIn)
Nachfragen dürfen gestellt werden.

Rede von dir ..

und nicht über andere!
Sage "ich" statt "man".
Gebrauche "und", wenn du "aber" sagen willst!

Sei ehrlich mit dir und anderen!

Erzähle keine Geschichten!
Benutze keine Ausreden!
Wenn du etwas nicht erzählen willst,
dann lass es!

Wenn Du *feedback* gibst, ...

spricht wie darüber, wie deine Eindrücke waren.
Kritisiere Dinge und keine Personen!
Benutze keine Schimpfworte!
Greif keinen an!

Wenn du *feedback* bekommst, ...

hör dir alles an! Kommentiere nichts!
Frage ggf. nach.
Versuche nicht, dich zu verteidigen oder
Ausreden zu benutzen !
Überdenke alles!
Zieh aus dem Konsequenzen,
was wirklich auf dich zutrifft.

Abb. 68: Grundregeln für Rückmelderunden

Auf der anderen Seite wird ein etwas mürrisches und „genervtes" Verhalten, das seine eigentliche Quelle in einem körperlichen oder seelischen Unwohlsein hat, nicht als Unhöflichkeit oder Zickigkeit missverstanden. Damit alles gut funktioniert, achten Sie auf die Grundregeln für Rückmelderunden.

Rückmelderunde

Zielgruppe:	1. Klasse – Erwachsene
Übungsgrad	Sehr gut für Anfänger und jüngere Lernende
Trainierte soziale Fähigkeiten	Denken, Zuhören, Sprechen, Schreiben, Präsentieren, Selbstwahrnehmung, Fremdwahrnehmung, Kommunikation, Rücksicht, kritische Offenheit,
Material	nichts

Beschreibung:

Die SchülerInnen treffen sich im Stuhl-/Sitzkreis und beantworten Fragen, die Ihren persönlichen seelische oder körperlichen Zustand widerspiegeln. Stellen ***Sie*** als SupervisorIn die Fragen so, wie sie sich jeder selbst stellen soll! Leitfragen können sein:

1. Wie geht es mir heute? Bin ich schon hier in der Schule? Was bewegt mich?
2. Was ist von gestern im Gedächtnis geblieben? Habe ich mit dem Gelernten etwas anfangen können?
3. Was möchte ich heute erleben?

Sie garantieren die persönliche Unversehrtheit jedes einzelnen und ein hieraus entstehendes Sicherheitsgefühl!

Nur, wenn sich jeder in der Runde sicher fühlt (und das dauert einige Wochen), werden die Jugendlichen mehr und die wirklich persönlichen Dinge von sich erzählen.

Achten Sie ferner darauf, dass die Jugendlichen sehr genau formulieren. Fragen Sie ggf. nach, wenn Sie etwas nicht verstanden haben, und fordern Sie vorsichtig zum genaueren Formulieren auf.

Sie als SupervisorIn der Gruppe melden sich natürlich auch zurück und sind in dem, was und wie sie von sich berichten, das Vorbild!

Wenn noch Geschichten von gestern zwischen zwei SchülerInnen zu regeln sind, dürfen diese zwei – und nur diese zwei – direkt mit einander reden. Moderieren Sie das Gespräch! Achten Sie jetzt besonders darauf, dass jede nur von sich spricht!

Also nicht: „Du hast mich gestern beleidigt, als Du ... zu mir sagtest!"

Viel besser und einzig zulässig ist: „Ich fühle mich durch Dich beleidigt, weil ..."

Dann kann die andere immer noch unter Wahrung des Gesichtes einen kleinen Rückzieher machen: „Es tut mir leid, wenn Du Dich durch mein Benehmen beleidigt fühlst. Das wollte ich nicht!" Nur so kann man den Streit schlichten und jede Fortführung oder gar Eskalation vermeiden.

Der regelmäßige Rückmelderunde im Stuhl-/Sitzkreis gibt dem einzelnen Mitglied der Lerngemeinschaft – also auch dem Unterrichtenden – die Gelegenheit, wichtige Informationen über sich an die Gruppe zu geben.

Diese Form des Ankommens gibt auch allen die Gelegenheit, kritisch mit dem umzugehen, was an sie herangetragen wird. Immer wieder kehrende Ausflüchte, ein Stillstand in der Entwicklung, aber auch Spannungen innerhalb der Gruppe können an dieser Stelle angesprochen und – neu – bearbeitet werden.

Rückmelderunden fördern die Kommunikationsfähigkeit der SchülerInnen und beugen einer Sprachlosigkeit, Gerüchten und Spekulationen sowie der Anwendung von Gewalt vor.

Auch wenn der Anfang schwer ist: Sie werden diese Rückmelderunden lieben lernen. Denn sie klären im Vorwege die meisten unterschwelligen oder offenliegenden Konflikte und nehmen Spannungen aus der Gruppe.

Lernen sozialer Fähigkeiten mit T-Charts!

Einige KollegInnen sitzen morgens in ihren Klassen und schauen auf bemantelte oder bejackte SchülerInnen, die als Krönung ihre Baseball-Kappen aufhaben. Man kann schon befürchten, die SchülerInnen gingen gleich wieder, was zumindest einige von ihnen auch am liebsten täten.

Ärgern Sie sich nicht, und vor allem nicht fortwährend! Die SchülerInnen wissen es nicht besser und das können ***Sie*** jetzt ändern!

Damit bewirken Sie auch bestimmt, dass sich die Einstellungen zur Schule ändern. Trennen sich die SchülerInnen von ihren Jacken und Mützen, haben wir eine echte Chance, dass sie sich auf den Unterricht einlassen. Außerdem sollen sie ja auch lernen, ihre Körpersprache zu erkennen und gezielt einzusetzen.

Der Grund, warum Sie das Thema „Ankommen" *jetzt* im Unterricht behandeln wollen, hat sich gerade aus einer aktuellen Situation ergeben. Behandeln Sie dieses Thema nicht, nur weil es Ihnen gerade gefällt. Aufgesetzte Themen gehen in der Regel schief!

Zunächst können Sie klären, wie sich Menschen verhalten, die an irgendeinem Ort ankommen und da auch eine Weile bleiben wollen.

Die SchülerInnen werden Ihnen dabei helfen können, denn wenn sie Besuch empfangen, haben sie bestimmte Erwartungen an das Verhalten des Besuchs bei der Ankunft. Und sie kommen auch immer irgendwo an, z.B. zuhause. Dann ziehen sie Jacken und Mützen, vielleicht auch die Schuhe aus.

Abb. 69: T-Chart „Ankommen“

Vielleicht ziehen sie sich auch bequemere Sachen an. Sie begrüßen bestimmt diejenigen, die sie zuhause antreffen.

T-Chart „Ankommen"

Zielgruppe:	1. Klasse – Erwachsene
Übungsgrad	Sehr gut für Anfänger und jüngere Lernende
Trainierte soziale Fähigkeiten	Denken, Zuhören, Sprechen, Schreiben, fördert: Erlernen eindeutiger sozialer Verhaltensweisen, gutes Benehmen, Rücksicht, Kommunikation verhindert: ewige, immer wieder kehrende Diskussionen über Alltäglichkeiten
Material	1 Blatt Zeichenkarton A 2, dicke Filzstifte (Marker), Klebeband oder Reißzwecken
Anweisung:	„Überlegen Sie 15 Sekunden lang, woran Sie erkennen, dass jemand an einem Ort ankommt. Ankommen – Wie sieht das aus? Wie hört sich das an?"

Und es gibt die Körpersprache, die eindeutige Signale gibt, wenn man darauf achtet. Dass man sich so unter Jugendlichen heute verhält wie die SchülerInnen gerade, ist jetzt nicht wichtig. Sie wollen ja die Jugendlichen für den sicheren Auftritt in der Erwachsenenwelt vorbereiten. Also klären Sie jetzt, was die SchülerInnen wissen, nur in der Schule nicht anwenden.

Danach hängen Sie dieses Plakat an die Wand und können bei Bedarf darauf verweisen: „Bist Du schon angekommen?“

Weitere Beispiele für T-Charts finden Sie im Anhang auf Seite 380

Reihenfolge der Bedürfnisse

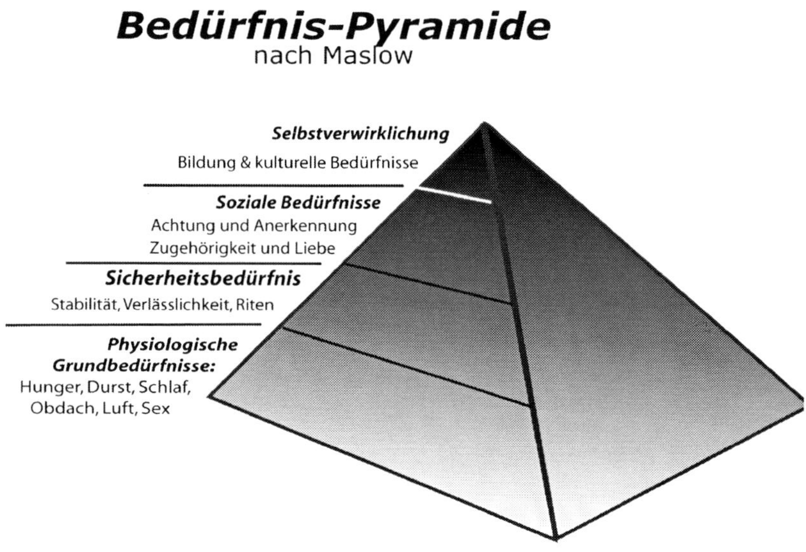

Abb. 70: Bedürfnispyramide nach Maslow

Die Bedürfnispyramide von Maslow bestätigt, was wir LehrerInnen in unserem Unterricht häufig beobachten können: Essen und Trinken sind Elementarbedürfnisse und müssen lange vor dem Bedürfnis nach Bildung befriedigt werden. Auch die Befriedigung der sozialen Zuwendung steht noch vor Bildung. Wenn Elternhäuser weder die elementaren noch die sozialen Bedürfnisse vor dem täglichen

Schulbesuch ausreichend befriedigen, dann werden diese Bedürfnisse in die Schule hineingetragen – und wirken.

Unbefriedigte Bedürfnisse kommen wieder

Sie treten aus dem Hintergrund hervor und nehmen Gestalt an. Die meisten Erwachsene beherrschen die Fähigkeit, aktuelle Bedürfnisse unbefriedigt zu unterdrücken und ihre Befriedigung zu vertagen. Mit jedem erneuten Vertagen der Befriedigung nehmen die Bedürfnisse jedoch an Vehemenz zu. So ist es kein Wunder, wenn unbefriedigte Bedürfnisse meist zu einem für das Individuum überraschenden Zeitpunkt plötzlich nach „vorne preschen“ und das Verhalten des betroffenen Menschen bestimmen.

Je weniger ein Mensch von sich selbst und seinen Bedürfnissen weiß oder in Selbstdisziplin geübt ist, desto anfälliger ist er gegen solche „Bedürfnis-Attacken“.

Es macht also Sinn, zum einen mit den SchülerInnen über die Macht von Bedürfnissen zu sprechen, zum anderen aber aktiv das Problem anzugehen: Wir installieren ein gemeinsames Frühstück.

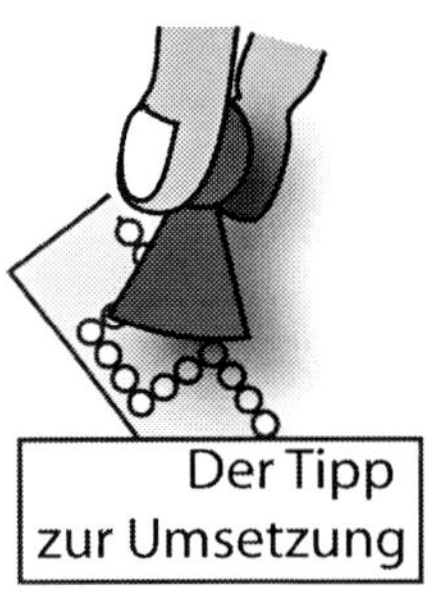

Besprechen Sie die Auswahl der Lebensmittel z. B. in einem Unterricht der Unterrichtsreihe zum Thema „Gesunde Ernährung“.

Und vergessen Sie nicht, die Ergebnisse dieses Unterrichts in einer Vitrine im Flur oder in der Pausenhalle zu präsentieren.

Gemeinsames Frühstück

Zielgruppe:	1. Klasse – Erwachsene
Übungsgrad	Sehr gut für Anfänger und jüngere Lernende
Trainierte soziale Fähigkeiten	fördert: Gemeinsinn, Rücksicht, Wir-Gefühl, Tischsitten, Gefühl für gemeinsame Mahlzeiten verhindert: Störungen u.a. durch Essen im Unterricht
Material	Geschirr, Besteck, Servietten, Tischdecke, Lebensmittel

Beschreibung:

Ein gemeinsames Frühstück entschärft die Lage und sorgt zusätzlich für ein Wir-Gefühl. Ein Frühstück legt den Grundstein dafür, dass SchülerInnen erfolgreich sein können.

Kleiner Hinweis: Halten Sie gemeinsame Mahlzeiten frei von Gesprächen, die den Unterricht betreffen. Der Tisch ist – wie das Bett – ein persönlicher Schutzraum vor Eltern, LehrerInnen und Vorgesetzten, in dem keine Dinge erzieherisch besprochen werden, die außerhalb dieses Ortes geschehen sind.

Glanzstunde

Das kennen Sie auch: Nach den ersten zwei Zusammentreffen mit einer neuen Klasse kennen Sie mindestens die Namen derjenigen, die besonders positiv oder besonders schlecht aufgefallen sind.

Letzteren gilt unser Augenmerk besonders, denn sie kündigen Kummer an. Doch diese SchülerInnen möchten nur Aufmerksamkeit. Sie möchten auch einmal wichtig sein. Wenn wir ihnen die Möglichkeit dazu geben, brauchen sie in der nächsten Zeit nicht mehr auffällig zu sein.

Beim ersten Kennenlernen und immer, wenn wir glauben, dass es wieder einmal nötig ist, halten wir eine Glanzstunde ab. Jeder darf, soll berichten, wann er das letzte Mal einen wirklich großen Erfolg gefeiert hat. Der darf sich natürlich im schulischen wie auch im außerschulischen Bereich ereignet haben. Für diese Glanztat erhält die SchülerIn Applaus.

Wichtig ist, dass wir das, was uns als Erfolg erzählt wird, zunächst einmal auch als solchen wahrnehmen. Auch wenn die „Glanztat" scheinbar banaler Natur war. Für *ihren* Erfolg erhält die SchülerIn erst einmal eine Würdigung.

Aus banalen Erfolgen lassen sich gut Ermutigungen ableiten, die zu neuen, vielleicht auch spektakuläreren Erfolgen motivieren.

Bei kriminellen Fähigkeiten geben wir keine positive Rückmeldung. Es bietet sich vielmehr die Gelegenheit, Normen und Werte ins Spiel zu bringen und zu überlegen, wie die hier geschilderten Energien sinnvoller und normengerecht genutzt werden können. Es muss deutlich werden, dass kriminelle Fähigkeiten nicht erwünscht sind. Wir können der SchülerIn aber für ihre Ehrlichkeit und für diese Gelegenheit, die sie uns geboten hat, danken.

Glanzstunden können zu lang nachhaltigen Sternstunden werden, die uns eine Menge Kummer aus dem Unterricht heraushalten können.

Aktives Zuhören üben

Glanzstunden müssen nicht zwangsläufig als Unterricht im Plenum ablaufen. Sie eignen sich hervorragend, um das „Aktive Zuhören“ zu üben.

Aktiv zuhören

Zielgruppe:	1. Klasse – Erwachsene
Übungsgrad	Sehr gut für Anfänger und jüngere Lernende
Trainierte soziale Fähigkeiten	zuhören, nachfragen, verstehen, anhören ohne Bewertung, beobachten, moderieren
Material	Papier, Schreibgerät

Beschreibung:

Drei SchülerInnen bilden eine Gruppe: Eine erzählt, eine hört aktiv zu und eine beobachtet die beiden.

Nach einer Zeit von ca. 5 Minuten tauschen die SchülerInnen die Rollen, so dass zum Schluss jeder berichtet, zugehört und beobachtet hat.

Am Ende berichtet jeder von dem Partner, dem er zugehört hat und wie es ihm in seinen verschiedenen Rollen ergangen ist.

Was macht mich einzigartig?

Zielgruppe:	1. Klasse – Erwachsene
Übungsgrad	Sehr gut für Anfänger und jüngere Lernende
Trainierte soziale Fähigkeiten	Selbstwahrnehmung, fördert: Selbstwertgefühl,
Material	Papier A 4, Schreibgerät

Beschreibung:

Die Beantwortung dieser Frage stärkt den SchülerInnen zwar das Selbstbewusstsein, stellt sie zu Beginn jedoch vor eine große Aufgabe. Jede muss für sich überlegen, welche Eigenschaften sie signifikant von den anderen Anwesenden im Raum unterscheiden. Die Aufgabenstellung sollte mindestens vier, maximal aber sechs Merkmale erfragen.

Die Beantwortung dieser Frage fördert die Selbstwahrnehmung und stärkt allein durch das Wahrnehmen der Einzigartigkeit das Selbstwertgefühl.

Diese Übung kann gut im Plenum und in Gruppen durchgeführt werden.

Was kann ich wirklich gut?

Eine Abwandlung der Einzigartigkeitsübung fragt nach fünf Fähigkeiten oder Eigenschaften, die eine SchülerIn wirklich gut an sich findet. Diese Übung ist etwas schwieriger, vor allem dann, wenn die SchülerInnen bisher mehr negative als positive Rückmeldung von anderen erfahren haben. Bestehen Sie dennoch darauf, dass jeder die geforderte Anzahl von Punkten findet.

Alle Übungen zur Selbstwahrnehmung können natürlich auch in einem „Ich – Du – (Vier) – Wir" – Szenario durchgeführt werden. Die Kleingruppen können auch überlegen, ob sie die einzelnen Fähigkeiten oder Eigenschaften kombinieren können. Es kann auch Aufgabe der Partner sein, diese Fähigkeiten z.B. schauspielerisch oder ohne Worte darzustellen.

Überlegungen zur eigenen Unterrichtsplanung

Eine sichere Lernumgebung begründen

Ziel der LehrerInnen-Aktivitäten im Rahmen des *Cooperative Learnings* ist es, SchülerInnen erfahren zu lassen, dass sie in Zusammenarbeit mit anderen einfacher, vertiefter und erfolgreicher lernen können. Nach etwa drei bis vier Monaten sollte jede SchülerIn mit allen anderen KlassenkameradInnen mehrfach erfolgreich gearbeitet haben. Während dieser Zusammenarbeitsphasen gibt jedes Gruppenmitglied immer auch eigene Ansichten oder Wertvorstellungen von sich Preis. Diese persönliche Veröffentlichungen machen es möglich, dass Mitlernende feststellen können: „Der denkt ja wie ich!“ – „Die hat ja interessante Ansichten!“ – „Ich hätte nie gedacht, dass man mit B. so gut reden/arbeiten kann.“

Der Austausch eigener Gedanken führt also immer zum Aufbau von vertrauensvollen und sicheren Arbeitsbeziehungen (→ sichere Arbeitsatmosphäre).

Insbesondere die sichere Lernumgebung ermöglicht, dass im Fortgang des Schuljahres Lerninhalte intensiver erarbeitet werden können und die Grundlagen für ein tiefes Verständnis gelegt werden.

Gleichzeitig sorgt diese Vorgehensweise dafür, dass auch die schwächeren SchülerInnen von dieser Arbeitsweise profitieren und nicht frühzeitig aus dem Lerngeschäft aussteigen.

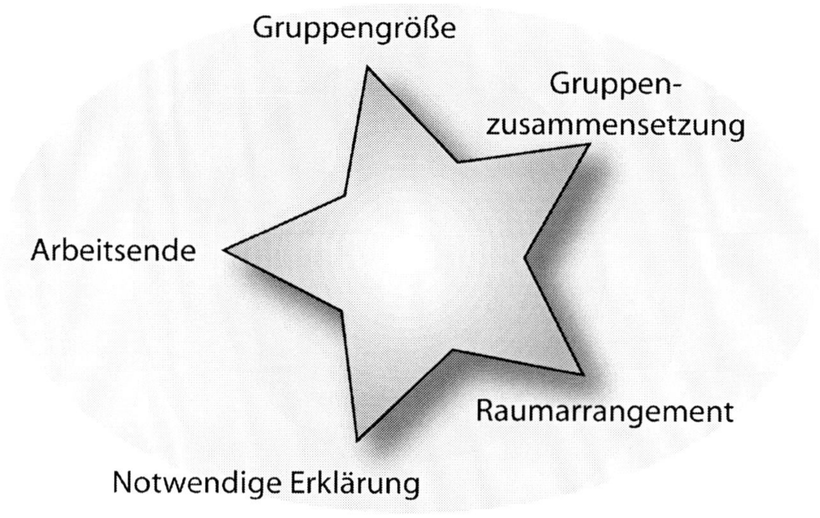

Abb. 71: Aspekte der Planung

Was muss bedacht werden?

Insbesondere, wenn die Gruppe in der Anwendung von *Cooperative Learning* unerfahren ist, sind fünf Aspekte zu beachten:

- die Größe der Gruppen,
- ihre Zusammensetzung,
- der Raum, in dem alles stattfinden soll,
- welche Erklärungen gegeben werden müssen und sollen
- und wie das Ende der Gruppenarbeit gestaltet werden soll.

Gruppengröße

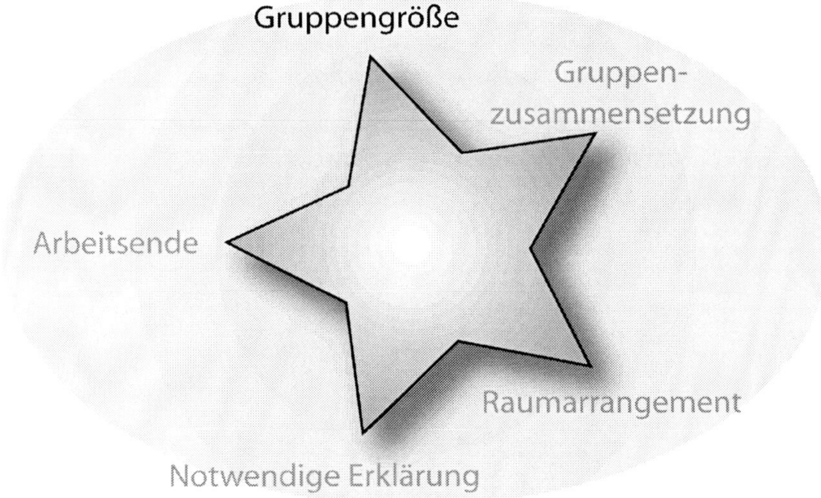

Häufig kann man im Unterricht beobachten, dass einzelne SchülerInnen sich schon bei der den Unterricht einleitenden Problemstellung ausklinken. Ein Grund dafür ist eine Gruppengröße, die nicht dem Umfang der gestellten Aufgabe oder den Fähigkeiten der SchülerInnen entspricht: Die Anzahl der Mitglieder im Team ist für ihr Verantwortungsgefühl gegenüber der Gruppe oder für die Aufgabe zu groß. Sie verlieren den Überblick.

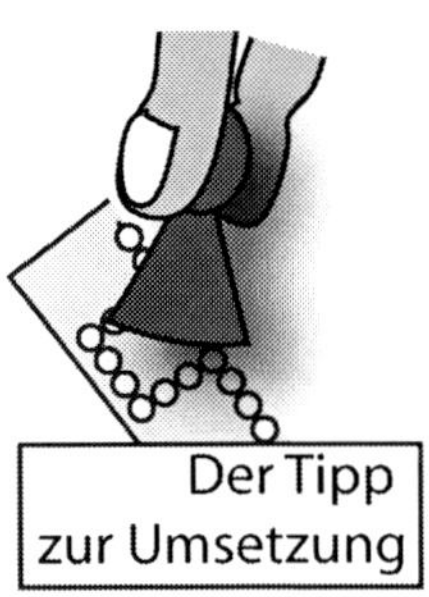

Am effektivsten sind gerade am Anfang kleine Gruppen: Paare oder Trios. Bei Planung der Gruppengröße können Ihnen folgende Gedanken helfen:

- Wenn Sie mit *Cooperative Learning* in Ihrer Klasse beginnen und/oder die SchülerInnen neue soziale oder fachliche Inhalte erschließen sollen, sind Paare die obligate Teamgröße.
- Die SchülerInnen sind bisher in der Regel nicht in Teamarbeit ausgebildet. In Paaren lernen sie am intensivsten, welche Fähigkeiten sie für Teamarbeit benötigen.
- Bei Paaren ist die Interaktionsmöglichkeit für jedes Teammitglied am größten.
- Durch immer neue Paarbildung haben in relativ kurzer Zeit alle SchülerInnen mindestens einmal mit einander gearbeitet.
- Wird die Zeit der Zusammenarbeit kurz gehalten, bleiben beide PartnerInnen sehr intensiv bei der Arbeit.
- Werden mehr Ideen benötigt, kann man
  a) die Gruppen von vorne herein größer wählen;
  b) zwei oder drei Paare in einem zweiten Schritt zusammenarbeiten lassen.

Eine Liste mit den Namen der MitschülerInnen hilft der einzelnen SchülerIn, im Lerntagebuch zu protokollieren, mit wem sie wann wie zusammengearbeitet haben und selbst den Überblick zu behalten:

Deine PartnerIn	Datum	Thema	Wie war die Zusammenarbeit?
Petra	15. 4.	Pythagoras	super, hat tolle Ideen
Mike	10. 5.	Euklid	kann super erklären!
Svenja			

Gruppenzusammensetzung

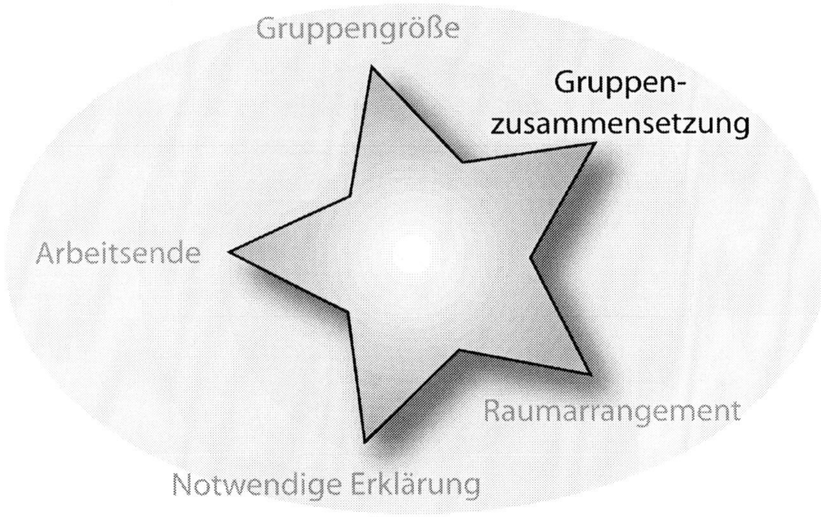

Die Zusammensetzung der einzelnen Gruppen kann aus verschiedenen Aspekten beleuchtet werden. Sie ist in der Regel von Heterogenität geprägt, denn die einzelnen Teammitglieder sollen immer von den Stärken oder vom Anderssein der PartnerInnen profitieren.

Durch diese Vorgehensweise lernen die SchülerInnen, dass vom Anderssein nicht automatisch eine Bedrohung ausgeht, sondern dass das Anderssein auch eine Bereicherung darstellen kann. Sie können erfahren, dass ihnen in diesem Augenblick die Chance gegeben wird, neue Sichtweisen kennen zu lernen und sich weiter entwickeln zu können.

Es bieten sich sechs Gesichtspunkte an, unter denen die Zusammensetzung der Teams betrachtet und bewertet werden kann.

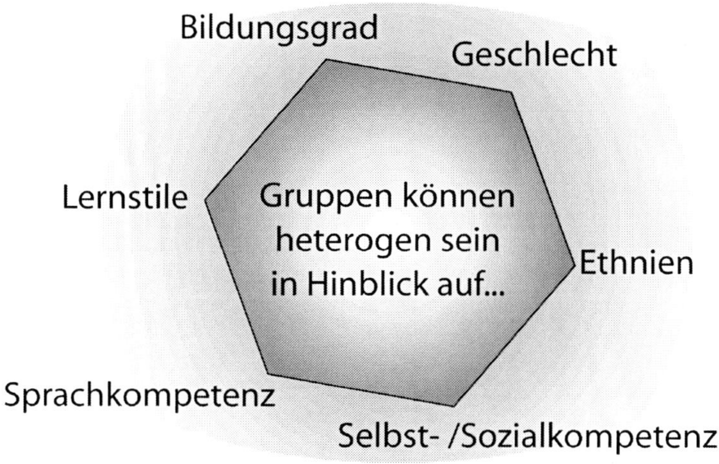

Abb. 72: Aspekte der Gruppenbildung

Bildungsgrad	Damit eine SchülerIn von anderen lernen kann, arbeiten AnfängerInnen und Erfahrene in einer Gruppe zusammen. Dabei sollten die Kompetenzunterschiede aber nicht so groß sein, dass sich die PartnerInnen nichts zu sagen hätten oder eine die andere(n) dominierte.
Geschlecht	In der Regel sind gemischte Teams vor allem unter dem Aspekt der Chancengleichheit von Frauen und Männern zu begrüßen. Auf Grund einer unterschiedlichen körperlichen und seelischen Entwicklung, insbesondere während der Pubertät, können eingeschlechtliche Arbeitsgruppen aber viel effektiver (für die Mädchen) sein.

Ethnien	Es muss immer gewährleistet sein, dass die ethnische Zugehörigkeit kein Hinderungsgrund für eine Zusammenarbeit ist.
Selbst-/ Sozial-Kompetenz	Gleiche Kompetenzstufen innerhalb einer Gruppe führen auch in diesen Aspekten nicht zu Entwicklungen (2 scheue SchülerInnen haben i.d.R. nicht zusammen die große Außendarstellung!). Mögliche Ausnahme: Die Aufgabe ist mit einer bestechenden Belohnung verbunden.
Sprach-kompetenz	Viele SchülerInnen besitzen nur geringe oder fehlerhafte deutsche Sprachfähigkeiten oder sind in ihrer Redegewandtheit eingeschränkt. In Zweierteams finden diese SchülerInnen eine sichere Lernumgebung, um an diesen Kompetenzschwächen zu arbeiten. Diese Überlegung ist auf jeden anderen Lerninhalt übertragbar: Fähigkeiten in einer Fremdsprache, in Mathematik, in Geografie,...
Lernstile	Gruppen laufen sehr viel effizienter und nutzen Synergien, wenn die PartnerInnen unterschiedliche Lernstile bevorzugen: Ein visueller Typ ergänzt einen auditiven und umgekehrt. Zwei visuellen Typen fehlt die auditive Komponente.

Die LehrerIn bestimmt das Setting:

Es ist besser, dass die Teams zumindest in der Anfangsphase von der LehrerIn bestimmt werden! Überlässt man Teambildung einfach den SchülerInnen, bilden sich Cliquen und MitschülerInnen werden ausgegrenzt. Es findet keine neue Entwicklung statt.

Zufallsgruppen und Gruppenbildung durch die SchülerInnen bieten viel Konfliktpotential.

Lesen Sie ggf. dazu noch einmal Seite 112.

Bei fortgeschrittenen Gruppen kann man die Teambildung allerdings auch zum Unterrichtsgegenstand machen und Aspekte erarbeiten, unter denen sich Teams reflektiert und aufgabengerichtet bilden können.

Raum-Arrangement

Unterricht findet nicht auf der Wiese statt und die Räume sind häufig für Gruppenarbeit sehr klein.

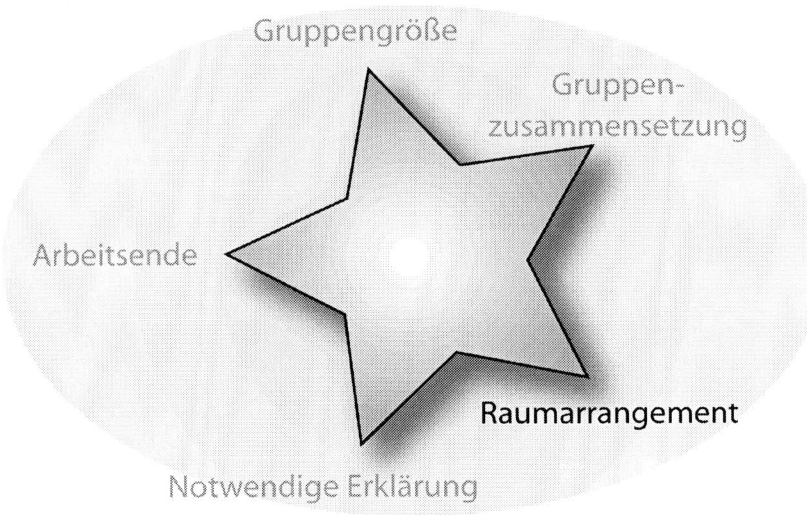

Und dennoch: Lassen Sie sich nicht entmutigen. Wenn Ihre SchülerInnen besser geworden sind und Sie ihnen mehr zutrauen und mehr vertrauen können, können sie auch ausweichen.

Generell sollten Sie beim Arrangement des Raumes auf folgendes immer achten:

Sitzordnung: Keine SchülerIn soll mit dem Rücken zu Ihnen bzw. zur Tafel sitzen müssen.

Vorbereitung:	Insbesondere bei unerfahrenen Gruppen, aber auch, wenn das Platzangebot klein ist, sollten Sie die Tische bereits in Gruppeninseln umgestellt haben. Dadurch erfahren Sie auch, wie viel Platz die neue Sitzweise benötigt. Übrigens: Nicht immer brauchen sie zwei Tische, um einer Gruppe eine Arbeitsinsel zu bauen, denn...
Kleine Abstände	... die Arbeitspartner sollen nicht zu weit von einander entfernt sitzen. Für Paare gilt: Nebeneinander oder unmittelbar gegenüber ist immer besser als quer über den Tisch. Bei Gruppen von mehr als zwei sitzen die Teammitglieder so, dass sie sich ins Auge sehen können (Face-to-Face-Interaction).
Leichter Zugang:	Sie müssen leicht zu den Gruppen gelangen. Es soll einen Punkt geben, von dem aus sie in jede Gruppe sehen können.

Erklärungen

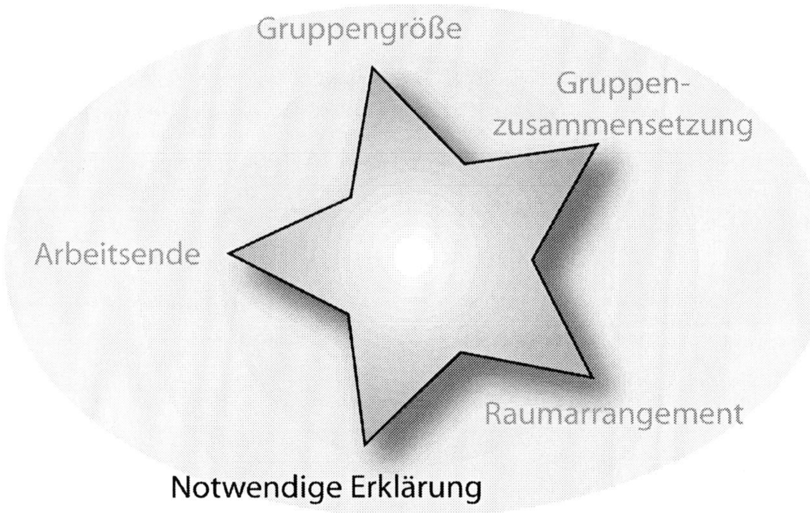

Überlegen Sie, wie viel Sie Ihren SchülerInnen über diese Unterrichtform erzählen wollen. Gar nichts zu erklären, bedeutet für die SchülerInnen: Entweder sie vertrauen Ihnen nicht oder Sie glauben, Sie erhielten sehr wahrscheinlich nicht die Ergebnisse, die Sie sich wünschen.

Bei der Vorbereitung sollten Sie sich darüber im Klaren sein, warum Sie an dieser Stelle Ihres Unterrichts Elemente des *Cooperative Learning* einsetzen wollen. Da unterscheidet sich *Cooperative Learning* nicht von anderen Vorgehensweisen: Ihre Anwendung muss sich aus dem Unterrichtsgeschehen ergeben, die Nützlichkeit relativ schnell erkennbar sein. Auch *Cooperative Learning* wird nicht aus Selbstzweck eingesetzt.

Wenn Sie sich als Unterrichtende klar sind, dann können Sie auch Ihre Gedanken (oder Teile davon) den SchülerInnen –und den Eltern- offenbaren.

Eltern und SchülerInnen sollten wissen,...

- warum die SchülerInnen lernen sollen, in Teams zu arbeiten;
- welche Vorteile es im Unterricht mit sich bringt, in Gruppen zu arbeiten;
- wie lang die jeweiligen Gruppenarbeitsphasen sein werden;
- welche Grundregeln für die Teamarbeit gelten sollen und wie man sicher stellt, dass diese Regeln eingehalten werden.

Darüber hinaus sind natürlich Erklärungen zur Aufgabe notwendig. Die Fähigkeit, komplexe Aufgaben zu überblicken, bestimmt, wie groß die einzelnen Schritte der Aufgabe sind und wie viele davon Sie bekannt geben: Je geringer die Kompetenz, desto kleiner sind die jeweiligen Arbeitsschritte. Sie veröffentlichen immer nur einen und lassen die SchülerInnen dann erst einmal arbeiten. Nach Abschluss dieses Schrittes veröffentlichen Sie den nächsten.

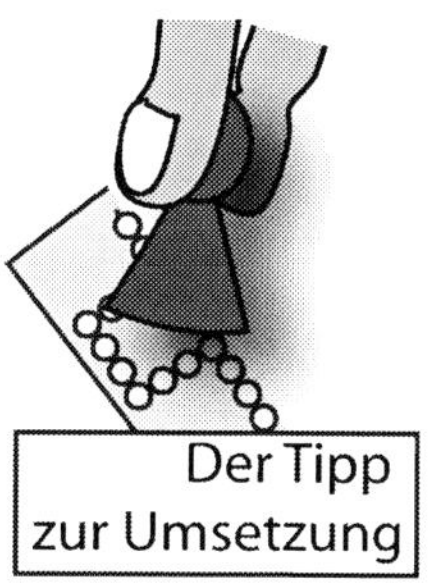

Arbeitsanweisungen sollten von den SchülerInnen nicht nur gehört, sondern auch gesehen werden. Deswegen bietet sich die Arbeit am OHP an.

Decken Sie die Teile der Arbeitsanweisung, die nicht veröffentlicht werden sollen, einfach mit einem Papierstreifen ab.

Ende der Teamarbeit

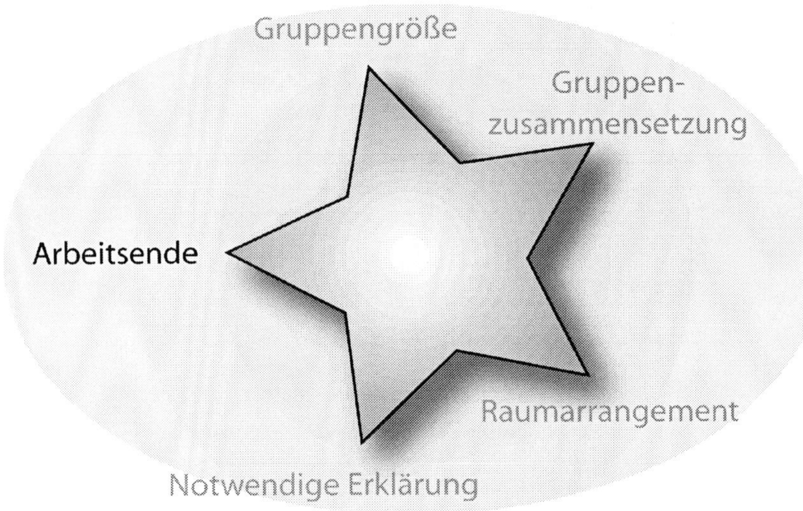

Wie jedes Geschehnis, so muss auch die Gruppenarbeitsphase einen Abschluss bekommen, um „rund“ zu sein. Die SchülerInnen können im Vorwege z.B. in einem *T-Chart* die Aktivitäten festhalten, die bei Beendigung der Gruppenphase geschehen sollen:

- „Auf Wiedersehen!“ sagen;
- Gruppenphoto oder Bild vom Partner zeichnen;
- Rückmeldung an den Partner z.B. mit einem „Du bist/hast ...“- oder „Du bist/hast ***nicht*** ...!“-Brief oder einer Notiz am Erfolgsbaum oder ins Buddy-Book.

8

Kapitel 8 – Welche Möglichkeiten habe ich noch?

Grundelemente

Die meisten Elemente des *Cooperative Learning* folgen dem Schema „**Ich – Du – Wir**" (*Think – Pair - Share*). D. h. die SchülerInnen beginnen eine Arbeitsphase damit, sich eigene Gedanken zu machen, tauschen sich dann im Paar aus und gehen mit ihren Ergebnissen ins Plenum. Somit bedient „Ich – Du – Wir" alle drei Lernbereiche, dem individualistischen Lernen, dem kooperativen Lernen und dem Arbeiten im Plenum.

„Ich – Du – Wir“ kann zum Kennenlernen genauso benutzt werden wie zum Erarbeiten fachlicher Lerninhalte. Eine ausführliche Beschreibung findet sich auf Seite 179. An dieser Stelle sollen Abwandlungen dieser Grundaktivität beschrieben werden. Darum soll es hier ausführlich beschrieben werden.

„Ich – Du – Wir"

Zielgruppe:	Vorschule – Erwachsene
Übungsgrad	Sehr gut für Anfänger und jüngere Lernende
Trainierte soziale Fähigkeiten	fördert: analytisches und problemlösendes Denken, Bereitschaft zum Aufbau von Beziehungen, Kommunikationsbereitschaft und –fähigkeit, Sprach- und Ausdrucksvermögen, aktives Zuhören, Toleranz, Selbstwertgefühl verringert: Bildung und Verfestigung bereits bekannter sozialer Strukturen, Intoleranz, Vorurteile gegenüber einzelnen, Ausgrenzung, „Anmache“, verbale und körperliche Gewalt gegenüber Menschen und Sachen.
Material	nichts, ggf. Schreiber, Papier zum Notieren von Gedanken

„Ich – Du – Wir“ erfordert eine bestimmte Reihenfolge der Anweisungen:

Anweisung	Begründung
1. „Überlege 30 Sekunden lang, warum...“ (Aufgabenstellung)	Mit Anweisung 1 initiiert die Unterrichtende die „eigenen Gedanken“, Ideen oder Phantasien.
2. „Suche Dir eine PartnerIn, mit der Du nicht an einem Tisch sitzt und mit der Du heute noch nicht gesprochen hast.“	Mit Anweisung 2 veranlasst die Unterrichtende zunächst die Lernenden, Gruppierungen, in denen sie sich heimisch fühlen, zu verlassen und neue Erfahrungen mit anderen Lernenden zu machen. Dazu müssen sie sich auch durch den Klassenraum bewegen. So werden alte, bekannte Strukturen aufgebrochen und alle Lernenden haben die Möglichkeit zu erfahren, dass sie auch mit denen, die sie bisher gemieden haben, arbeiten können.
3. „Tausche mit Deiner PartnerIn Ideen aus.“	Anweisung 3 fordert zur Kommunikation auf. Dabei erfahren die SchülerInnen auch Ansichten und Ideen ihrer PartnerIn Dieser Austausch zu zweit ist die Grundlage zur Bildung einer Arbeitsbeziehung.
4. „Du musst hinterher berichten können, was Deine PartnerIn Dir erzählt hat.“	In Verbindung mit Anweisung 3 wird deutlich, dass die jeweils Zuhörende in dieser Phase möglichst viel und dies möglichst genau von ihrer PartnerIn erfahren muss, um hinterher darüber berichten zu können.

5. „A, würdest Du bitte berichten, was Du von Deiner PartnerIn erfahren hast?“	Anweisung 3 sorgt darüber hinaus wiederum für eine sichere Lernatmosphäre, denn fällt einer Lernenden zu einem Thema nicht sehr viel ein, dann muss sie dies nicht auch noch selber berichten. Das macht schon ihre PartnerIn. Sie kann aber berichten, dass sie in diesem Gespräch viele neue Gedanken zum Thema bekommen hat und so auch aus dieser Situation eine positive Rückmeldung ziehen.

Im Anschluss an die letzte Phase können die SchülerInnen mit ihrer „neuen besten Freundin“ als Paar weiter arbeiten. Dies verfestigt und vertieft die Arbeitsbeziehung. Eine neue Problemstellung kann zunächst wieder individuell überdacht und anschließend z.B. in Form eines Interviews bearbeitet. Die Ergebnisse werden von der jeweiligen InterviewerIn protokolliert.

Nach Ablauf der Interviewzeit stellen die SchülerInnen ihre Gedanken der Klasse vor. Denken, Zuhören, Sprechen, Schreiben, Präsentieren sind die vorrangig trainierten Fähigkeiten.

Die sozialen Erfahrungen werden nach Beendigung einer Arbeitsphase ebenfalls reflektiert. Dabei lernen die SchülerInnen, was ihre PartnerIn in der Zusammenarbeit gut fand und an welcher Stelle sie selbst noch Verbesserungen einbringen möchte. Die Paare können vereinbaren, auf diese Verbesserung besonders zu achten.

Wir empfehlen, neue Erkenntnisse aus der Partnerarbeit in ein Lerntagebuch eintragen zu lassen. *(Mehr dazu auf Seite 339.)*

Ich – Schreiben – Du – Wir

(Think – Write – Pair – Share)

Zielgruppe:	1. Klasse – Erwachsene
Übungsgrad	Sehr gut für Anfänger und jüngere Lernende
Trainierte soziale Fähigkeiten	wie „Ich – Du – Wir“, zusätzlich: Gedanken schriftlich – ggf. in Stichworten – formulieren
Material	Papier, Schreibgerät

Beschreibung:

Bei dieser Aktivität wird bewusst Wert darauf gelegt, dass die SchülerInnen ihre Gedanken aufschreiben.

Mit ihrem Gedankenprotokoll gehen sie dann in die „Du“-Phase. Weiter wie oben.

Ich – Du – Vier (- Wir)

(Think – Pair – Square (– Share))

Zielgruppe:	1. Klasse – Erwachsene
Übungsgrad	Sehr gut für Anfänger und jüngere Lernende
Trainierte soziale Fähigkeiten	wie „Ich – Du – Wir“
Material	nichts
Anweisung	1. „Jedes Paar sucht sich ein zweites, mit dem es sich zusammenschließt.“ 2. „Jedes Mitglied stellt jetzt das vor, was es von seinem vorherigen Partner erfahren hat.“

Beschreibung:

Nach dem paarweisen Austausch werden die Paare aufgefordert, mit einem weiteren Paar eine neue Gruppe zu bilden und die Ergebnisse auszutauschen.

Dies ist eine Möglichkeit, dass zwei Paare eine Vierergruppe bilden, in denen jede ihre PartnerIn und deren Ideen und Ansichten vorstellt.

Kennenlern-Elemente

Kennenlern-Übungen dienen dazu, die Scheu, auf andere, fremde Menschen zuzugehen zu überwinden, und Vertrauen zum anderen aufzubauen. Sie zeigen den TeilnehmerInnen, dass ihnen in der aktuellen Gruppe nichts geschieht, auch wenn – oder gerade weil – sie sich den anderen öffnen oder diese etwas fragen. Nachdem der erste Baustein der Vertrauensbildung erfolgreich gelegt wurde, können sich zwei Menschen nicht mehr wie Fremde behandeln.

Das Gefühl von Sicherheit entsteht, wenn man Gesichter wieder erkennt, diesen Gesichtern Namen geben und den Namen Eigenschaften zuordnen kann. Alle Kennenlern-Übungen dienen diesem Zweck.

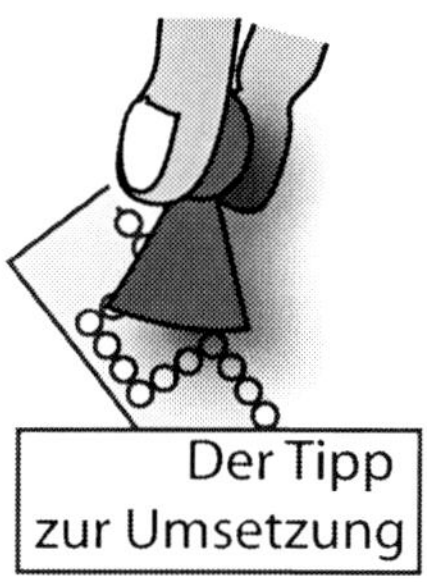

Die Kennenlern-Aktivitäten kann man auch dann anwenden, wenn die Lernenden sich schon einige Zeit kennen, um Ergebnisse zu bekommen, die nur bei größerer Vertrautheit offenbart werden.

Kennenlern-Übungen sind nicht nur am Anfang des Schuljahres wichtig. Im Laufe des Schuljahres helfen sie, immer wieder neue Seiten an seinen MitschülerInnen zu entdecken.

Sie müssen sich auch nicht grundsätzlich auf der verbalen Ebene abspielen. Übungen, die sportliche, künstlerische, schauspielerische, philosophische, schriftstellerische oder konstruktive Anteile enthalten, erlauben den SchülerInnen, sich gegenseitig von ganz vielen Seiten kennen und schätzen zu lernen. Gleichzeitig können sich alle SchülerInnen in diesen Teilaspekten ihrer Persönlichkeit entwickeln.

Um dies zum Kennenlernen zu nutzen, haben wir im folgenden einige Fragen zur Bearbeitung aufgelistet.

Namensforschung	Frage „Woher kommt Dein Vor- / Nachname?" - „Was bedeutet er?"
Vorlieben/ Abneigungen	Frage: „Was magst Du am liebsten? Was kannst Du nicht leiden?"
Lieblingsfarbe	„Was verbindest Du mit Deiner Lieblingsfarbe?"
Was denkst Du von...?	Jede TeilnehmerIn bekommt auf einem Zettel ein Zitat eines bekannten Menschen (oder auch unbekannten). Über dieses Zitat macht sich jede TeilnehmerIn eigene Gedanken und tauscht sich dann mit einer PartnerIn aus.
Ein Symbol für...	Die SchülerInnen müssen sich ein Symbol für ihre Gefühle zu einem Schlüsselwort überlegen, es aufzeichnen und danach erklären.

Finde jemanden, der...	„Finde jemanden, der Schuhgröße 36 hat!" Die TeilnehmerInnen müssen sich mit einem Arbeitsblatt durch die Gruppe fragen, um einen Menschen zu finden, der die definierten Eigenschaften hat. Wenn Sie diese PartnerIn gefunden haben, schreiben sie den entsprechenden Namen auf. Ähnlich wie beim Bingo können die, die vier Menschen gefunden haben, mit diesen zum Spielleiter kommen und ihre Ergebnisse vorstellen.
„Menschenjagd"	Abwandlung von „Finde jemanden, der..." Ziel ist es, Menschen zu finden die etwas gemeinsam haben: gleiches Interesse an Malerei oder Autoren, gleiche Augenfarbe, gleichen Geburtsort,...
Schatzsuche	Bei der Schatzsuche sollen verborgene, unbekannte Fähigkeiten der einzelnen GruppenteilnehmerInnen gefunden werden: BreakdancerIn, SchlagzeugerIn, FußballtrainerIn und viele andere Fähigkeiten verbergen sich hinter einzelnen SchülerInnen-Fassaden. Lassen Sie die Gruppenmitglieder solche Schätze suchen und heben. Überlegene Sie mit der Gruppe zusammen, wozu Sie diese Fähigkeit nutzen können.

Finde jemanden, der ....

am Wasser wohnt. Name: Beweis:	blaue Augen hat. Name: Beweis:	aus Aukrug kommt. Name: Beweis:	weiß, wo Auckland liegt. Name: Beweis:
Schuhgröße 37 hat. Name: Beweis:	ein Instrument spielt. Name: Beweis:	auf einem Bauernhof lebt. Name: Beweis:	erklären kann, was Photosynthese ist. Name: Beweis:
rote Strähnchen hat. Name: Beweis:	im 12. Stock lebt. Name: Beweis:	ein Tier besitzt. Name: Beweis:	das Wort "cornus" erklären kann.. Name: Beweis:
sehr lange Wimpern hat. Name: Beweis:	den gelben Gürtel hat. Name: Beweis:	eine Maus zeichnen kann. Name: Beweis:	der etwas über Konrad Adeneauer weiß. Name: Beweis:

Abb. 73: Muster für „Finde jemanden, der..."

Bei der Erstellung des Arbeitsblattes für „Finde jemanden, der“ und „Menschenjagd“ ist es für die GruppenleiterIn sehr hilfreich, etwas von den TeilnehmerInnen zu wissen, um die richtigen Fragen stellen zu können.

Man kann dieses Element aber auch zur Überprüfung oder Verfestigung von Wissen einsetzen. Dazu dienen Kriterien, wie sie in den grau unterlegten Feldern der Abb. 73formuliert wurden.

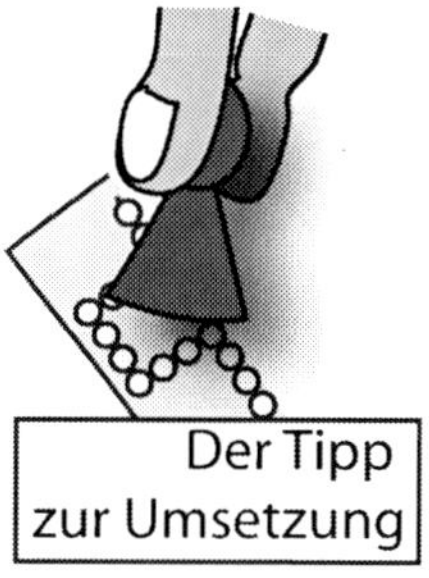

Wenig hilfreich sind Kriterien, die eine Person bloßstellen können wie Muttermale, bestimmte Wohngegenden, Beruf der Eltern, wenn Langzeitarbeitslosigkeit ein Problem ist, etc.

Hier bedarf es schon hervorragender Kenntnisse über den emotionalen Zustand der SchülerInnen, um in diesen Bereich vorzudringen. Das ist für erste Kontakte allerdings unnötig!

Freies Kennenlernen

(*Free Getting acquainted*)

Zielgruppe: 8. Klasse – Erwachsene

Übungsgrad Sehr gut für erfahrene SchülerInnen und ältere Lernende

Trainierte soziale Fähigkeiten Denken, Zuhören, Sprechen, Schreiben, Präsentieren

fördert: Partner aktiv suchen, Ideen und Meinungen formulieren und austauschen, Aktiv zuhören, gleichmäßige Beteiligung, sich kennen lernen

verringert: Cliquenbildung, allein bleiben, keine neuen Erfahrungen machen

Material ggf. Schreibgerät, Papier

Anweisung

1. „Such Dir sich eine PartnerIn, den Du nicht kennst und mit dem Du nicht an einem Tisch sitzt. Befrage ihn nach ....“
2. „Stelle Deinen Partner kurz vor!“

Beschreibung:

Jede TeilnehmerIn sucht sich jemanden, mit der sie nicht an einem Tisch sitzt und erfragt den Namen, die Herkunft, die Erwartungen an den Kurs/das Schuljahr,... Nach der Befragung stellen die TeilnehmerInnen ihre jeweiligen PartnerInnen vor.

Kennenlernen mit Venn-Diagramm

Zielgruppe: 4. Klasse – Erwachsene

Übungsgrad Sehr gut für Anfänger und jüngere Lernende

Trainierte soziale Fähigkeiten Denken, Zuhören, Sprechen, Schreiben, Präsentieren

Material Arbeitsblatt, Schreibgerät

Beschreibung:

Paaraktivität – die jeweilige FragerIn schreibt die Antworten, die sie erhält, auf. Erarbeitet werden gleiche und ungleiche Eigenschaften, Interessen.

Im Abschnitt A werden die Eigenschaften oder Interessen der SchülerIn A niedergeschrieben, die sie von B unterscheiden, im Abschnitt B die Eigenschaften von B, die sie von A unterscheiden. Im Abschnitt C wird niedergeschrieben, was A und B zusammen mögen oder auch nicht mögen: ... mögen keine Liebesfilme, ... sind Fans vom BVB

Arbeiten Sie bei diesem komplexen Arbeitsauftrag mit Medienunterstützung (Venn-Diagramm auf Folie)

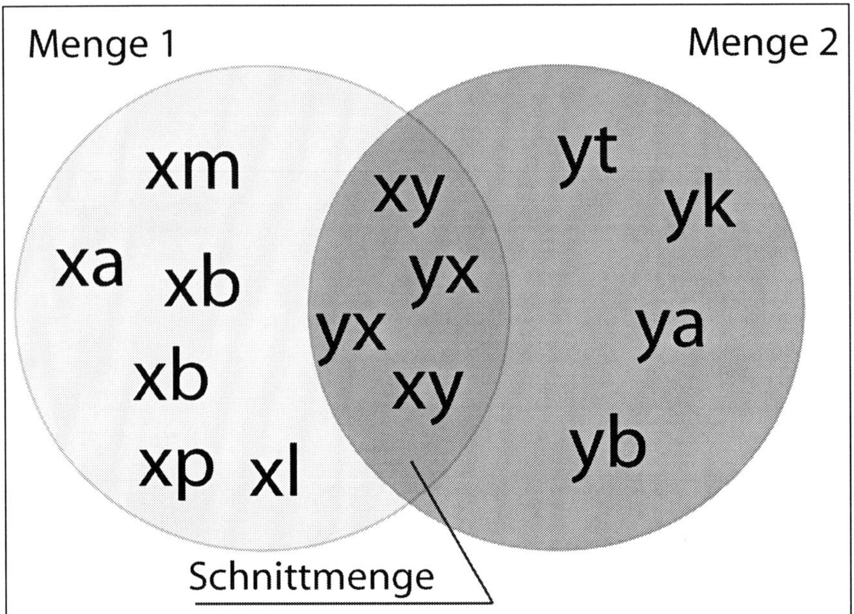

Abb. 74: Venn-Diagramm

Man kann den SchülerInnen helfen, in dem man ihnen Beispiel für Kriterien nennt: Geburtstage, was sie besitzen, was sie sich wünschen, Geschwister oder andere Familienmitglieder, Geburtsorte, Lieblingsferienorte,...

Namensschild

(Name Tag)

Zielgruppe:	2. Klasse – Erwachsene
Übungsgrad	Sehr gut für Anfänger und jüngere Lernende
Trainierte soziale Fähigkeiten	Denken, Zuhören, Sprechen, Schreiben, Präsentieren
Material	Namensschilder (A 5 oder A 6, 120 g/m²) Schreibgerät

Beschreibung:

Diese Aktivität ist gut zu Beginn des Schuljahres. Alle SchülerInnen stehen im Kreis. Jede hat ein Namensschild erhalten, das nicht ihr eigenes ist.

Die SchülerInnen singen, musizieren oder klatschen in die Hände. Stoppt die Musik/der Gesang/das Klatschen, wird eine SchülerIn ausgewählt, ihr Namensschild vorzulesen und die dazugehörende Person zu finden.

Namensschild - Memory

Zielgruppe:	2. Klasse – Erwachsene
Übungsgrad	Sehr gut für Anfänger und jüngere Lernende
Trainierte soziale Fähigkeiten	Denken, Zuhören, Sprechen, Schreiben
Material	Namensschilder (A 6 oder A 7, 120 g/m²) Schreibgerät

Beschreibung:

Die Unterrichtende legt die Namensschilder in einer zufälligen Reihenfolge auf einem Tisch aus. Jede SchülerIn kann auf diesen Tisch blicken. Auf Kommando drehen sich die SchülerInnen mit dem Rücken zu diesem Tisch; die Namensschilder werden auf die Vorderseite gelegt.

Nun muss sich jede SchülerIn erinnern, wo ihr oder ein anderes Namensschild lag.

Die Namensschilder werden mehrfach umgedreht und häufiger angeschaut.

c

Namensspiel

Zielgruppe:	3. Klasse – Erwachsene
Übungsgrad	Sehr gut für Anfänger und jüngere Lernende
Trainierte soziale Fähigkeiten	Denken, Zuhören, Erinnern, Sprechen,
Material	nichts

Beschreibung:

Die SchülerInnen stehen im Kreis. Schüler 1 (Robert) nennt etwas, was er gerne mag und mit dem ersten Buchstaben seines Namens beginnt: „Robert mag Räucherfisch!“. Tanja ist die nächste und wiederholt zunächst Roberts Satz und fügt einen eigenen dazu: „ Robert mag Räucherfisch! Tanja mag Tomaten!“

Die folgenden SchülerInnen wiederholen alle schon gesagten Sätze und fügen immer einen eigenen dazu.

Das erweiterte Namensschild

(Extended Name Tag)

Zielgruppe:	3. Klasse – Erwachsene
Übungsgrad	Sehr gut für Anfänger und jüngere Lernende
Trainierte soziale Fähigkeiten	Denken, Zuhören, Erinnern, Sprechen,
Material	A6 oder A 5- Papier 120 g/m², Schreibgerät
Anweisung:	1. Fertigen Sie sich ein Namensschild an. In die Mitte kommt Ihr Name. In der Ecke links oben geben Sie .... an, ...“ 2. weiter wie bei → “Nachdenken – paarweise austauschen- veröffentlichen“, Punkt. 2

Beschreibung:

Durch die Angaben in den Ecken werden die Lernenden veranlasst, etwas von sich zu erzählen. Die Unterrichtende muss darauf achten, dass sie durch die Aufgabenstellung nicht dafür sorgt, dass SchülerInnen mögliche Peinlichkeiten („Meine Eltern können mit uns nicht in Urlaub fahren!“) berichten müssen.

Danach folgt die Vorstellung dem „Ich – Du – Wir“ – Schema, wobei die Erstellung des Namensschildes die „Ich“-Phase darstellt.

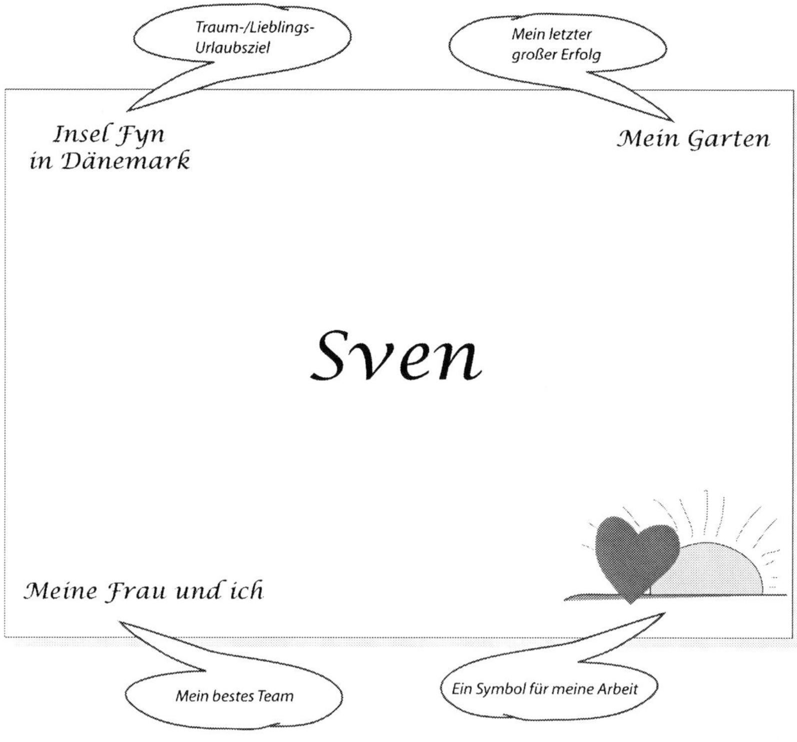

Abb. 75: Das erweiterte Namensschild

Das erweiterte Namensschild wird mit einer Wäscheklammer am Revers befestigt.

Natürlich ist die Aufteilung der Ecken frei. In der weiteren Betrachtung wollen wir uns jedoch auf Abb. 75 beziehen.

Wenn das erweiterte Namensschild mit der Bewusstmachung von Zielen verknüpft werden soll, können **oben links** schon Fragen gestellt werden wie:

- Warum bin ich hier?
- Meine Erwartungen an den Unterricht, das Seminar,...
- Was soll hier unbedingt passieren?
- Was möchte ich lernen?

Die Ecke **oben rechts** ist die „Glanzecke“. Hier werden die letzten großen erfolge gefeiert. Hier ist jede Frage erlaubt, die eine positive Selbstwahrnehmung fördert und somit zur Stärkung des Selbstwertgefühls führt.

Die Frage nach dem besten Team (Ecke **links unten**) soll die Sinne dafür schärfen, dass eigentlich jeder Mensch (Ausnahme: Eremiten und die Robinson Crusoes dieser Welt) in irgendeinem Team lebt oder arbeitet. Dieses Team kann die Familie, die LebenspartnerIn, die SportkameradInnen, KollegInnen, etc. sein.

In der **rechten unteren** Ecke sind die künstlerischen Ausdrucksmöglichkeiten gefragt. Symbole geben deutlicher über Gefühle Ausdruck als Worte. Außerdem erfahren die Lernenden, dass sie nicht nur mit Worten, sondern auch mit Zeichnungen Informationen transportieren können. Dies ist z.B. wichtig bei der Erstellung von Mindmaps und Concept-maps.

Das erweiterte Namensschild kann aber auch zur Abfrage von Ideen, Bewertungen, Ansichten und Einschätzungen benutzt werden. In jedem Fall gewährt es einen Einblick in die Gedankenwelt

c

„Ja! Du bist einzigartig!“

Zielgruppe:	4. Klasse – Erwachsene
Übungsgrad	Sehr gut für Anfänger und jüngere Lernende
Trainierte soziale Fähigkeiten	Denken, Zuhören, Sprechen, Schreiben, Präsentieren
Material	Schreiber, Papier, ggf Handout

Beschreibung:

Diese Übung stärkt zusätzlich das Selbstbewusstsein und die Selbstwahrnehmung. Auf Grund seines einzigartigen Chromosomensatzes ist jeder Mensch ein Unikat, ohne sich dessen bewusst zu sein. Die Erkenntnis, kein zweites Mal auf dieser Welt vorhanden zu sein, wird in dieser Übung herausgearbeitet bzw. verstärkt.

Im PartnerInnen-Interview erarbeiten die Lernenden zusammen, was die einzelne einzigartig in der Klasse macht.

Nach dem Interview muss die InterviewerIn ihre PartnerIn als einmaligen Menschen präsentieren. Alle Präsentationen können mit einem Bild versehen und im Klassenraum aufgehängt wird.

Lassen Sie diesen Unterricht nicht tierisch ernst ablaufen. Auch wenn Sie darauf achten, dass jede TN seelisch und körperlich unverletzt aus diesem Unterricht kommt, darf der Spaß nicht zu kurz kommen.

Hier einige Ideen zur Bearbeitung:

- Geburtsort, Geburtstag und –zeit
- eigene Nationalität oder die der Eltern
- zusätzliche Sprachkenntnisse (Russisch, Afghanisch, Spanisch,...)
- Tatoo, Piercing, besondere Haarfarbe
- Haustiere
- Hobbies/ besondere Fähigkeiten
- Kinderkrankheiten/Operationen etc.

c

Magenfreu(n)de

Zielgruppe: 1. Klasse – 9. Klasse, BV, ggf. Erwachsene

Übungsgrad Sehr gut für Anfänger und jüngere Lernende

Trainierte soziale Fähigkeiten Denken, Zuhören, Sprechen, Schreiben, Präsentieren

Material Blatt liniertes Papier, Schreiber

Anweisung/ Beschreibung:

1. „Schreibe auf eine Seite des Papiers Deine fünf Lieblingsgerichte/-lebensmittel."
2. „Finde mindestens drei MitschülerInnen, die Deine Gelüste mit Dir teilen. Schreibe den Namen dieser SchülerInnen neben die Lebensmittel/Gerichte, die sie mögen."
3. „Finde auch heraus, wo sie am liebsten essen und schriebe das zu den Namen."

Wenn die Unterrichtende nachher eine SchülerIn aufruft, beschreibt diese eine MitschülerIn von ihrer Liste.

c

Bilderpuzzle / Mosaik

(Make a picture)

Zielgruppe:	1. Klasse – Erwachsene
Übungsgrad	Sehr gut für Anfänger und jüngere Lernende
Trainierte soziale Fähigkeiten	Denken, Zuhören, Sprechen, Vorstellungskraft entwickeln
Material	zerschnittene Bilder

Beschreibung:

Zerschneiden Sie ca. 8 Bilder aus einem Magazin in mehrere Teile. Verteilen Sie die Mosaikstücke an die SchülerInnen und fordern Sie sie auf, die Einzelteile wieder zu ganzen Bildern zusammen zu setzen. Die SchülerInnen müssen mit anderen zusammenarbeiten und sprechen, damit sie das endgültige Bild wiederherstellen können.

Abb. 76: Bilderpuzzle

c

Karriere-Kurve

Zielgruppe:	8. Klasse – Erwachsene
Übungsgrad	Sehr gut für Anfänger und ältere Lernende
Trainierte soziale Fähigkeiten	wortlos verstehen, abschätzen, präsentieren
Material	lange, bunte Pfeifenreiniger

Beschreibung:

Die TeilnehmerInnen werden aufgefordert, die Pfeifenreiniger so zu verbiegen, dass sie den Verlauf ihrer Karriere bis heute darstellen. Danach erklären sie ihre Karrierekurve.

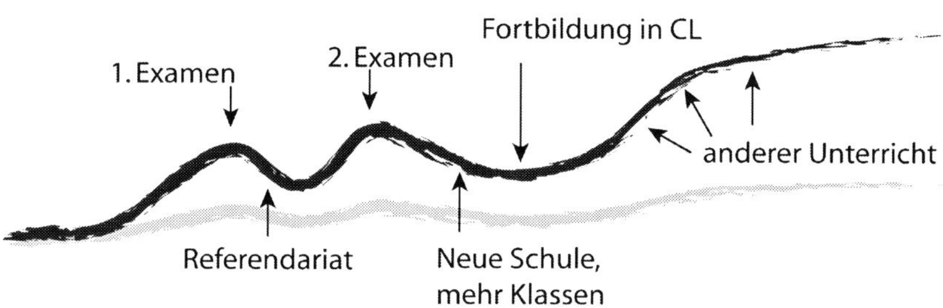

Abb. 77: Pfeifenreiniger als Karrierekurve

c

Methodenkiste

Schatzsuche

(*Treasure Hunt*)

Zielgruppe:	1. Klasse – Erwachsene
Übungsgrad	Sehr gut für Anfänger und jüngere Lernende
Trainierte soziale Fähigkeiten	Denken, Zuhören, Sprechen, Schreiben, Präsentieren
Material	Die LehrerIn muss nichts mit bringen. Das Material haben die SchülerInnen in ihren Hosentaschen oder Federmäppchen.

Beschreibung:

Die TeilnehmerInnen werden aufgefordert, einen Gegenstand aus ihrer Hosentasche oder aus ihrem Federmäppchen zu holen und zu berichten, was dieser Gegenstand mit ihnen zu tun hat.

Erste Arbeitsgruppen

Die Bildung starker Teams beginnt immer mit der Paarbildung. „Ich – Du – Wir" (*Think – Pair – Share*) ist, wie wir schon gesehen haben, eine der Basisaktivitäten (*siehe* S. 179), die zunächst dafür sorgt, dass sich SchülerInnen paarweise treffen und die eigenen Gedanken austauschen.

Von diesem Element lassen sich verschiedene Paar- bzw. Kleingruppenaktivitäten ableiten:

Abb. 78: Ableitungen von „Ich – Du – Wir"

Mit Hilfe dieser Aktivitäten lassen sich hervorragend und sehr einfach kleine Arbeitsgruppen gründen (vgl. auch Seite 262)

c

Ideenbörse

(*Give & Get*)

Zielgruppe:	1. Klasse – Erwachsene
Übungsgrad	Sehr gut für Anfänger und jüngere Lernende
Trainierte soziale Fähigkeiten	Denken, Zuhören, Sprechen, Schreiben, Präsentieren; Synergien erkennen und nutzen
Material	Nichts; ggf. Schreibgerät und Papier

Beschreibung:

Diese Aktivität beginnt zunächst wie „Ich– Du– Wir“.

Der eigentliche Unterschied ist, dass die Lernenden mit dieser Aktivität lernen, bewusst das geistige Potential Ihrer PartnerIn zu nutzen. Sie sollen sich Gedanken der PartnerIn aneignen und ggf. darauf aufbauend neue eigene Gedanken entstehen lassen.

Anweisung:

1. „Machen Sie sich Gedanken zu ....“
2. „Suchen Sie sich eine PartnerIn, die ....“
3. „Tauschen Sie mit Ihrer PartnerIn Ihre Gedanken aus. Notieren Sie drei Gedanken, die Sie von Ihrer PartnerIn bekommen haben. Wie können Ihnen diese Gedanken weiterhelfen?“

Das erweiterte Namensschild haben wir auf Seite 274 schon beschrieben. Hier ist eine andere Namensschildaktivität

c

Das erweiterte Namensschild II

(*Extended Name Tag II*)

Zielgruppe:	3. Klasse – Erwachsene
Übungsgrad	Sehr gut für Anfänger und jüngere Lernende
Trainierte Fähigkeiten	Denken, Zuhören, Sprechen, Schreiben, Präsentieren
Material	Schreibpapier(streifen) Stärke 120 g/m²
	Filzstifte, die etwas dicker schreiben

Beschreibung:

Die SchülerInnen werden aufgefordert, zu jedem Buchstaben ihres Vornamens eine Wort zu finden, das sie beschreibt. Entweder beginnt das gesuchte Wort mit jeweils einem Buchstaben des Namens oder ist dieser Buchstabe ist in dem gesuchten Wort enthalten.

K ollegial
krit i sch
lösungso r ientiert
qualitätsbewu s st
phan t asievoll
engagi e rt
i n novativ

Abb. 79: Erweitertes Namensschild II

c

Assoziieren

Zielgruppe:	1. Klasse – Erwachsene
Übungsgrad	Sehr gut für Anfänger und jüngere Lernende
Trainierte soziale Fähigkeiten	Denken, Zuhören, Sprechen, Schreiben, Präsentieren
Material	Papier, Schreiber (haben die SchülerInnen selbst)

Beschreibung:

Die SchülerInnen werden aufgefordert, zu einem Stichwort Begriffe zu finden, die einen Buchstaben des Stichworts enthalten. Diese Phase entspricht der „Ich"–Phase. Danach erfolgt die „Du"– und die „Wir"-Phase.

Schüler-orientiert
erfolgreich werden
Mathematik
Zauberlehrling
cooperative learning
Förderung

Abb. 80: Assoziieren

c

Kugellager

(*Inner - Outer Circle*)

Zielgruppe:	1. Klasse – Erwachsene
Übungsgrad	Sehr gut für Anfänger und jüngere Lernende
Trainierte soziale Fähigkeiten	Denken, Zuhören, Sprechen
Material	nichts

Beschreibung:

Die Gruppenbildung kann z.B. über ein → *Line-up* erfolgen. Die Lernenden bilden zwei Gruppen, von denen eine einen Innenkreis, die andere den Außenkreis bildet. Jeder TeilnehmerIn des inneren steht eine TeilnehmerIn des äußeren Kreises gegenüber.

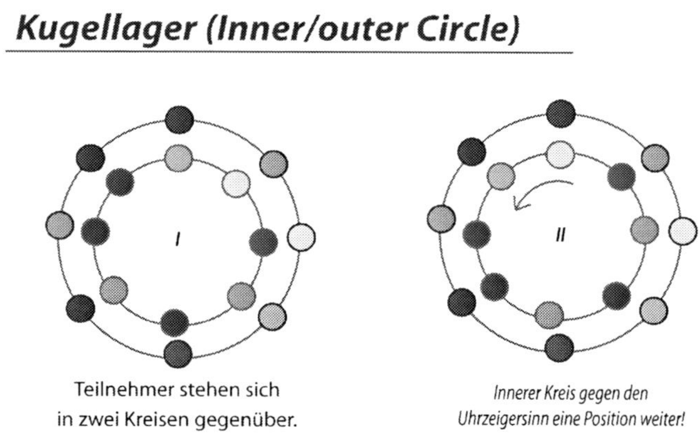

Abb. 81: Kugellager

c

Eckengespräch

(*Four Corners*)

Zielgruppe:	1. Klasse – Erwachsene
Übungsgrad	Sehr gut für Anfänger und jüngere Lernende
Trainierte soziale Fähigkeiten	Denken, Zuhören, Sprechen, Schreiben, Präsentieren
Material	für dieses Element selber nichts

Beschreibung:

Beispiel: Für eine Problemlösung bieten Sie vier mögliche Lösungen an. Die SchülerInnen sollen sich für eine Lösung entscheiden.

Nach einer kurzen Denkpause („Ich") ordnen Sie jeden Lösungsvorschlag einer Ecke des Klassenraumes zu und fordern die SchülerInnen auf, in "ihre" Ecke zu gehen. Zunächst in 2er-Gesprächen („Du"), dann zu viert („Vier"), zu acht und dann innerhalb der ganzen Gruppe begründen die SchülerInnen, warum sie ihre Ecke gewählt haben.

Aus der Fülle der Meinungen soll dann eine Begründung (oder mehrere Begründungen) für die Wahl der Ecke dargestellt werden („Wir").

Eckengespräch (Four Corners)

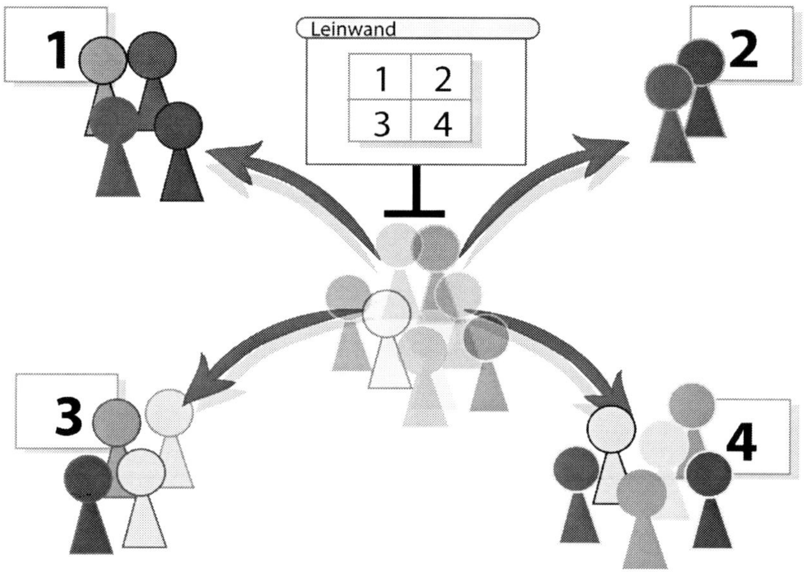

Abb. 82: Eckengespräch

Nachdem die TeilnehmerInnen bekannt gegeben haben, warum sie sich für eine Ecke entschieden haben, kann die Unterrichtende ihnen die Möglichkeit geben, sich für eine andere Ecke zu entscheiden.

Auf diese Weise haben die SchülerInnen die Möglichkeit, sich von den Argumenten der anderen überzeugen zu lassen und ihre zuerst gewählte Ecke zu verlassen.

c

Verabredungen treffen I

(*Making appointments I*)

Zielgruppe:	1. Klasse – Erwachsene
Übungsgrad	Sehr gut für Anfänger und jüngere Lernende
Trainierte soziale Fähigkeiten	Denken, Zuhören, Sprechen, Schreiben, Präsentieren
Material	Namensschilder
Anweisung:	„Vereinbaren Sie mit fünf Ihrer MitschülerInnen Treffen und vermerken Sie diese Termine auf Ihrem Terminzettel."

Beschreibung:

1. Die SchülerInnen werden aufgefordert, sich einen Terminzettel herzustellen. Definieren Sie, welche Uhrzeiten eingetragen werden sollen (alternativ: vorgefertigte Zettel).
2. Danach vereinbaren die SchülerInnen untereinander Termine, an denen sie sich treffen wollen.
3. Während des Unterrichts:
   A. „Überlegen Sie 35 Sekunden lang,..."
   B. „Treffen Sie sich mit Ihrer Verabredung für 15:00 Uhr und tauschen Sie sich aus."
4. Veröffentlichen der Ergebnisse.

Eine Kopiervorlage finden Sie auf Seite 372 ff und auf der Material-CD

Neben Uhrzeiten eignen sich alle möglichen anderen Unterscheidungsmerkmale wie Kontinente, Weltmeere, eine definierte Menge an Städten der Region oder Himmelsrichtungen:

c

Verabredungen treffen II

(*Making Appointments II*)

Zielgruppe:	2. Klasse – Erwachsene
Übungsgrad	Sehr gut für Anfänger und jüngere Lernende
Trainierte soziale Fähigkeiten	Denken, Zuhören, Sprechen, Schreiben, Präsentieren
Material	Namensschilder
Beschreibung:	1. Zu Beginn des Unterrichts zeichnen die SchülerInnen eine Windrose und benennen die Himmelsrichtungen (alternativ: vorgefertigte Zettel). 2. „Vereinbaren Sie mit vier Ihrer MitschülerInnen Treffen und vermerken Sie, welche Ihre PartnerInnen in welcher Himmelsrichtung ist." 3. Während des Unterrichts: A. Überlegen Sie 35 Sekunden lang,..." B. „Treffen Sie sich mit Ihrer PartnerIn im Osten und tauschen Sie sich aus." 4. Veröffentlichen der Ergebnisse.

Eine Kopiervorlage finden Sie auf Seite 372 ff und auf der Material-CD.

Was kommt danach?

Die Lernenden gehen mit ihrer neuen „besten FreundIn“ an einen Tisch, wo sie anschließend weiter zusammen arbeiten.

Sie können auch mit einem neuen Auftrag in eine zweite Partnerphase geschickt werden. Diese neue Phase kann im Anschluss zu größeren Arbeitsgruppen führen.

Weitere Instrumente

Es ist schon gut, wenn man über ein sehr breites Repertoire an Instrumenten gebietet, das SchülerInnen in die Gruppenarbeit bringt. Der erste Schritt dazu ist immer die Bildung von Paaren. Hierzu noch zwei Ideen:

Nachbar-Paar	„Suche Dir eine PartnerIn, die nah bei Dir sitzt. Dazu bekommst Du 15 Sekunden. Zeige durch Handschlag, wer Deine PartnerIn ist.“
Augenkontakt	„Such Dir eine PartnerIn über Augenkontakt und vereinbare eine Zusammenarbeit.“

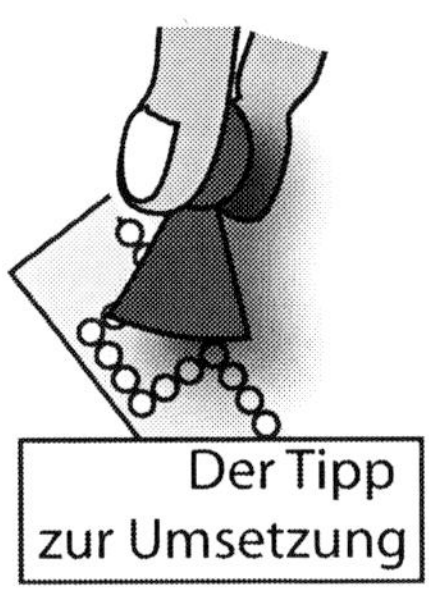

Wenn Sie in Ihrer Lerngruppe gerade mit Cooperative Learning anfangen, dann streuen Sie diese PartnerInnen-Arbeitsphasen locker in Ihren traditionellen Unterricht. Achten Sie darauf, dass diese Arbeitsform immer zu Erfolgen für die SchülerInnen führt! Dann klappt die Einführung wie von selbst!

Hand der Freundschaft

(*Hand of friendship*)

Zielgruppe:	1. Klasse – Erwachsene
Übungsgrad	Sehr gut für Anfänger und jüngere Lernende
Trainierte soziale Fähigkeiten	Denken, Zuhören, Sprechen, Schreiben, Präsentieren
Material	A 4 Papier, blanco, Schreibgerät

Beschreibung:

Die eigene Hand wird auf ein Blatt Papier als Umriss gezeichnet. In die Mitte des Umrisses schreiben die SchülerInnen ihren Namen, in die Finger Informationen über sich zu vorgegebenen Stichworten, die sie erzählen möchten.

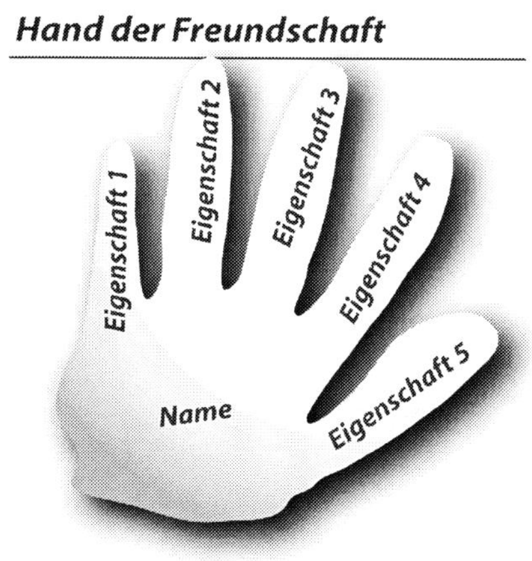

Abb. 83: Hand der Freundschaft

Größere Arbeitsgruppen bilden

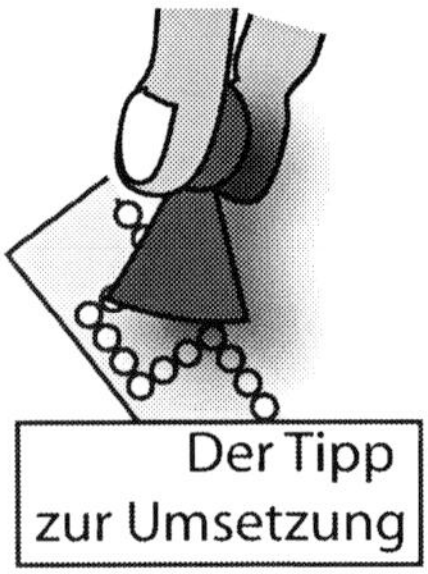

Aus der Partnerarbeitsphase ergibt sich, wie wir schon wissen, in der Regel die Möglichkeit, über „Vier" (*Square, vgl. S. 262*) Gruppen zu je vier Lernenden bilden zu lassen. Das ist eine gut zu führende Größe der Gruppen und ermöglicht, wenn die räumlichen Gegebenheiten da sind, einen Unterricht mit bis zu 8 Gruppen (= 32 (!) SchülerInnen).

Größere Arbeitsgruppen erfordern ein erhöhtes Maß an sozialen Fähigkeiten wie „Überblick erlangen und behalten", „an der Aufgabe bleiben", „freundlicher und vertrauensvoller Umgang mit einander", „klare Kommunikation".

Wenn Ihre SchülerInnen noch im Basistraining für diese sozialen Fähigkeiten sind, sollten Sie größere Arbeitsgruppen nicht langfristig installieren. Ebenso wichtig ist es, nach jeder Arbeitsphase den Gruppenprozess zu evaluieren, damit die SchülerInnen ihre Teamfähigkeiten verbessern können. Auch in diesem Fall ist es von großem Vorteil, wenn die einzelnen SchülerInnen nur von drei anderen MitschülerInnen eine Rückmeldung bekommen. Mehr Rückmeldungen führen eher dazu, dass wichtige Nachrichten nicht wahr genommen werden und verloren gehen.

Der letzte Punkt, den Sie beachten sollten, ist die Zusammensetzung der Gruppen.

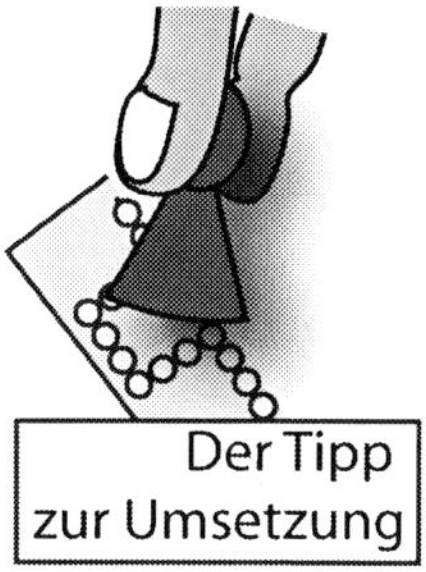

Achten Sie immer darauf, dass für Sie und die Lernenden deutlich ist, wer mit wem arbeitet.

Lassen Sie keine Tauschaktionen zu. In der Regel führt dies zu unnötigen und nicht gewinnbringenden Diskussionen, einer neuen Zuordnung und zu Zeitverlust.

Wie erzeugt man Arbeitsgruppen?

An dieser Stelle sei noch einmal an die Hinweise zur Gruppenbildung auf Seite 113 und zum Führungsverhalten auf Seite 120 erinnert.

LehrerInnen-gesteuerte Gruppenbildung ist sehr komfortabel, wenn Sie sich einiger der nachfolgend beschriebenen Methoden bedienen.

Die sehen fast immer aus wie Zufallsentscheidungen und bieten keine Angriffsfläche für Diskussionen. Bei entsprechender Vorplanung und mit etwas Übung in der Umsetzung müssen Sie sich also nicht als die „StrippenzieherIn im Hintergrund" outen, wenn Sie das nicht wollen.

Passende Karten

(Matching Cards)

Zielgruppe:	1. Klasse – Erwachsene
Übungsgrad	Sehr gut für Anfänger und jüngere Lernende
Trainierte soziale Fähigkeiten	Kommunikation; Bereitschaft, sich auf andere Menschen einzulassen und mit ihnen zu arbeiten; verhindert: Cliquenbildung
Material	Memorykarten oder Spielkarten oder Bilderpuzzle
Anweisung:	„Sie haben jeweils eine Karte/einen Teil einer Postkarte erhalten. Suchen Sie sich Ihre PartnerInnen, in dem Sie die dazugehörenden Teile finden!“

Beschreibung:

Sie planen x Gruppen zu je y Mitgliedern. Sie brauchen:
x zusammengehörige Kartensätze aus y Karten (z.B. 10, Bube, Dame, König, Ass aller Farben eines Skatspiels für 4 Gruppen zu je 5 Mitgliedern),
oder: x Postkarten, die sie jeweils zu y Teilen zerschnitten haben;
oder: .....

Sie verteilen die Karten oder Teile an die Lerngruppe. Sofern Sie dies geplant haben, geschieht dies zufällig. Natürlich können Sie auch planvoll dafür sorgen, dass bestimmte SchülerInnen mit anderen zusammenarbeiten müssen.

Sie können auch für jedes Fach „passende Karten“ herstellen, die gleichzeitig eine Lernkontrolle darstellen. Dazu einige Ideen:

Fach	Karte 1	Karte 2
Geografie	Staat	Hauptstadt
	Region	Fluss, Stadt, Berg
Geschichte	Jahreszahl	Ereignis, Person der Zeitgeschichte
Chemie	Elementname	wichtige Verbindung
	Element	Hauptgruppe, Massenzahl, Ordnungszahl
	Name eines Salzes	Kation, Anion
Mathematik	Graph	Funktionsgleichung
	Bruch	entsprechende Dezimalzahl
	berühmter Mathematiker	mathematische Entwicklung
Deutsch	Name eines Charakters	Stück, in dem dieser Charakter vorkommt
	Autor	Werk
	Teil 1 eines Zitates	Teil 2 des Zitates

Passende Teile

(Matching items)

Zielgruppe:	1. Klasse – Erwachsene
Übungsgrad	Sehr gut für Anfänger und jüngere Lernende
Trainierte soziale Fähigkeiten	Kommunikation; Bereitschaft, sich auf andere Menschen einzulassen und mit ihnen zu arbeiten; verhindert: Cliquenbildung
Material	diverse zerlegbare Gegenstände

Beschreibung:

Ähnlich wie beim Quartett bekommen die SchülerInnen verschiedene Einzelteile eines Ganzen. Für fünf Gruppen zu je vier SchülerInnen sind fünf „ganze“ Dinge (z.B. Zeichnungen, Kugelschreiber, Kleidungsstück) in vier Teile zerlegt worden. Aus einem Topf müssen die SchülerInnen nun ein Teil ziehen und die restlichen, dazu gehörenden Teile finden.

Unter dem Slogan „Finde die passenden PartnerInnen!“ kann man eigentlich alles zuordnen und so Gruppen bilden lassen: Blätter und Blüten zu Früchten, Farben zu Symbolen, Klänge und Bilder zu Tiernamen, Personen zu Ereignissen,...

In Linie aufstellen I

(Line-up I)

Zielgruppe: 1. Klasse – Erwachsene

Übungsgrad Sehr gut für Anfänger und jüngere Lernende

Trainierte soziale Fähigkeiten Denken, Zuhören, Selbsteinschätzung, Fremdeinschätzung, Einschätzung anderer, Kommunikation,

vermindert: Gruppeneinteilung nach Sympathie/Antipathie, Cliquenbildung, Abhängen leistungsschwächerer SchülerInnen,

Material

Beschreibung:

Die SchülerInnen werden aufgefordert, nach einem bestimmten Kriterium sich in einer Linie einzuordnen.

Als Kriterien können folgende Aspekte herangezogen werden:

Geburtstag (nur Tag und Monat, bei gleichem Datum das Jahr)

Körperlänge

alphabetische Reihenfolge des Vor-/Nachnamens

Stehen die SchülerInnen in einer Reihe, müssen Sie blitzschnell überprüfen, wer mit wem und wer mit wem nicht arbeiten soll.

Stehen zwei SchülerInnen nebeneinander, die nicht zusammen in einer Gruppe sein sollen, dann lassen Sie abzählen:

$$„1 - 2 - 3 - .... - \frac{Klassenstärke}{Gruppenanzahl}“$$

In Folge arbeiten alle Einsen, alle Zweien, usw. jeweils als Teams zusammen.

Sollen die zwei, die nebeneinander stehen, zusammen in einem Team arbeiten, dann sind auch jeweils „1 – 2 – 3 – ... “ ein Team.

Haben zwei, die nicht zusammen arbeiten sollen, die gleiche Nummer dann sind „1 – 2 – 3 – ... “ ein Team.

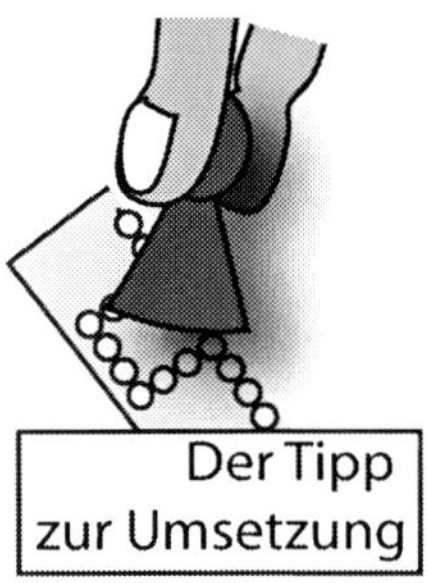

Bessern Sie das Einteilungsergebnis nicht nach! Sonst erwecken Sie bei den SchülerInnen fälschlicherweise den Eindruck, es gäbe etwas zu verhandeln.

Wie so oft im Leben hängt Ihre Glaubwürdigkeit auch hier davon ab, dass es so aussieht, als ob Sie auch diese Situation souverän im Griff haben.

Stellen Sie ggf. sicher, dass jede SchülerIn ihre Nummer kennt: „Alle Einsen heben bitte einmal die Hände! – Alle Dreien! - ...“

Weisen Sie den SchülerInnen ihre Gruppentische zu: „Die Einsen arbeiten bitte hier, die Zweien an dem Tisch, die Dreien ...!“

In Linie aufstellen II

(Line-up II)

Zielgruppe: 2. Klasse – Erwachsene

Übungsgrad Sehr gut für Anfänger und jüngere Lernende

Trainierte soziale Fähigkeiten Denken, Zuhören, Denken, Zuhören, Selbsteinschätzung, Fremdeinschätzung, Einschätzung anderer, Kommunikation,

verringert: Gruppeneinteilung nach Sympathie/Antipathie, Cliquenbildung, Abhängen leistungsschwächerer SchülerInnen,

Material nichts

Anweisung: „Bilden Sie bitte eine Linie! Dabei sollen Sie sich nach Ihren Kenntnissen in .... sortieren. Links (an der Tür) stehen diejenigen die sich ganz sicher sind, am rechten Ende diejenigen, die sagen: ‚Na ja, ich brauche noch sehr viel Übung!'“

Beschreibung:

Die SchülerInnen werden aufgefordert zu überlegen, in wie weit sie eine bestimmte Kompetenz besitzen. Danach sollen sie sich so in einer Linie einsortieren, dass ihre Position Auskunft über ihre Kompetenz gibt.

Stehen die SchülerInnen, dann sind z.B. links die kompetenteren, rechts stehen die leistungsschwachen.

Danach lassen Sie wieder abzählen:

$$„1 - 2 - 3 - .... - \frac{Klassenstärke}{Gruppenanzahl}“$$

Alle Einsen, Zweien, Dreien bilden jeweils eine Gruppe.

Durch dieses Verfahren stellen Sie sicher, dass in jeder Gruppe eine leistungsstarke und eine leistungsschwächere SchülerIn ist. Die SchülerInnen lösen die gestellte Aufgabe zusammen, die leistungsschwächeren werden dabei von den leistungsstärkeren unterstützt. Die Gruppe ist erfolgreich, wenn die Leistungsschwächeren das Ergebnis erklären können.

Weitere *Line-ups*:

In Linie aufstellen und falten

(Line-up and fold)

Zielgruppe: Wegen der teilweise großen Unterschiede an den beiden Enden eher für trainierte Gruppen mit großem Vertrauen geeignet.

Beschreibung:

Die SchülerInnen stellen sich in eine Linie auf. Danach schwenken die Flügel auf einander zu, so dass die SchülerInnen an den Ende der Linie sich schließlich gegenüberstehen.

Bei Aufstellung nach Kompetenz stehen sich wieder ein leistungsstarker und ein leistungsschwacher gegenüber.

Die unterrichtliche Einbindung von „*Line-ups*“ haben wir auf Seite 189 demonstriert.

Aufwärmübungen

Bildordner

(Picture Folder)

Zielgruppe:	1. Klasse – Erwachsene
Übungsgrad	Sehr gut für Anfänger und jüngere Lernende
Trainierte soziale Fähigkeiten	Ideen und Ansichten preisgeben und teilen
Material	mehrere Sammlungen von Bildern aus Zeitschriften oder anderen Quellen

Beschreibung:

In der Abwandlung „Bilderordner“ benutzt man an Stelle der Postkarten Bilder aus Zeitschriften. Jede SchülerIn bekommt einen Bilderordner und sucht sich das Bild heraus, das jetzt zu ihr und ihren Gefühlen passt.

Die Bilderordner, die eingesetzt werden, müssen in ihrer Zusammensetzung nicht identisch sein. Die Erstellung identischer Ordner ist mit einem zu hohen finanziellen und organisatorischen Aufwand verbunden und wirklich nicht notwendig.

Anders und doch gleich

Zielgruppe:	1. Klasse – Erwachsene
Übungsgrad	Sehr gut für Anfänger und jüngere Lernende
Trainierte soziale Fähigkeiten	Denken, Zuhören, Sprechen, Schreiben, Präsentieren
Material	Platzdeckchen Blatt Papier (*siehe* Seite 375)

Beschreibung:

Die TeilnehmerInnen sitzen um ein Platzdeckchen herum. Eine TeilnehmerIn nennt eine Eigenschaft und Vorliebe. Teilen alle TeilnehmerInnen diese Vorliebe oder haben sie diese Eigenschaft auch, dann wird dieser Aspekt in die Mitte geschrieben.

Teilt die TeilnehmerIn diese Vorliebe oder Eigenschaft mit keinem anderen, schreibt sie den Aspekt in ihr Feld.

Nun ist der nächste Teilnehmer dran.

Das Bild ohne Worte

Zielgruppe: 1. Klasse – Erwachsene

Übungsgrad Sehr gut für Anfänger und jüngere Lernende

Trainierte soziale Fähigkeiten wortlos verstehen, Gedanken erkennen, aufnehmen und weiter führen

Material 1 A 3 oder A 2-Papierbogen, Malstifte

Beschreibung:

Die TeilnehmerInnen sitzen an ihrem Gruppentisch. Vor ihnen liegen das weiße Blatt Papier und die Malstifte. Die LehrerIn fordert nun die Gruppen auf, ein gemeinsames Bild zu malen, ohne dabei miteinander zu reden. Die TeilnehmerInnen sollen nicht gleichzeitig, sondern immer nacheinander malen.

Zeitbegrenzung: ca. 20 Minuten

Nach Beendigung der Aufgabe erklären die TeilnehmerInnen, was ihr Bild zeigt und wie sie sich während des Herstellungsprozesses gefühlt haben.

Das Bild ohne Worte ist eine Aufwärmübung, die etwa 20 Minuten zuzüglich einer Besprechungszeit von 4 Minuten pro Gruppe benötigt!

Nach einigen Monaten, in denen Sie mit den SchülerInnen immer wieder die Paar- und Gruppenbildung geübt haben, hat schließlich jeder mit jedem häufiger gearbeitet. Es ist eine gute Vertrauensgrundlage geschaffen worden und es haben sich erste Verhaltensmuster installiert, die ein effektives Arbeiten in Gruppen ermöglichen. Ihre SchülerInnen haben Spaß an der selbständigen Arbeitsform.

Das ist der Zeitpunkt, an dem sie nun...

Langzeit-Teams bilden

Der Sinn von Langzeit-Teams ist es, stabile Arbeitsgemeinschaften zu bilden, die auch über den eigentlichen Unterricht hinaus zusammen arbeiten. Langzeit Teams benötigen eine besondere Form von positiver Abhängigkeit: Sie benötigen eine gemeinsame Identität.

Banner building

Banner, Lieder, ein gemeinsamer Slogan, uniforme Kleidung, ein Logo sorgen einzeln oder gemeinsam für eine *Corporate Identity.*

Corporate Identity vermittelt dem einzelnen, dazu zu gehören, Teil eines großen Ganzen und damit aufgehoben zu sein. Somit sind Langzeit-Teams ein wichtiges Element, das Sicherheit vermittelt.

Ein Banner kreieren

(Banner building)

Zielgruppe:	1. Klasse – Erwachsene
Übungsgrad	Sehr gut für Anfänger und jüngere Lernende u.a. wegen des Zeitaufwandes aber erst sinnvoll bei Teams, die länger beibehalten werden sollen.
Trainierte soziale Fähigkeiten	Denken, Zuhören, Sprechen, Schreiben, Präsentieren, Förderung persönlicher Kreativität, Offenlegung eigener Ansichten, Diskussionsfreude, Kompromissbereitschaft, Zusammenarbeit, Demokratie verstehen und leben
Material	Flipchart-Papier, dicke Filzstifte, Schere

Beschreibung:

Die Teams werden aufgefordert, sich einen Namen und ein Logo zu geben. Bei musischen Klassen kann auch ein Lied passend sein.

Die TeilnehmerInnen müssen nach der Arbeitsphase (ca. 30 Minuten) ihr Ergebnis vorstellen und begründen. „Wir heißen die..., weil wir..."

Daten sammeln und bearbeiten

Brainstorming

Zielgruppe:	3. Klasse – Erwachsene
Übungsgrad	Sehr gut für Anfänger und jüngere Lernende
Trainierte soziale Fähigkeiten	Denken, Zuhören, Sprechen, Schreiben, Präsentieren
Material	Papier, Schreiber

Beschreibung:

Brainstorming ist eine phantastische Methode, um nach neuen Lösungen zu suchen. Sie dient der Sammlung von Ideen. Professionelles Brainstorming steht auf vier unverzichtbaren Säulen:

Geschwindigkeit: Die TeilnehmerInnen sollen in kurzer Zeit ihre Ideen nennen. Durch die Zeitvorgabe soll verhindert werden, dass sie schon im Vorwege Ideen selbst killen.

Verrücktheit: Alles, was denkbar ist, darf genannt werden. Nichts ist unmöglich, bevor es nicht überprüft wurde.

Synergie: Eine Idee kann auf einer anderen aufbauen.

Ohne Bewertung: Jede Idee ist gleich viel wert. Es darf keine Normen und Einschränkungen in dieser Phase geben.

Alle TeilnehmerInnen/SchülerInnen eines Teams sagen schnell alles, was ihnen zu einem Schlüsselbegriff einfällt. Eine SchriftführerIn (Rolle!) sammelt die Begriffe.

Brainstorming – im Keim erstickt!

Ein schlechtes Beispiel (tatsächlich geschehen auf einer LehrerInnen-Konferenz in 2002):

Eine Schulleitung möchte die Kreativität der KollegInnen zu einem bestimmten Thema nutzen und deren Ideen zur Lösung des Problems erfahren. Gleichzeitig baut sie, warum auch immer, einen Ideenkiller ein: „Nicht alles, was wünschenswert ist, ist auch möglich!“

In den Köpfen der TeilnehmerInnen geht nun die Schere zwischen „Wünschenswertem“ und „Möglichem“ auf. Die Motivation zur Teilnahme an der Problemlösung ist „auf Null“; die eigene Kreativität wird sofort dem Filter der inneren Bewertung unterworfen.

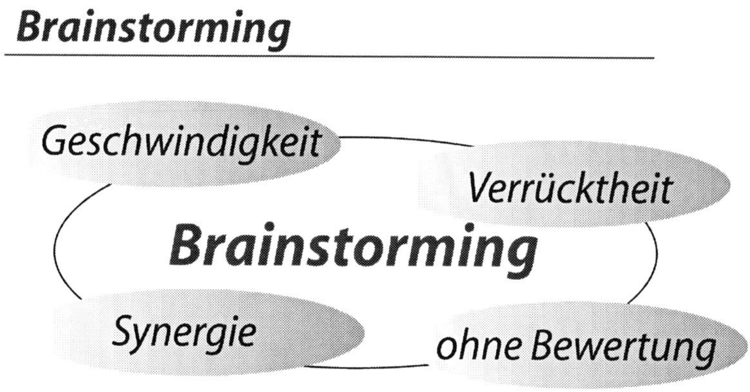

Abb. 84: Die vier Regeln des ***Brainstorming***

Platzdeckchen

(Placemat)

Zielgruppe:	3. Klasse – Erwachsene
Übungsgrad	Sehr gut für Anfänger und jüngere Lernende
Trainierte soziale Fähigkeiten	Denken, Zuhören, Sprechen, Schreiben, Präsentieren
Material	A2 oder A3-Blatt mit Einteilung

Beschreibung:

Die SchülerInnen machen sich zu einer Aufgabe Gedanken und schreiben ihre Beiträge in das für sie vorgesehene Feld "Beitrag von A", ...

Nach dieser individuellen Phase können die Beiträge ausgetauscht werden, in dem das Blatt um eine Position gedreht wird.

Ggf. darf die jeweils aktuelle LeserIn Ergänzungen oder Kommentare in das Feld schreiben.

Hat jeder wieder sein Feld vor sich liegen, werden die eigenen und die fremden Beiträge gelesen.

Aus der Fülle der so erhaltenen Ansichten und Ideen muss nun ein gemeinsames Ergebnis gefunden werden, das in das mittlere Feld eingetragen wird.

Abbildungen finden Sie auf Seite 375.

Eine weitere Möglichkeit, Daten zu sammeln, ist das Platzdeckchen. Durch das Platzdeckchen wird die positive Abhängigkeit „Umwelt“ installiert: Die SchülerInnen werden gezwungen, auf einem begrenzten Raum strukturiert zusammen zu arbeiten.

Platzdeckchen eignen sich für viele Erarbeitungen, die erst eine Einzelleistung verlangen und dann ein Gruppenergebnis.

Das gilt z. B. auch für Diktate: Jeder schreibt seine Version in sein Feld. Nach der Einzelarbeit erarbeiten alle SchülerInnen eine gemeinsame Version. Analog funktioniert diese Vorgehensweise z.B. für Übersetzungen, Interpretationen, Beschreibungen, und vieles andere mehr.

In diesen Fällen erbringen die SchülerInnen zunächst in ihrem Feld eine individuelle Leistung.

Im zweiten Schritt lesen alle Teammitglieder die Beiträge der anderen. Im dritten Schritt einigt sich das Team auf eine Lösung und schreibt diese in die Mitte.

Mit Hilfe eines Arbeitsblattes wird nun das gemeinsame Ergebnis für die persönlichen Haushefte oder Ordner festgehalten, in eine andere Form übertragen oder in einem anderen Fallbeispiel angewendet.

Beispiel: Nachdem die optimalen Lebensbedingungen mesophiler, aerober Mikroorganismen im Unterricht erarbeitet wurden, wird die Bedingung, unter denen man einen Hefeteig gehen lässt, begründet und im persönlichen Ordner abgeheftet.

Brainstorm- Karussell

Zielgruppe:	3. Klasse – Erwachsene
Übungsgrad	Sehr gut für Anfänger und jüngere Lernende
Trainierte soziale Fähigkeiten	Denken, Zuhören, Sprechen, Schreiben, Präsentieren
Material	A3- oder A2-Bögen, Schreiber

Beschreibung:

Situation: Vier Gruppen machen parallel ein Brainstorming zu je einem Begriff. Alle SchülerInnen sollen aber zu allen Begriffen arbeiten.

Auf jedem Gruppentisch befindet sich ein großer Bogen Papier und mehrere Schreiber. Auf dem Bogen steht in der Mitte der Schlüsselbegriff. Die Mitglieder der zu diesem Tisch gehörende Gruppe arbeiten jeder für sich ca. 2 Minuten zu diesem Begriff und schreiben alles auf das Blatt, was ihnen einfällt. Durch ein Klingelsignal wird die Arbeitsphase beendet. Dann wechseln alle Gruppen im Uhrzeigersinn die Tische. Auf Signal hin arbeiten sie nun zum neuen Begriff. Der Wechsel erfolgt insgesamt viermal. Dann stehen die jeweiligen SchülerInnen an ihren Starttischen.

In der zweiten Phase werden nun die Beiträge gesichtet, Doppelnennungen gestrichen und die Begriffe sortiert (geclustert).

Nun können die SchülerInnen mit den auf dem Papier gesammelten Ideen arbeiten.

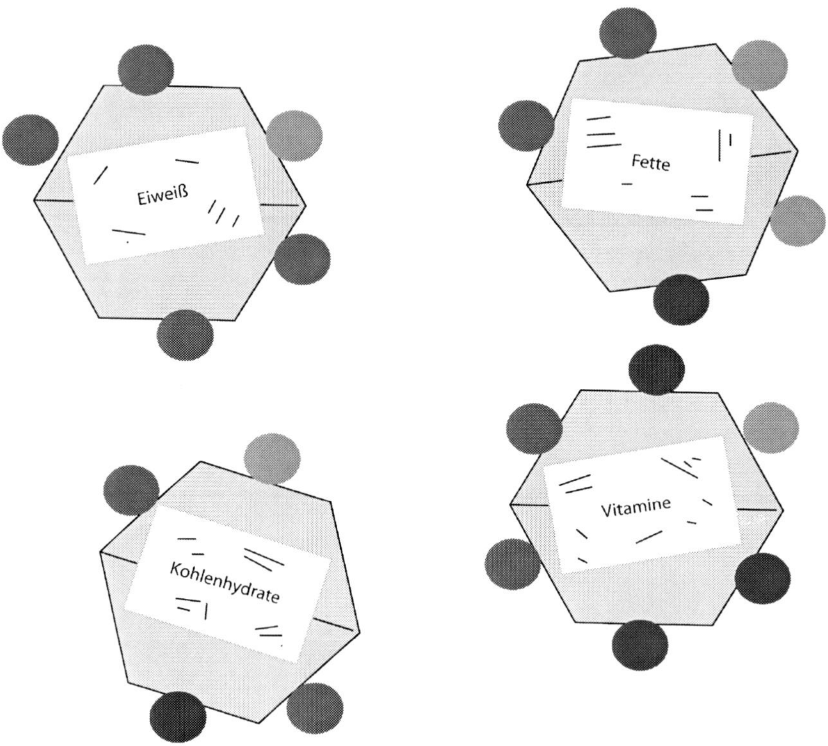

Abb. 85: Brainstorm-Karussell

Post it-Brainstorming

Zielgruppe:	3. Klasse – Erwachsene
Übungsgrad	Sehr gut für Anfänger und jüngere Lernende
Trainierte soziale Fähigkeiten	Denken, Zuhören, Sprechen, Schreiben, Synergien erkennen und nutzen
Material	A2- Plakat, *Post it*® -Heftzettel, Schreiber
Beschreibung:	Vor jedem Mitglied eines Teams liegen ein kleiner Stapel *post it*® - Heftzettel und ein Schreiber. Auf Signal hin schreiben die Mitglieder jeweils einen Begriff, der ihnen zum Schlüsselwort einfällt, auf den Zettel und kleben ihn unter Nennung dieses Begriffes an das Plakat. Zeit für diese Phase etwa 4 Minuten. In der zweiten Phase werden die Begriffe geordnet und Überschriften für die Cluster gefunden. In dieser Phase ist es nur der ***post it-ManagerIn*** erlaubt, die Heftzettel abzunehmen oder umzukleben (Rolle!).

Eine ebenfalls sehr gut zu praktizierende Form ist eine Kombination aus Brainstorm-Karussell und post it-Brainstorming.

Die so hergestellten Material- oder Ideensammlungen können nun in den Folgestunden die Grundlage für den weiteren Unterricht sein und werden deswegen sicher verwahrt.

Stummes Schreibgespräch

(*Round Robin*)

Zielgruppe:	3. Klasse – Erwachsene
Übungsgrad	Sehr gut für Anfänger und jüngere Lernende
Trainierte soziale Fähigkeiten	Denken, Zuhören, Sprechen, Schreiben, Argumentieren
Material	Papier, Schreibgerät

Beschreibung:

Round Robin ist eine Abwandlung des Brainstormings: Jedes Teammitglied schreibt seine Ideen für sich auf.

Nach der individuellen Sammlung werden die Ideen innerhalb der Gruppe veröffentlicht: Jeder nennt eine Idee – und dann ist der nächste dran.

Runder Tisch

(Round Table)

Zielgruppe:	2. Klasse – Erwachsene
Übungsgrad	Sehr gut für Anfänger und jüngere Lernende
Trainierte soziale Fähigkeiten	Denken, Zuhören, Sprechen, Schreiben, Synergien erkennen und nutzen
Material	Papier, Schreiber

Beschreibung:

Beim „Runden Tisch" findet wieder zunächst eine individuelle Ideensammlung statt. Im Gegensatz zum „Round Robin" sprechen die TeilnehmerInnen aber das aus, was sie niederschreiben. So können die anderen die Idee schon hören und möglicherweise darauf aufbauen. Round Robin erzeugt höhere Synergieeffekte.

Kommunikative Hand

(Hand of Communication)

Zielgruppe:	1. Klasse – Erwachsene
Übungsgrad	Sehr gut für Anfänger und jüngere Lernende
Trainierte soziale Fähigkeiten	Denken, Zuhören, Sprechen, Schreiben, Präsentieren
Material	Papier, Schreiber

Beschreibung:

Ähnlich zur Hand der Freundschaft (vgl. Seite 293) zeichnen die SchülerInnen jede für sich auf ein Blatt Papier die Umrisse ihrer Hand und schreiben in die Finger jeweils einen Begriff, der ihnen im Zusammenhang mit einem Schlüsselbegriff als wichtig erscheint.

Im Anschluss stellen sie ihre kommunikative Hand im Team vor.

Kommunikative Hand

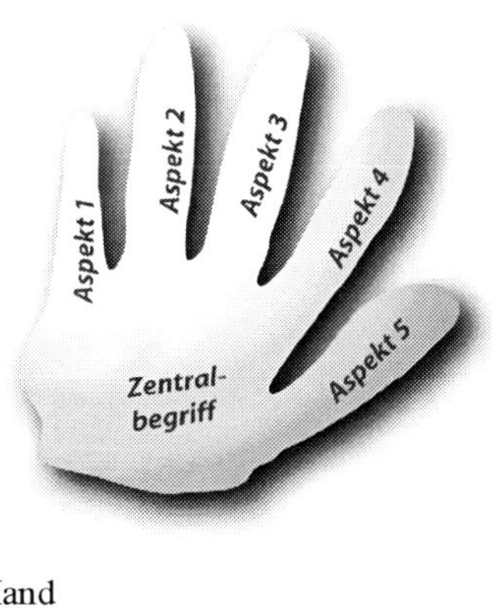

Abb. 86: Kommunikative Hand

Das Gruppen-Turnier

(Team Games Tournament)

Zielgruppe:	1. Klasse – Erwachsene
Übungsgrad	für SchülerInnen, die schon in Langzeitteams arbeiten (können)
Trainierte Fähigkeiten	Verantwortung übernehmen, sich anstrengen, Fakten lernen
Material	mehrere identische Klassensätze mit Fragen

Beschreibung:

Die Klasse wird in drei große Lerngruppen geteilt, die sich im Team für ein Turnier vorbereiten. Dabei steht ihnen der gleiche Fragenkatalog wie für das Turnier zur Verfügung.

Nach dieser Vorbereitung schickt jede Gruppe immer eine SchülerIn in je eine Turniergruppe. Jede Turniergruppe bekommt einen Fragensatz, der identisch zu den vorher verwendeten ist. Die ***Rollen*** innerhalb der Turniergruppen sind wie folgt verteilt: A fragt, B antwortet und C schreibt B's Ergebnis auf: „gelöst“ = 1 / „nicht gelöst“ = 0. Danach rückt die Rollenverteilung für die nächste Frage einmal im Uhrzeigersinn weiter.

Nachdem jede TeilnehmerIn 10 Fragen beantworten musste, geht sie in ihre Heimatgruppe zurück und nimmt ihre persönliche Leistung mit. Die Summe der Einzelleistungen, die in den verschiedenen Turniergruppen erzielt wurden, ist das Ergebnis der Heimatgruppe.

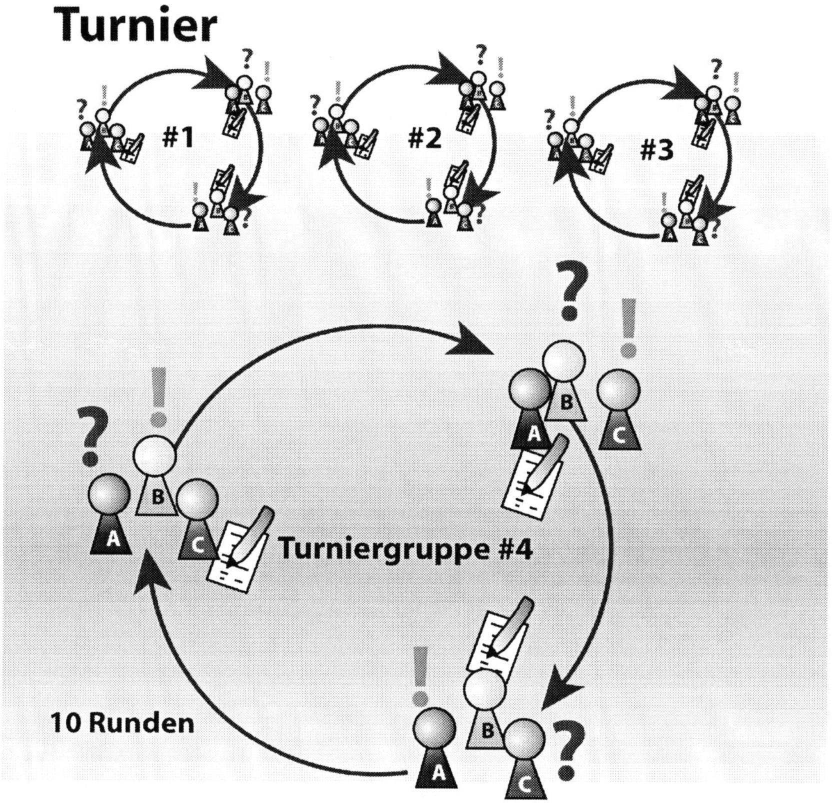

Abb. 87: Team-Turnier

Anweisungsbeispiel:

Das Guppen-Turnier

(Wenn Sie nicht mit festen Gruppen bisher gearbeitet haben oder neue Vorbereitungsgruppen mischen:

0. Sucht Euch einen Namen für Eure Vorbereitungsgruppe.)

1. „Bereitet euch in eurer Gruppe auf das Thema ________ vor! Zeit: _______ Minuten."
2. „Geht in eure Turniergruppen!"
3. „Jedes Team bekommt:
   a) einen Umschlag mit den Fragenkarten,
   b) ein Ergebnisblatt."
4. „Rollen:
   a) FragenstellerIn ➔ liest die Frage vor;
   b) KandidatIn ➔ beantwortet die Frage;
   c) ProtokollantIn ➔ schreibt die Punkte auf das Ergebnisblatt."
5. „Kehrt mit euren persönlichen Ergebnissen in das Vorbereitungsteam. Zählt die Gesamtpunkte zusammen!"

Die Teams können gegeneinander oder gegen Vorergebnisse antreten.

Beispiel 1: Alle Vorbereitungs-/Heimatteams treten gegeneinander an. Es gibt ein Gewinnerteam.

Beispiel 2: In einer Standardisierungsrunde wird der Durchschnitt der an diesem Tag erzielten Teamergebnisse festgestellt. Teams, die in nachfolgenden Turnieren über diesem Standard liegen, sind Gewinnerteams. Die, die darunter liegen, müssen stärker trainieren.

Man kann auch Vergleiche zu Klassen aus dem Vorjahr ziehen.

Beispiel 3: Die Teams sind immer dann Gewinner, wenn Sie das Vorergebnis / das beste Ergebnis aus vergangenen Turnieren übertroffen haben.

Sind die Heimatgruppen heterogen – was der Normalfall ist – kann die Unterrichtende jeweils die leistungsstärkeren SchülerInnen und die leistungsschwächeren in homogenen Turniergruppen antreten lassen.

Auswertungsblatt für ein Gruppenturnier[40]

Gruppenturnier

Gruppenergebnisse

Gruppenname:

Dein Name:	Dein Ergebnis
Dein Name	Dein Ergebnis
Dein Name	Dein Ergebnis

Total	

[40] B. Bennet, C. Rolheiser, L. Stevahn: Cooperative Learning: Where Heart Meets Mind (1991)

Organisation

Nummerierte Köpfe

(Numbered Heads)

Zielgruppe:	1. Klasse – Erwachsene
Übungsgrad	Sehr gut für Anfänger und jüngere Lernende
Trainierte soziale Fähigkeiten	Zuhören
Material	nichts
Ausführung:	L stellt sich am Rand der Klasse auf und sagt: „Die Person an jedem Tisch, die mir jetzt am nächsten sitzt, ist die No.1!“ Im Anschluss wird innerhalb jeder Gruppe im Uhrzeigersinn weiter durch nummeriert.

Beschreibung:

Diese Aktivität dient der parallelen Aufgaben- oder Rollenverteilung innerhalb von Gruppen. Nach der Durchnummerierung der SchülerInnen eines Teams verteilt die Unterrichtende nun die Aufgaben:

„No. 1 ist der Materialverwalter; No. 2 ist...“

Der Vorteil ist, dass die LehrerIn nun unabhängig vom Namen der jeweiligen SchülerIn weiß, welche Aufgabe diese SchülerIn innerhalb seines Teams hat.

Die Nummer 1 in einem Team kann aber auch über die Farbe/Helligkeit der Kleidung, das Alter oder jedes andere Kriterium gefunden werden, solange die Unterrichtende dadurch nicht die Übersicht über die Aufgabenverteilungen verliert.

Bei der Bestimmung derjenigen, die dieses Merkmal erfüllen, kommen die SchülerInnen ins Gespräch und beobachten sich gegenseitig intensiver. Beobachtungsergebnisse müssen ausgetauscht und Kompromisse geschlossen werden.

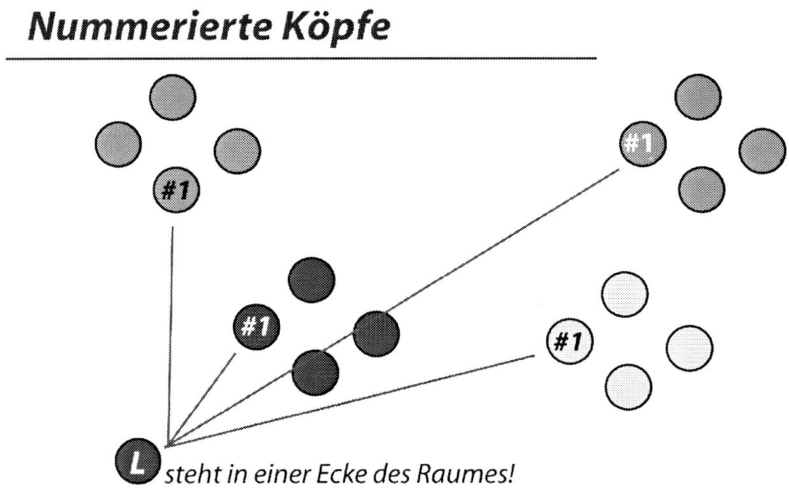

Abb. 88: Nummerierte Köpfe (Numbered Heads)

Präsentationen

Eine wichtige Fähigkeit, die für den persönlichen und beruflichen Erfolg notwendig, wenn nicht maßgeblich ist, ist die Fähigkeit, sich und seine Arbeitsergebnisse professionell darstellen zu können. Bereits das Bewerbungsschreiben, noch mehr aber ein Bewerbungsgespräch sind die häufigste Gelegenheit für die normalen ArbeitsnehmerInnen, sich darzustellen.

Präsentationen leben von einer guten grafischen Aufarbeitung des zu vermittelnden Inhaltes und, sofern sie Teil eines Vortrages sind, von einem professionellen Auftreten der AutorIn. Klares, freies, präzises und flüssiges Sprechen und die Zuwendung zum Auditorium sind nur zwei der wesentlichen Merkmale, die eine gute Präsentation ausmachen.

Damit unsere SchülerInnen im Leben erfolgreich sein können, müssen sie diese Fähigkeit in der Schule erwerben und optimieren.

Wann präsentieren SchülerInnen?

Nach Lösung der (Teil-)Aufgabe müssen die SchülerInnen ihre Ergebnisse präsentieren. Präsentationen erfüllen vier wichtige pädagogische Aufgaben:

1. Die Präsentation zeigt den Lernerfolg des Teams. Wird sie durch die lernschwächeren Mitglieder des Teams durchgeführt, dann stellt die LehrerIn sicher, dass auch diese SchülerInnen das Thema bearbeitet haben.

2. Unsere SchülerInnen üben sich im freien Sprechen und Artikulieren vor einer Gruppe.

3. Die Präsentation gibt die Möglichkeit, die vollbrachte Leistung einschließlich der Präsentation im Klassenrahmen zu würdigen.

4. Durch die Erstellung der Präsentationsunterlagen und durch das Erklären der Ergebnisse werden die Lerninhalte auf den Weg vom Kurzzeitgedächtnis hin zum Langzeitgedächtnis gebracht.

Aus diesem Grunde ist es immer wichtig, dass die Teams ihre Arbeitsergebnisse so darstellen, dass sie optisch und verbal vorgestellt werden können. Dies ist u.a. der methodische Teil der Aufgabe und wird, wie die anderen Teile, besprochen und bewertet.

Für die Präsentation stehen verschiedene Elemente zur Verfügung.

Präsentation von Teilergebnissen

Bei der Erarbeitung bestimmter Inhalte gibt es immer wieder das gleiche Procedere:

- Problemstellung
- Informationen sammeln
- Informationen sichten
- Informationen zusammentragen
- Informationen auswerten
- Ergebnis

Diese Reihenfolge kann im Unterricht durch die Bildung von Expertengruppen hergestellt werden, zumal viele Problemstellungen in der Regel unter verschiedenen Aspekten betrachtet und gelöst werden können.

Die Bearbeitung eines Problems in einer Reihenfolge schafft innerhalb des Teams eine positive Abhängigkeit (siehe S. 101).

Puzzle-Methode

(Jigsaw)

Zielgruppe:	3. Klasse – Erwachsene
Übungsgrad	Für diese Vorgehensweise bedarf es schon einiger sozialer Kompetenzen → nicht innerhalb der ersten Wochen
Trainierte soziale Fähigkeiten	Denken, Zuhören, Sprechen, Schreiben, Präsentieren, Erklären,
Material	Papier, Schreiber

Beschreibung:

Aus den Heimatgruppen heraus, bilden sich vier SpezialistInnen- oder ExpertInnen-Gruppen, die Teilaspekte des Problems beleuchten und Informationen dazu besorgen.

Nachdem die ExpertInnen sich vollständig über ihren Teilaspekt informiert haben, gehen sie zurück in die Heimatgruppen und tragen ihren Anteil zur Problemlösung bei. Durch eine gezielte Auswahl der Informationsquellen kann man dabei erreichen, dass die Informationen erst in einer bestimmten Reihenfolge einen Sinn ergeben.

Puzzle-Methode (JigSaw)

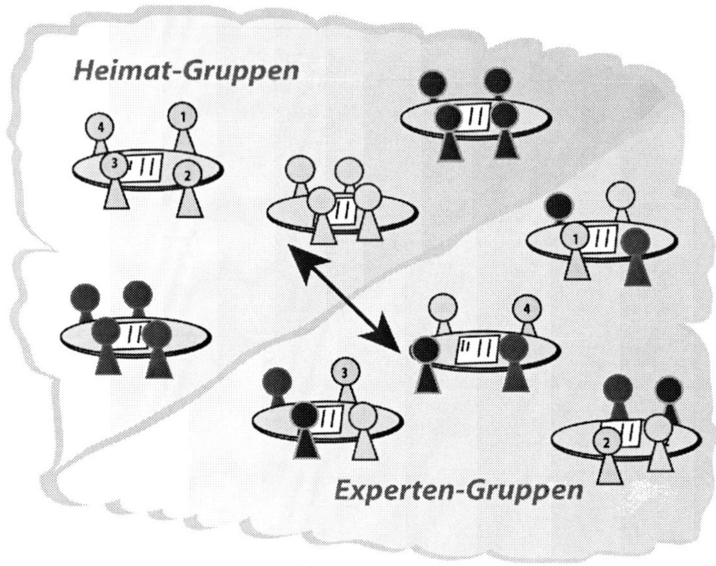

Abb. 89: Die Puzzle-Methode (Jigsaw)

Eine sehr effektive Art, Ergebnisse präsentieren zu lassen und dabei alle SchülerInnen in diesen Prozess aktiv mit einzubeziehen, ist die Methode „Einer bleibt – drei gehen“ (*One stays – three stray*).

Einer bleibt – drei gehen

(One stays – three stray)

Zielgruppe: 1. Klasse – Erwachsene

Übungsgrad Sehr gut für Anfänger und jüngere Lernende

Trainierte soziale Fähigkeiten Denken, Zuhören, Sprechen, Schreiben, Präsentieren

Material das Ergebnismaterial des Teams (dafür A2-Plakatpappe oder Flipchart, verschiedene dicke Filzstifte, Klebeband)

Anweisung: „Ich möchte, dass Sie/Ihr jetzt an einen anderen Tisch gehen/geht. Und zwar geht die Nr. 1 einen Tisch im Uhrzeigersinn weiter, die Nummer 2 zwei Tische und die Nr. 3 drei Tische. Nummer 4 bleibt am Platz und erklärt das Ergebnis.“

Beschreibung:

Ausgangslage: 4 Teams mit mind. 4 Mitgliedern. Alle Teams sollen allen MitschülerInnen ihre Arbeit gleichzeitig vorstellen. Dazu werden nun die Heimatgruppen aufgelöst und es bilden sich Präsentationsgruppen, die sich aus jeweils einem Mitglied aus jedem Team zusammensetzt. In diesen Präsentationsgruppen befindet sich immer eine SchülerIn, die die Arbeit auf dem Gruppentisch erklären kann. (Sie hat sie ja mit erarbeitet!)

Über „Nummerierte Köpfe“ (siehe S. 324) werden die Mitglieder der Teams durchnummeriert. Dann folgt die Anweisung.

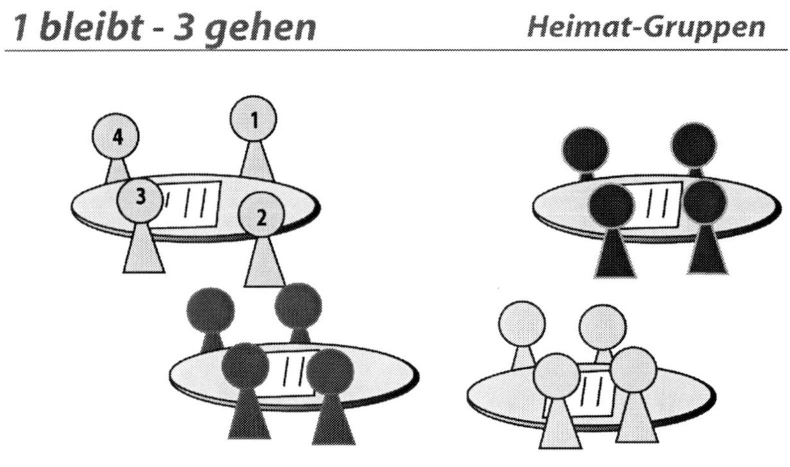

Abb. 90: Arbeiten in den Heimatgruppen

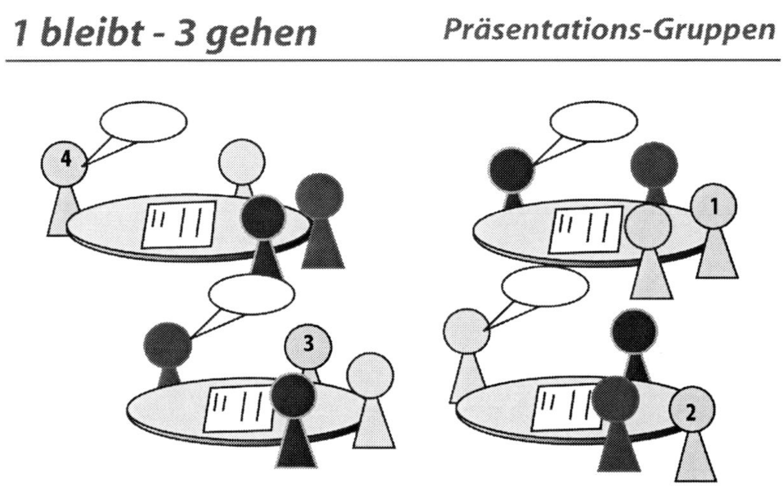

Abb. 91: Präsentationsgruppen

„#1 geht einen Tisch weiter, #2 zwei Tische, #3 drei Tische und #4 bleibt am Platz."

5 Gruppen á 5 SchülerInnen ergeben ein „Einer bleibt – vier gehen". Bei nicht quadratischer SchülerInnenzahl gehen die „überzähligen" mit der vorherigen Ziffer mit, also z.B. „Fünfen" mit den „Vieren".

Nach der ersten Präsentation bietet es sich an, die SchülerInnen-Gruppen komplett einen Tisch weitergehen zu lassen. In jeder Gruppe befindet sich wieder eine SchülerIn, die an dem nun aktuellen Tisch gearbeitet hat und präsentieren kann.

Nach zwei weiteren Tischwechseln hat jeder aus jeder Gruppe berichten müssen, was an seinem Tisch geschehen ist und welche Ergebnisse erreicht wurden.

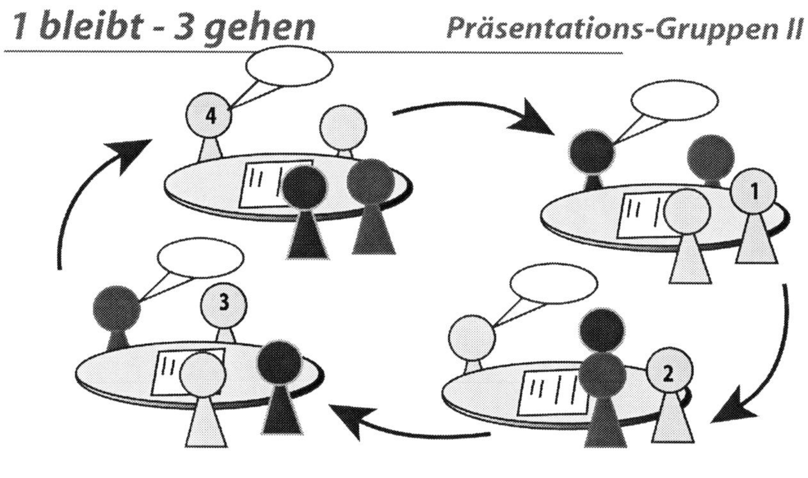

Abb. 92: Kompletter Tausch

Grafische Denk- und Lernhilfen

Es gibt eine Reihe von grafischen Denk- und Lernhilfen.

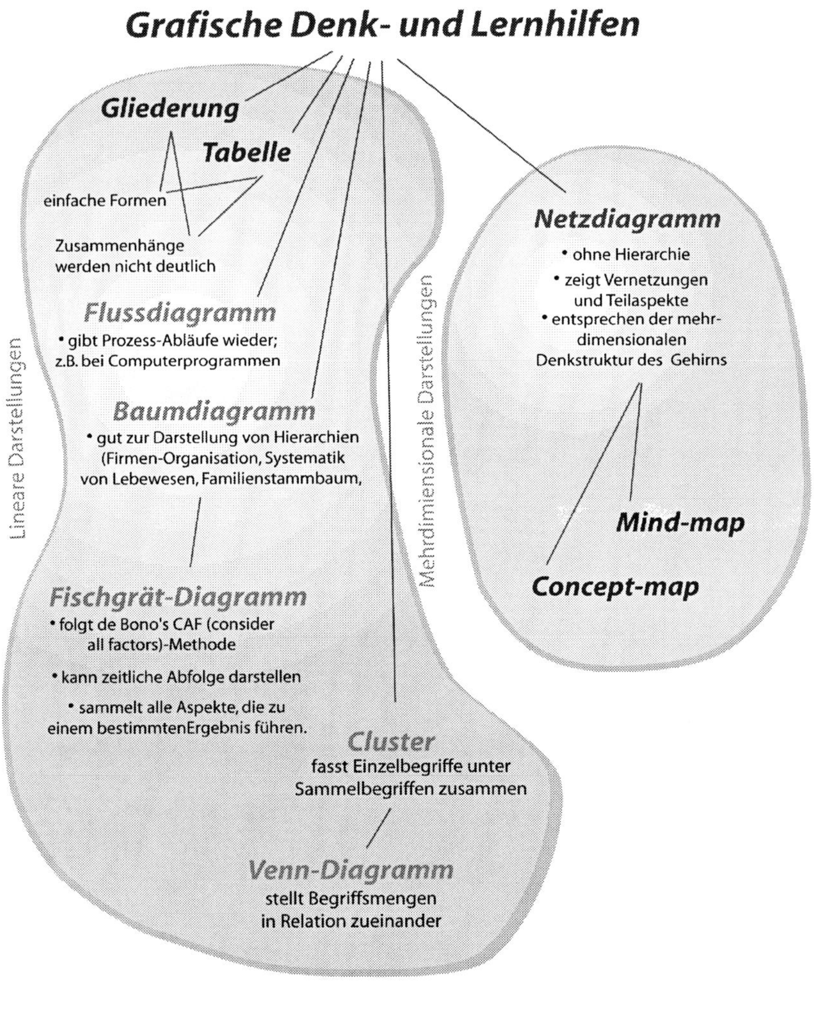

Abb. 93: Grafische Lern- und Denkhilfen

Fischgrät-Diagramm

(Fishbone-Organizer)

Zielgruppe:	4. Klasse – Erwachsene
Übungsgrad	Sehr gut für Anfänger und jüngere Lernende
Trainierte Fähigkeiten	Analysieren, Synthetisieren, Diskutieren, Entscheiden
Material	Papier, Schreiber

Beschreibung:

Das Fischgrät-Diagramm folgt de Bono's - *'Consider All Factors'*- (dtsch.: "Bedenke alle Faktoren")- Methode. In ihm werden alle Faktoren bedacht und fixiert, die zu einem definierten Ergebnis führen sollen. Dabei ist die Abfolge (= Nummerierung) der einzelnen Aspekte zunächst keine hierarchische oder zeitliche Abfolge.

Natürlich kann jedoch eine solche Abfolge in die Grafik eingebaut werden. So kann das Fischgrät-Diagramm z. B. dazu benutzt werden, den zeitlichen Ablauf eines Unterrichts mit allen in den einzelnen Phasen zu bedenkenden Punkten darzustellen.

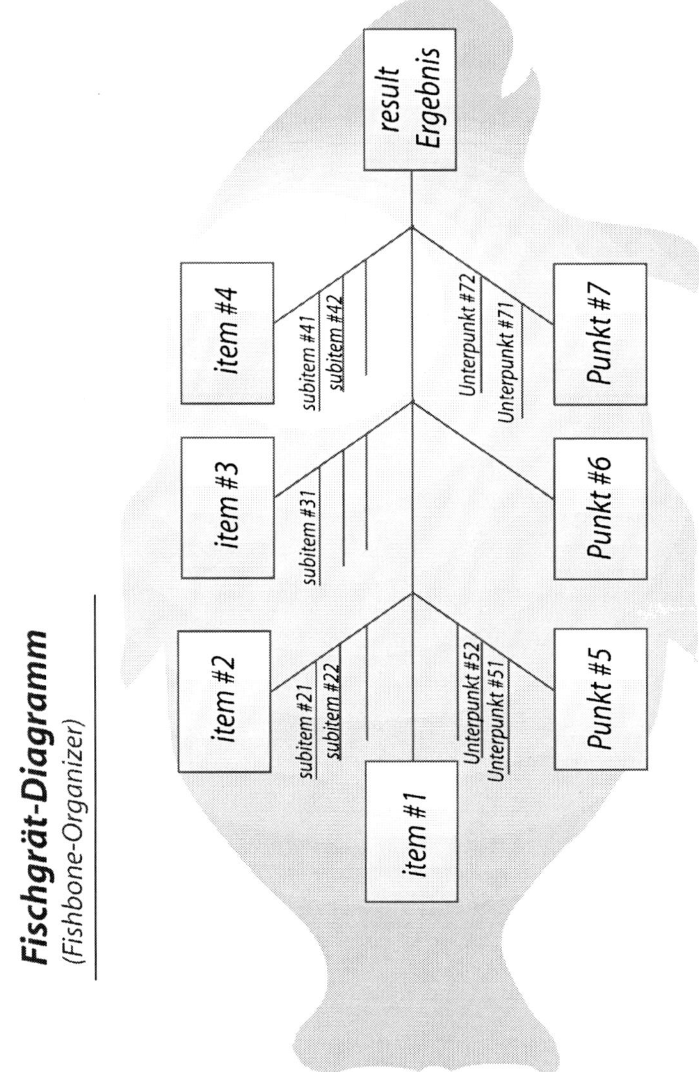

Abb. 94: Fischgrät-Diagramm

Mehrdimensionale Lern- und Denkhilfen

Klassische grafische Denk- und Lernhilfen sind die *Mind-map* und die *Concept-map.* Sie fordern die Lernenden auf, alle Aspekte eines Themas zu bedenken, niederzuschreiben und untereinander zu verknüpfen. Damit erhält diese Darstellung eine Mehrdimensionalität, die andere Denkhilfen nicht darstellen können.

Concept-map und *Mind-map* sind Landkarten des Gehirns[41,42]

Mind-map

(Gedanken-Landkarte)

Zielgruppe:	2. Klasse – Erwachsene
Übungsgrad	Sehr gut für Anfänger und jüngere Lernende
Trainierte Fähigkeiten	Denken, mehrdimensional Strukturieren, grafisch Darstellen, Erwägen, Diskutieren, Entscheiden
Material	

Und so wird's gemacht:

In die Mitte schreiben Sie Ihr Thema oder den Zentralbegriff. Auf den Hauptästen, die von diesem Zentrum ausgehen, stehen die

[41] lies dazu: Tony und Barry Buzan: Das Mind map Buch, mvg im Verlag Moderne Industrie AG, Landsberg am Lech, ISBN 3-478-71730-2

[42] Barrie Bennet, Carol Rolheiser: Beyond Monet, Bookation, Toronto (2001), ISBN 0-9695388-3-9

Hauptaspekte, unter denen Sie diesen Begriff betrachten wollen. Am Ende der jeweiligen Hauptäste verzweigen sich diese in kleinere Äste, die Unteraspekte. Sorgen Sie für eine übersichtliche Raumaufteilung.

- Schreiben Sie nicht nur Stichworte auf, die sein sollen, sondern auch solche, die nicht sein sollen (oder benutzen sie entsprechende Symbole). Die Länge der Worte oder die Größe der Symbole bestimmen die jeweilige Länge des Astes.
- Setzen Sie Betonungen ein: Schreiben Sie Worte groß, kursiv. Benutzen Sie mehr Bilder und Symbole als Worte.

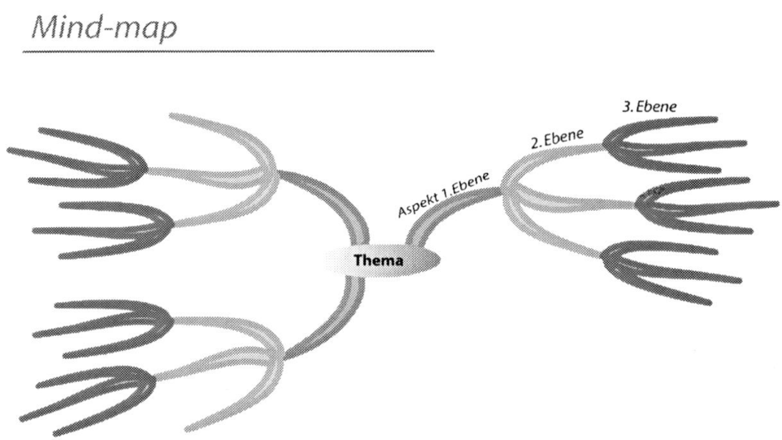

Abb. 95: Mind-map

- Setzen Sie Assoziationen ein: Verbinden Sie Begriffe auf verschiedenen Ästen mit Pfeilen, benutzen Sie Farben. Verwenden Sie Codes: Punkte, Sterne, Blasen, was Sie wollen, um verschiedene Teile der Mind-map miteinander zu verbinden und Sprünge innerhalb der Map zu symbolisieren.

- Bemühen Sie sich um Deutlichkeit: ein Wort auf je eine Linie, alle Linien eines Astes sind miteinander verbunden, die jeweiligen Äste sind so lang wie das Wort/Symbol, schreiben Sie deutlich, am besten in Druckbuchstaben.

All diese Hinweise sind nur ein Anhalt zur Erstellung einer *Mind-map* und können als Erinnerungsstütze dienen.

Concept-map (Konzept-Landkarte)

Concept-map und *Mind-map* sind ähnlich aufgebaut:. Der wesentliche Unterschied ist, dass die untergeordneten Aspekte, die sich um einen Schlüsselbegriff scharen, nicht auf den abgehenden Ästen stehen. Sie stehen am Ende einer Unterverzweigung und sind durch ein Verb zum vorherigen übergeordneten Begriff verbunden.

Sehr unterschiedlicher *Concept-maps* sind bei Barrie Bennett z. B. auf seiner Website http://www.sstuwa.org.au/gallery/album06 nachzulesen.

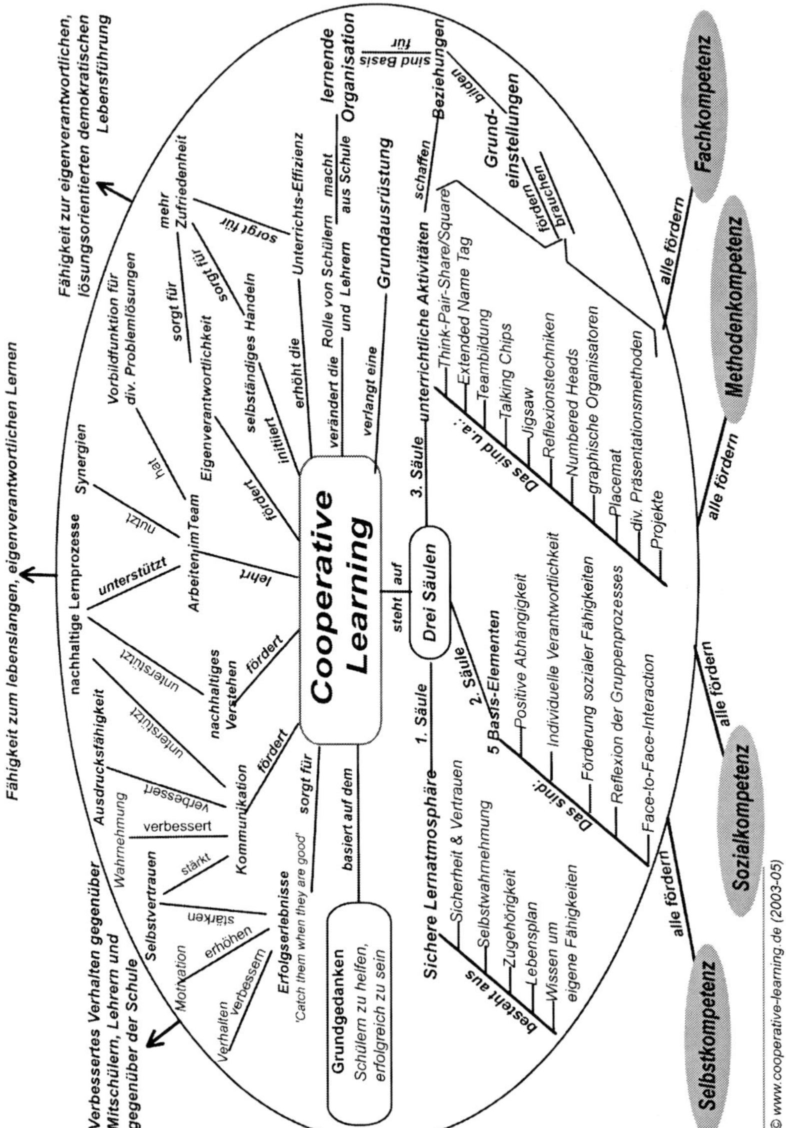

Abb. 96: Concept-map „***Cooperative Learning***“

Reflexion

Reflexionen am Ende eines Unterrichtsabschnittes oder des Unterrichts sind Ausgangsrituale, die eine Lernphase ausklingen lassen (vgl. Seite 227). Für die Lernenden sorgt eine Reflexion für eine Rückbesinnung auf den vergangenen Unterricht und eine Wiederholung und Verfestigung der Lerninhalte.

Für die Lehrende ist es wichtig, am Ende der Lernphase zu reflektieren, ob die gewünschten Kompetenzzuwächse erreicht wurden oder nicht. Die Rückmeldung durch die Lernenden ist dabei geradezu unverzichtbar, um sicherzustellen, dass die Lehrende immer noch nah an den Lernenden ist. Nur dann kann sie sicher sein, dass sie den SchülerInnen auf ihrem Weg zum Erfolg noch hilfreich zur Seite steht.

An dieser Stelle stellen wir einige Reflexionswerkzeuge vor, die teilweise sehr schnell von Lernenden durchgeführt werden können und uns Lehrenden Aufschluss über die Qualität des Unterrichts geben können.

Buddy Book

Zielgruppe:	1. Klasse – Erwachsene
Übungsgrad	Sehr gut für Anfänger und jüngere Lernende
Trainierte soziale Fähigkeiten	Fühlen, selbst Wahrnehmen, Formulieren, Schreiben
Material	A4-Papier, Schreibgerät, Schere

Falten Sie ein A4-Blatt der Länge nach in der Mitte

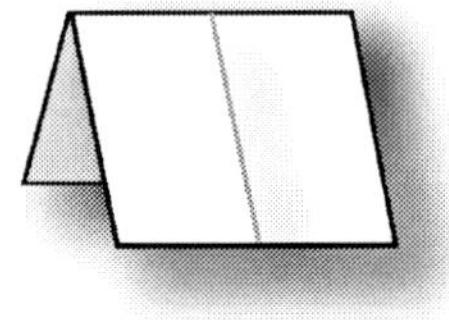

Nun falten Sie es der Breite nach in der Mitte...

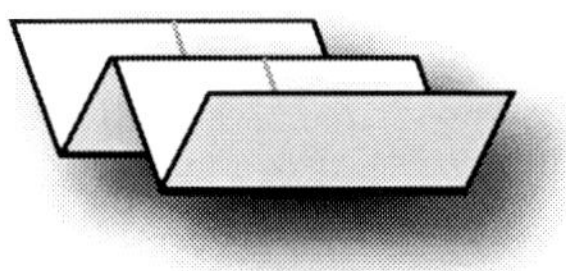

und dann noch einmal in der Mitte.

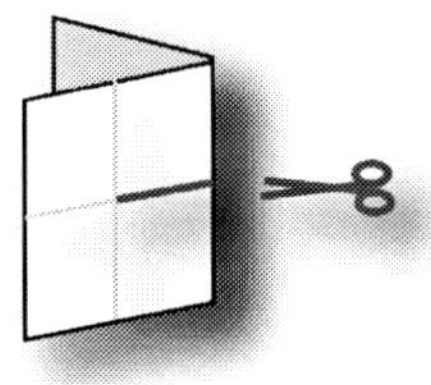

Falten Sie es bis auf das Format A5 wieder auf und schneiden Sie der mittleren Faltlinie folgend das Papier auf.

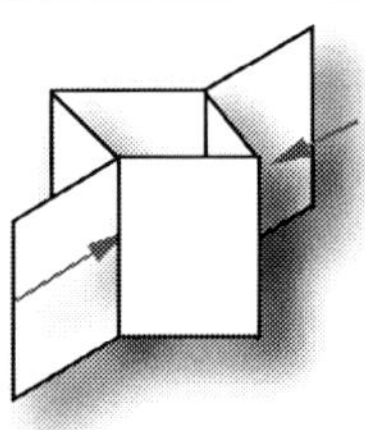

Falten Sie das Papier wieder der Länge nach und schieben Sie die Enden auf einander zu, so dass die in der Mitte entstehende Raute sich wieder schließt.

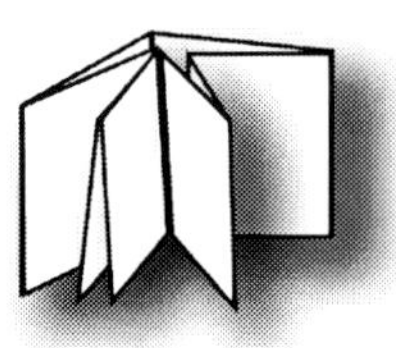

Durch Umschlagen der Außenflächen entsteht ein achtseitiges kleines Schreibbuch, das Buddy Book.

Buddy-Book – wie geht das?

Der Buddy ist der "beste Freund". Und das soll dieses Buch für jede SchülerIn werden. Es ist ein kleines Merkheftchen, das sich jede SchülerIn selbst herstellen kann (siehe Anleitung vorherige Seite).

Die erste Seite kann z. B. ein erweitertes Namensschild sein.

Das Innere des Buches kann als Reflexions-Journal oder als Tagebuch oder als Adress-, Vokabel- oder Merkheftchen benutzt werden. Wichtig ist nur, dass die SchülerInnen dieses Buch immer bei sich tragen, denn es enthält für sie nützliche Informationen.

Das Buddy-Book eignet sich besonders für jüngere SchülerInnen.

Lernradar

Zielgruppe:	2. Klasse – Erwachsene
Übungsgrad	Sehr gut für Anfänger und jüngere Lernende
Trainierte soziale Fähigkeiten	Denken, Zuhören, Sprechen, Schreiben, Präsentieren
Material	ein Symbol für den Lerngegenstand

Beschreibung:

Das Symbol wird in die Mitte des Raums gestellt. Die SchülerInnen verlassen ihren Sitzplatz und nehmen im Raum eine Position ein, die ihren Abstand zum Lerngegenstand wiederspiegelt.

5-Finger-Bewertung

(Five Finger Ranking)

Zielgruppe:	1. Klasse – Erwachsene
Übungsgrad	Sehr gut für Anfänger und jüngere Lernende
Trainierte soziale Fähigkeiten	Fühlen, selbst Wahrnehmen, Bewerten
Material	nichts

Beschreibung:

Ein schnelles vielseitig einsetzbares Feedback. Die SchülerInnen werden aufgefordert, eine Bewertung abzugeben, wobei die Anzahl der gezeigten Finger die Abstufung der Antwort sichtbar macht.

Damit dies möglichst diskret geschieht, werden die SchülerInnen zunächst gebeten, sich der LehrerIn zuzuwenden. Eine Hand wird anschließend als Faust auf das Brustbein gelegt. Nachdem die LehrerIn die Kriterien genannt hat (z.B. "5 Finger für ..., 3 Finger für ..., 1 Finger für ..."), werden die SchülerInnen aufgefordert: "Zeigt mir bitte jetzt Eure Wertung!"

Zielscheibe

Zielgruppe:	1. Klasse – Erwachsene
Übungsgrad	Sehr gut für Anfänger und jüngere Lernende
Trainierte soziale Fähigkeiten	Denken, Zuhören, Sprechen, Schreiben, Präsentieren
Material	Papier, Malstifte, Spielsteine

Beschreibung:

Die TeilnehmerInnen zeichnen konzentrische Kreise, in deren Mitte der Lerngegenstand steht.

Entsprechend der vier Kompetenzbereiche können Kreissegmente eingezeichnet und benannt werden.

Mit vier Spielsteinen stellt sich eine SchülerIn in allen Kompetenzbereichen so auf, dass der Abstand zum Mittelpunkt wiedergibt, wieweit sie sich selbst dem Lerngegenstand genähert hat.

Die eingenommenen Positionen können eingezeichnet und mit einem Datum versehen werden. Die Zielscheibe kann so beim nächsten Unterricht wiederverwendet werden und dient als einfaches Lernprotokoll.

Freies Schreiben

(Free Writing)

Zielgruppe:	1. Klasse – Erwachsene
Übungsgrad	Sehr gut für Anfänger und jüngere Lernende
Trainierte Fähigkeiten	Nachdenken, Reflektieren, Schreiben
Material	Papier, Schreibzeug (haben die SchülerInnen)

Beschreibung:

Die SchülerInnen werden aufgefordert, 5 Minuten lang aufzuschreiben, was sie heute gelernt haben / was ihnen vom Unterricht im Gedächtnis geblieben ist. Wenn die Erinnerungen nicht für die Schreibdauer von 5 Minuten reicht, sollen sie mit dem Text wieder von vorne anfangen.

In einer zweiten Phase sollen sie vier oder fünf Begriffe (die Anzahl entscheidet der Unterrichtende) unterstreichen und zu einem dieser Begriffe noch einmal fünf Minuten lang schreiben, was ihnen dazu einfällt.

Neben der Rückbesinnung ist ein Hauptziel dieser Form der Reflexion das Schreiben selbst. Die meisten unserer SchülerInnen schreiben zu wenig. Aus dieser mangelnden Übung in dieser wichtigen Kulturtechnik resultiert eine häufig sehr geringe Lust, Gedanken zu Papier zu bringen.

Mit dem freien Schreiben werden neben der handwerklichen Tätigkeit des Schreibens die Ausdrucksfähigkeit, der Satzbau, Rechtschreibung und Grammatik geübt.

Wenn die SchülerInnen es wollen, kann dieser Text korrigiert und bewertet werden. So haben die SchülerInnen eine weitere Chance, Bewertungen im Fach „ Sprache und Kommunikation /Deutsch“ zu bekommen.

Reflexionshand

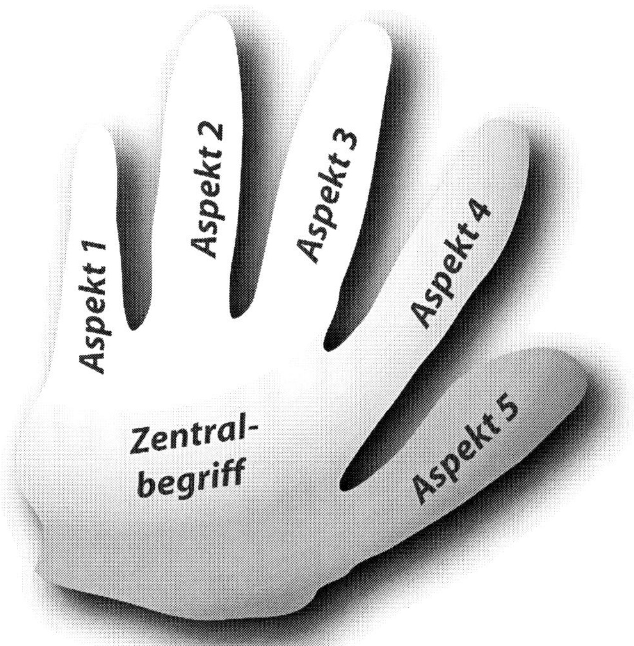

Abb. 97: Reflexionshand

Reflexionshand
(*Hand of Reflexion*)

Ähnlich wie bei der kommunikativen Hand zeichnen die SchülerInnen ihre Hand auf ein Blatt Papier. In die Handfläche schreiben sie den zentralen Begriff des Unterrichts und in die Finger fünf wichtige Teilaspekte.

Von dieser Zeichnung ausgehend kann nun z. B. eine Abschlussbesprechung oder ein freies Schreiben stattfinden.

Die Reflexionshand kann aber auch die Ausgangsbasis für eine Mind-map oder eine Concept-map sein, in der zu den fünf Teilaspekten neue Unterbegriffe hinzugefügt werden.

Reflexions-Journal

Zielgruppe:	3. Klasse – Erwachsene
Übungsgrad	Sehr gut für Anfänger und jüngere Lernende
Trainierte soziale Fähigkeiten	
Material	Vordrucke, Heftlaschen, Schreibgerät

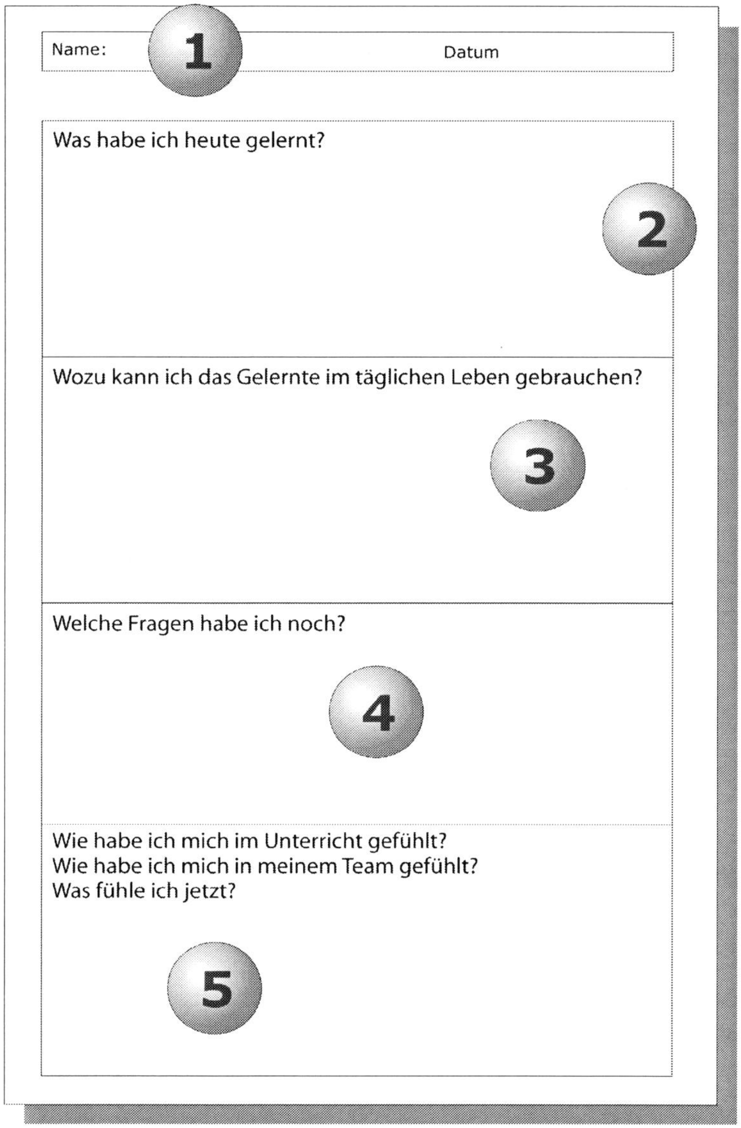
Name: Datum

Was habe ich heute gelernt?

Wozu kann ich das Gelernte im täglichen Leben gebrauchen?

Welche Fragen habe ich noch?

Wie habe ich mich im Unterricht gefühlt?
Wie habe ich mich in meinem Team gefühlt?
Was fühle ich jetzt?

Abb. 98: Arbeitsseite des Reflexionsjournals

Beschreibung:

Das Reflexions-Journal dient der Reflexion des Unterrichts durch jede einzelne SchülerIn. Es erfüllt drei Zwecke:

1. Die SchülerInnen reflektieren am Ende einer Stunde / Unterrichtseinheit sowohl den Lernstoff als auch ihre Art der Mitarbeit und ihre Gefühle im Unterricht.
2. Die Unterrichtende erhält ein unmittelbares *feedback* über den Lernstatus der SchülerInnen und wie sie die emotionale Situation in der Klasse empfunden haben.
3. Bei der Durchsicht kann die LehrerIn wiederum ein *feedback* an jede SchülerIn individuell geben.

Darum ist es notwendig, dass die Reflexions-Journale mit dem Namen der SchülerInnen versehen sind (***Feld 1***)

Feld 2 „Was habe ich heute Neues gelernt?“: Mit der Antwort auf diese Frage werden die SchülerInnen veranlasst, sich die Stunde noch einmal komplett ins Gedächtnis zu rufen und vor dem geistigen Auge ablaufen zu lassen. Durch das Niederschreiben wird das individuell Erreichte in dieser Stunde bewusst.

Somit kann sich der aktuelle Lernstoff im Gedächtnis verfestigen und "macht sich auf den Weg" vom Kurzzeitgedächtnis zum Langzeitgedächtnis.

Soziale Kompetenzzuwächse werden hier ebenso festgehalten wie die fachlichen.

Feld 3 „Wozu kann ich das Gelernte im täglichen Leben gebrauchen?“ veranlasst die SchülerInnen, sich über den Bezug zur Lebens- und Erfahrungswelt und somit über die Nutzbarkeit des Gelernten Gedanken zu machen. Lässt sich das Gelernte in der täglichen Praxis anwenden, erhält es eine größere Relevanz und bleibt im Gedächtnis erhalten.

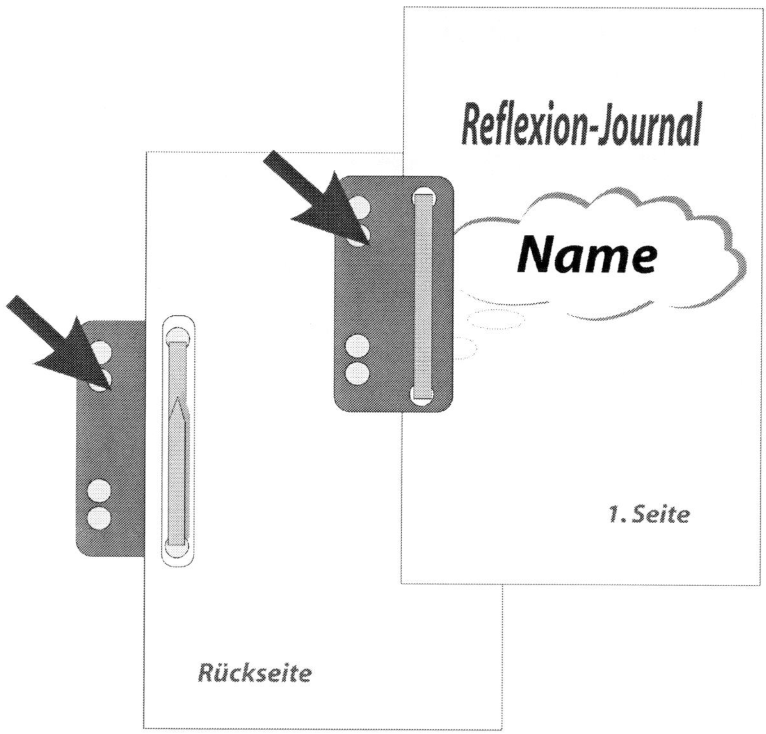

Abb. 99: So heftet man das Reflexionsjournal

Aus dem ***Feld 4 „Welche Fragen habe ich noch?"*** kann die Unterrichtende erfahren, wo sie einzelne SchülerInnen individuell noch einmal fördern kann. Taucht allerdings die gleiche Frage mehrfach auf, kann es auch sein, dass dieser Punkt im Unterricht nicht ausreichend behandelt wurde und noch einmal thematisiert werden muss.

Feld 5 „Wie habe ich mich im Unterricht/im Team gefühlt? Wie fühle ich mich jetzt?" soll den Fokus der SchülerInnen auf ihre eigene Befindlichkeit richten. Gute Gefühle fördern den Lernerfolg, schlechte behindern ihn. Gleichzeitig sollen die SchülerInnen hier ihre Situation im Team beleuchten und ggf. überlegen, was sie zur Verbesserung der Teamsituation beitragen können.

Auch aus diesem Feld erhält die Unterrichtende Hinweise für ihre Unterrichtsplanung. Gegebenenfalls muss sie in den Folgestunden intensiv daran arbeiten, die emotionale Situation einzelner oder die der Klasse zu verbessern.

Insgesamt sorgt das Reflexionsjournal dafür, dass die SchülerInnen die Stunde ausklingen lassen (vgl. S. 227).

Weitere Vorteile des Reflexionsjournals

Das Reflexionsjournal kann den SchülerInnen als Lerntagebuch oder zur Vorbereitung von Klausuren dienen. Dann muss es aber den SchülerInnen vor der Klausur mit nach Hause gegeben und am Klausurtag wieder eingesammelt werden.

Wann gebe ich das Reflexionsjournal aus?

Das Reflexionsjournal wird ca. 10 Minuten vor dem Klingeln ausgegeben. Ungeübte SchülerInnen benötigen diese Zeit, um in wenigen Worten die Fragen zu beantworten, geübte SchülerInnen, um mehr Text schreiben zu können.

Die Einträge werden vom Unterrichtenden bis zur nächsten Stunde gelesen und ggf. kommentiert.

Wie sammle ich die Journalbögen?

Als sehr praktisch habe sich Heftstreifen erwiesen. Auf diese Weise bekommen die SchülerInnen für jeden neuen Unterricht eine neue Seite hintergehängt und können sich eventuell auch einmal verschreiben. Und für die LehrerIn ist es auch ganz einfach: Die letzte Seite ist immer die aktuelle.

Kapitel 9 – Hilfe, es funktioniert nicht!

Bei allem, was Ihnen so bei der Umstellung Ihres Unterrichts passiert, beachten Sie bitte eines:

> Nehmen Sie einen Misserfolg nicht persönlich!

Ihre SchülerInnen haben gar keine bis wenig Erfahrungen mit *Cooperative Learning*! Sie können es nicht! Und Ihre KollegInnen werden neue Ideen auch nicht nur mit Jubeln aufnehmen.

Die meisten Menschen empfinden Veränderungen in ihrem Alltag zunächst einmal als Bedrohung ihrer eigenen alten Ordnung. Versuchen Sie, sie von den Vorteilen des Neuen zu überzeugen. Aber in Ruhe und in kleinen Schritten. Denn ...

> ... je mehr Energie Sie in dieser Phase in eine vollständige Umgestaltung des Unterrichts stecken, umso größer wird der Widerstand sein, den Sie ernten!

Sie sind jedenfalls auf dem richtigen Weg - vielleicht noch mit anfänglichen handwerklichen Unsicherheiten. Und: „Übung macht den Meister!" und „Alles braucht seine Zeit!"

Darum: Sorgen Sie zunächst für Ihr eigenes Wohlbefinden (siehe: eigene Vorbereitungen) und versuchen Sie dann, den Fehler zu lokalisieren. Hier ein paar Hilfen.

1 Zu schnell zu viel

>> Problem: Ich bin begeistert von einer Fortbildung zurück gekehrt und habe meinen Unterricht völlig im Sinne von Cooperative Learning umgestaltet. Meine SchülerInnen finden jedoch "das Rumgelaufe blöd" und wollen lieber Unterricht "wie immer"! <<

Sie wollen zu schnell zu viel!

Die SchülerInnen sind in der Regel von der kompletten Umstellung des Unterrichts von einer aus ihrer Sicht konsumierenden in eine aktive Form wenig begeistert. Allein schon die körperliche Bewegung holt sie aus einer bequemen Sitz- oder Liege-Haltung heraus. Der geforderte Wechsel der ArbeitspartnerIn erzeugt am Anfang oft Widerstände. In den meisten Klassen kommt es relativ schnell zur Cliquenbildung, auch die Außenseiter und Einzelgänger kristallisieren sich schnell heraus. Die Mitglieder einzelner Cliquen wollen unter sich bleiben und mit den Außenseitern will sowieso kaum einer zusammenarbeiten. Hier gilt es Berührungsängste und Vorurteile abzubauen.

So wird's klappen:

- Streuen Sie Arbeitselemente des *Cooperative Learning* zunächst sporadisch in das Unterrichtsgeschehen ein.

- Sorgen Sie unbedingt dafür, dass die SchülerInnen spüren, dass die eingesetzte Methode für sie nützlich und vorteilhaft ist: Schnelleres und leichteres Lösen der Aufgabe, mehr Ideen, erlaubtes Reden, o.ä..

- Der Einsatz jedes einzelnen *Cooperative Learning* - Elements muss immer sorgfältig geplant sein. Für die SchülerInnen muss spürbar werden, dass der Einsatz dieses Methodenelementes an dieser Stelle der beste Weg zur Weiterführung des Unterrichts ist. Die SchülerInnen brauchen Erfolgserlebnisse.

- Arbeiten Sie sehr genau. Sie dürfen nicht patzen; Sie erhalten im Regelfall keine zweite Chance ohne größeren Widerstand. Planungsfrage: Warum an dieser Stelle des Unterrichts mit welcher Erwartung?

- Arbeiten Sie in den ersten Wochen immer in Paaren und sorgen Sie dafür, dass sich immer neue Paare bilden. Geben Sie Gelegenheiten, dass sich die SchülerInnen kennen lernen können.

- Arbeiten Sie in der ersten Zeit nur mit kleinen Arbeitsaufträgen, die in kurzen Zeitspannen (max. 10 Minuten) erledigt werden können.

Abb. 100: Diskussion der Lösungsvorschläge

2 Keine Kooperation

>> *Problem: "Die SchülerInnen arbeiten nicht miteinander, sondern eher gegeneinander. Ständig muss ich zum pfleglichen Umgang untereinander und zur Zusammenarbeit ermahnen!"* <<

Sie bearbeiten im Unterricht zu wenig das soziale Verhalten der SchülerInnen. Viele SchülerInnen können nicht mit anderen arbeiten, weil sie nicht die notwendigen sozialen Eigenschaften mitbringen und sich im Miteinander mit ihren MitschülerInnen auch nicht sicher fühlen.

So wird's klappen:

- Arbeiten Sie in den ersten Wochen immer in Paaren und sorgen Sie dafür, dass sich immer neue Paare bilden. Geben Sie Gelegenheiten, dass sich die SchülerInnen kennen lernen können.
- Sorgen Sie dafür, dass die SchülerInnen kleine Erfolge erleben.
- Reflektieren Sie mit den SchülerInnen, welche Verhaltensweisen dazu führten, dass sie (die SchülerInnen) bei der Lösung der Aufgabe gerade erfolgreich waren und was an einer Zusammenarbeit auch schön ist.
- Thematisieren Sie Verhaltensweisen in bestimmten Situationen: Z. B. beim Zuhören, Unterstützen, ... und hängen sie die Arbeitsergebnisse für alle immer sichtbar auf (T-Charts)

Achten Sie darauf, dass Sie alle fünf Basiselemente des *Cooperative Learning* berücksichtigt haben und dass Sie positive Abhängigkeiten installiert haben.

3 Die SchülerInnen bleiben nicht an der Arbeit!

>> Problem: "Meine SchülerInnen bleiben nicht an der Arbeit, sondern kaspern in der Gruppenarbeitsphase nach kurzer Zeit immer herum!" <<

Haben Ihre SchülerInnen zu viel Zeit für die Bearbeitung einer Aufgabe bekommen? Ist die Aufgabe zu komplex?

Ganz häufig verschätzen wir LehrerInnen uns im Umfang der Aufgabe und in der Vorgabe der Zeit, die wir SchülerInnen zur Bearbeitung zur Verfügung stellen. Wir finden, drei Angaben sind doch zu überblicken und wir wählen die Zeitspanne zu lang aus. Uns fehlt ja auch die Übung.

So wird's klappen:

- Geben Sie zunächst kleine Aufgaben schrittweise mit kurzen Bearbeitungszeiten:
- Überlegen: 30 Sekunden
- Austauschen: je Gruppenmitglied 1 Minute
- Kurzer Bericht: 1½ Minuten
- Grafische Aufarbeitung: 7 Minuten
- (Die Zeiten sind nur als Richtwerte gedacht.)
- Beobachten Sie Ihre SchülerInnen während der Arbeitsphasen. Dann werden Sie feststellen, ob die Zeit, die Sie zur Verfügung stellten, reicht.
- Halten Sie die Zeit immer knapp! Sie können ohne Probleme Zeit nach geben. Die Zeit zu kürzen, wird

schwerer möglich sein.

- Lassen Sie die SchülerInnen die Zeit und den Arbeitsprozess überwachen; installieren Sie z.B. eine ZeitwächterIn. (siehe: positive Abhängigkeit)

- Tragen Sie dafür Sorge, dass die SchülerInnen zu Erfolgen kommen.

- Seien Sie am Anfang nicht zu ergebnisorientiert. Reflektieren Sie die Gruppenarbeit gemeinsam mit den SchülerInnen. Finden Sie gemeinsam raus, warum der Arbeitsauftrag nicht erfüllt wurde. Reflexionsfrage: „Was war schon gut - was muss beim nächsten Mal noch verbessert werden?“

4 Arbeitsverweigerung!

>> Problem: "Bei Gruppenarbeit arbeiten immer nur wenige in der Gruppe. Einige Gruppenmitglieder klinken sich relativ schnell aus der gemeinsamen Arbeit aus!" <<

Mehrere Gründe sind einzeln oder auch zusammen für dieses Phänomen verantwortlich. Unter anderem können folgende Umstände zum Misserfolg einer Gruppenarbeit führen:

1. Die Gruppen sind zu groß.
2. Die Sitzordnung stimmt nicht.
3. Es gibt keine positive Abhängigkeit und keine individuelle Verantwortlichkeit.
4. Die sozialen Fähigkeiten der SchülerInnen sind nicht ausreichend.
5. Die Aufgabenstellung ist nicht zielgerecht.
6. Die Gruppenzusammensetzung stimmt nicht.
7. Es fehlen Hilfestellungen für die Interaktion.

So wird's klappen:

zu 1.: Je größer die Gruppe, umso geringer sind die Möglichkeit zum Austausch und der persönliche Anteil am Erfolg dieser Gruppe erkennbar. Gruppenmitglieder müssen sich aber im Prozess und im Ergebnis wiederfinden, einzelne Teilziele mit ihnen identifiziert werden können. Zudem benötigt man zum Arbeiten in großen Gruppe ein großes Repertoire an sozialen Fähigkeiten und in der Regel viel Zeit.

Aus all diesen Gründen ist gerade für ungeübte SchülerInnen vorrangig die Paararbeit und nur gelegentlich Gruppen angezeigt. Eine Gruppengröße von maximal vier bis fünf Mitgliedern ist dabei optimal.

zu 2.: Sitzen SchülerInnen nicht so, dass jede jeder ins Auge sehen kann, findet, wenn überhaupt, zwischen einzelnen Mitgliedern keine gute Kommunikation statt. Die Mitglieder einer Gruppe müssen immer so sitzen, dass jede Schülerin ihre MitschülerInnen sieht und in der Mitte des Tisches die Kommunikation stattfinden kann.

zu 3.: Erkennt eine SchülerIn nicht, wie wichtig ihr Anteil an der Teamarbeit ist, dann macht es für sie keinen Sinn mitzuarbeiten.

Die Verteilung von Rollen sorgt dafür, dass jedes Teammitglied eine organisatorische Aufgabe in der Gruppe hat. Die Aufteilung der Aufgabe in Einzelaufgaben, die von den einzelnen Mitgliedern bearbeitet und dann ins Team eingebracht werden müssen, ist eine weitere Möglichkeit, alle an der Teamarbeit zu halten. Und natürlich die Würdigung der einzelnen Beiträge durch die Gruppe im Rahmen der Gruppenreflexion sorgt für eine Motivation zur Teilnahme an der gemeinsamen Arbeit.

zu 4.: Die SchülerInnen haben nicht ausreichend in Paaren gearbeitet und Fortschritte in ihren sozialen Fähigkeiten erreicht bzw. erkannt.

Das passiert häufig unter einem von der LehrerIn gefühlten Stoffdruck, der das Gefühl hochkommen lässt, das Training sozialer Fähigkeiten sei vergeudete Zeit.

Geben Sie sich und Ihren SchülerInnen die Zeit, die sozialen Fähigkeiten zu erlernen und in den Teamarbeitsphasen zu vervollkommnen, die sie für eine effektive Arbeit benötigen.

Planen Sie immer die Zeit zur Reflexion der Teamarbeit ein.

Geben Sie den SchülerInnen Zeit im Unterricht, ihr persönliches Weiterkommen auch wahrzunehmen.

zu 5.: Beim *Cooperative Learning* enthält die Aufgabenstellung immer eine soziale Komponente. So könnte es die Aufgabe der Lernstarken in einer Gruppe sein, den lernschwachen SchülerInnen den Unterrichtsgegenstand zu erklären. Die gesamte Gruppe ist erst dann erfolgreich, wenn die Lernschwache die Lösung erklären kann.

zu 6.: Häufig lassen LehrerInnen die SchülerInnen entscheiden, in welcher Gruppenzusammensetzung sie arbeiten wollen. Das führt dazu, dass sich Gruppen bilden können, die im Leistungsverhalten sehr homogen sind, sich puschen oder selbst behindern. Sympathien und Antipathien bzw. Vorurteile bestimmen, wer mit wem arbeiten möchte. Dies entspricht aber nicht der Lebenswirklichkeit: In der Regel können wir uns nicht aussuchen, mit wem wir zusammenarbeiten. Wir müssen mit allen KollegInnen arbeiten können.

Dies sollen die SchülerInnen auch lernen. Neue Begegnungen ermöglichen neue Erfahrungen. Steuert die LehrerIn die Gruppenzusammensetzung, dann können seine pädagogischen Intentionen in die Gruppenbildung einfließen. Die Schaffung gegenseitigen Vertrauens (siehe:

sichere Lernatmosphäre) innerhalb der Klasse und eine gute Vorarbeit bei der Ausbildung sozialer Fähigkeiten verringern die Widerstände der SchülerInnen gegen ein LehrerInnen-gesteuerte Gruppenbildung.

zu 7.: Ungeübte SchülerInnen benötigen Hilfen zur Kommunikation. Zu große oder zu geringe Redeanteile können durch Redechips reguliert werden, beim Sammeln der Gedanken helfen beispielsweise das Platzdeckchen oder ein Brainstorming. Grafische Denkhilfen dienen dem Ordnen von Gedanken oder Fakten. Darum muss ihr Einsatz immer mit bedacht werden.

5 Immer die gleichen SchülerInnen!

>> Problem: "Wenn ich Gruppen bilden lasse, bleiben die meisten SchülerInnen an ihren Plätzen sitzen. Es arbeiten immer die gleichen zusammen." <<

Am sichersten fühlen sich Menschen im vertrauten Umfeld. Das gilt auch für die Menschen, mit denen wir zusammenarbeiten wollen: Wir suchen uns die aus, von denen wir am wenigsten eine Gefahr erwarten, also jene die uns vertraut sind, die wir mögen. Das ist bei SchülerInnen nicht anders. Und je geringer das Selbstvertrauen, umso größer ist die Neigung zu diesem Verhalten.

So wird's klappen:

Überlassen Sie die Gruppenbildung nicht den SchülerInnen und auch nicht dem Zufall. Planen Sie genau, wie Sie die Gruppen finden wollen.

Beginnen Sie immer mit Zweiergruppen und üben Sie die Neubildung von Paaren solange, bis jede SchülerIn mit jeder gearbeitet hat und diese Zusammenarbeit klappt.

Benutzen Sie Werkzeuge wie das Kugellager, den Spaziergang, den Eckenplausch, das Aufreihen oder den Verabredungszettel.

6 Keine Anmache, bitte!

>> Problem: "Meine SchülerInnen neigen dazu, sich bei der Zusammenarbeit anzumachen, zu beschimpfen oder sich nieder zu machen!" <<

Sie haben noch nicht ausreichend soziale Fähigkeiten geübt.

So wird's klappen:

Erarbeiten Sie mit Ihren SchülerInnen, welche sozialen Fähigkeiten für eine effektive Zusammenarbeit notwendig sind.

Hier ein paar Nennungen als Anregungen:

- aktiv zuhören
- bei der Aufgabe bleiben
- argumentieren
- Kompromisse finden
- nachgeben
- Mut machen, motivieren
- höflich und respektvoll bleiben

Machen Sie das Training der sozialen Fähigkeiten für die SchülerInnen transparent („Was wollen wir heute üben?“ – „Wie machen wir das?“ – „Woran erkennen wir Erfolg?“)

7 Trotz Vorsicht im Einsatz von *Cooperative Learning* kein Weiterkommen!

>> Problem: "Ich bin im Einsatz von Cooperative Learning schon sehr vorsichtig und setzte CL bisher nur manchmal ein. Die SchülerInnen leisten dennoch Widerstand und machen aber keine wirklichen Fortschritte."<<

Die Antwort ist: Sie arbeiten nicht regelmäßig in dieser Arbeitsform. Die SchülerInnen können sich nicht an *Cooperative Learning* gewöhnen.

So wird's klappen:

- Sparsamer und vorsichtiger Beginn bedeutet nicht: „Mal ja und dann wieder nicht!" Vielmehr soll Sie der stete Tropfen, der den Stein höhlt, leiten.
- Arbeiten Sie regelmäßig, also jede Stunde, mit kleinen Elementen.
- Reflektieren Sie immer diese Arbeitsphasen.
- Machen Sie Erfolge und Vorteile deutlich!
- Steigern Sie den *Cooperative Learning* -Anteil stetig.
- Und denken Sie auch daran: *Cooperative Learning* ist nur ***ein*** Methodenelement in Ihrem Repertoire.

8 Methoden verpuffen ohne Wirkung

>> Problem: „Die Methodenelemente, die ich im Unterricht einsetzte, verpuffen ohne Wirkung."<<

Ein Grund hierfür kann im ungenauen Einsatz der Methodenelemente liegen. Die Wurzel liegt sehr wahrscheinlich in der Unterrichtsvorbereitung.

So wird's klappen:

- Formulieren Sie präzise Ihre Unterrichtsziele!
- Überlegen Sie zunächst sehr genau, welche fachlichen und sozialen Ziele Sie erreichen wollen. Was soll inhaltlich vermittelt werden? Welche Fortschritte sollen die SchülerInnen im Bereich der Selbstkompetenz machen?
- Überlegen Sie dann, wie Sie methodisch vorgehen wollen und welche Methodenelemente sich für Ihre Ziele eignen.
- Stellen Sie sicher, dass Sie alle fünf Basiselemente des *Cooperative Learning* beachtet haben!
- Formulieren Sie Ihre Arbeitsanweisungen sehr genau, damit die SchülerInnen auch wirklich wissen, was sie tun sollen. Arbeiten Sie mit visueller Unterstützung!
- Schreiben Sie sich einen geplanten Unterrichtsverlauf mit den Schlüsselfragen auf. Gerade bei der Einführung müssen Sie auch die SchülerInnen von der Vorteilhaftigkeit eines kooperativen Arbeitens überzeugen. Darum müssen Sie die einzelnen Methodenelemente so einsetzen, dass ein Vorteil auch sichtbar wird. Der erste Einsatz muss erfolgreich sein!

9 Unterrichten neu lernen?

>> Problem: "Bei der Unterrichtsvorbereitung fühle ich mich wieder als Referendar! Muss ich eigentlich so genau planen?"<<

Ja! Planung ist alles! Gerade in der ersten Zeit müssen Sie für Ihre ersten Stunden mit *Cooperative Learning* viel Planungsarbeit leisten. (siehe oben!)

Nur so wird's klappen!

Ein häufiger Irrtum von LehrerInnen bei der Einführung von *Cooperative Learning* ist, dass sie glauben, *Cooperative Learning* schnell und leicht erlernen zu können aufgrund ihrer jahrelangen Erfahrungen mit Gruppenarbeit.

Zunächst einmal: ***Cooperative Learning* ist nicht einfach Gruppenarbeit!** Es gehören sehr viel mehr Überlegungen zu einem erfolgreichen *Cooperative Learning* – Unterricht als einfach nur SchülerInnen mit einem Auftrag um einen Tisch herum zu setzen. Deswegen ist *Cooperative Learning* – Unterricht in der Regel auch signifikant erfolgreicher als traditioneller GA-Unterricht.

Je besser der Unterricht geplant sind, desto größer ist die Wahrscheinlichkeit, dass die SchülerInnen erfolgreich und weitestgehend eigenverantwortlich zum Ziel kommen.

Das sind nun schon zwei gute Gründe, warum jeder, der mit *Cooperative Learning* beginnt, sehr genau planen sollte (s.o.).

Und Sie werden Entlastung erfahren:

Im Unterricht sind Sie nicht mehr das Zentrum. Sie haben Zeit, ihre SchülerInnen zu beobachten und über die nächsten Schritte noch einmal nachzudenken.

Arbeiten mit *Cooperative Learning* ist ein Prozess in einem Netzwerk: Wer mit *Cooperative Learning* beginnt, den erwartet nun ein lebenslanges Dazulernen im Umgang mit unterrichtlichen Werkzeugen. Dabei wird er von vielen Kollegen unterstützt, die sich in einem Netzwerk austauschen. *Cooperative Learning* verändert auch die LehrerInnen und macht aus EinzelkämpferInnen *TeamplayerInnen*, die Ideen geben und nehmen und das Rad nicht zum 100.000sten Mal neu erfinden.

Abb. 101: Die LehrerIn ist bei ihren SchülerInnen

10 Endlich Zeit für andere Dinge im Unterricht

>> ***"Cooperative Learning ist prima. Endlich habe ich Zeit für die Formalien wie Klassenbuch, Mahnbriefe usw. Aber manchmal muss ich dann doch meine SchülerInnen zur Arbeit ermahnen!"*** <<

Sie sind nicht bei Ihren SchülerInnen! Und das ist schade!

So wird's klappen:

Ein *Cooperative-Learning*-Unterricht ist keine Auszeit für die LehrerIn, in der sie etwas anderes machen kann.

Wenn Ihre SchülerInnen arbeiten, dann sind Sie unter Ihnen. Sie beobachten die Gruppen, unterstützen und ermuntern je nach Trainingsgrad der SchülerInnen und wenn es nötig ist.

11 Die SchülerInnen verstehen nicht, was ich von Ihnen will!

>> Problem: "Ich muss meine Aufgabenstellung immer x-mal wiederholen und bekomme doch nicht das, was ich will!" <<

Helfen Sie Ihren SchülerInnen! Besonders untrainierte SchülerInnen sind manchmal schon beim Zuhören überfordert. Aktives Zuhören müssen sie erst noch lernen.

So wird's klappen:

- Geben Sie die Arbeitsanweisungen schrittweise bekannt!
- Halten Sie die Arbeitsanweisungen kurz und prägnant. Gebrauchen Sie kurze Sätze.
- Unterstützen Sie Ihre verbale Äußerung durch einen visuellen Eindruck: Benutzen Sie die Tafel oder eine Folie.
- Fragen Sie einzelne SchülerInnen, was sie im Anschluss gleich machen sollen und lassen Sie sich die Aufgabe erläutern.
- Bevor die SchülerInnen sich nach einer Einteilung in ihre Gruppen begeben, stellen Sie sicher, dass jede SchülerIn weiß, zu welcher Gruppe er gehört.

12 Think big - start small • Auch große Träume beginnen klein!

So wird's klappen:

- In jedem Fall sind Sie als eine LehrerIn, die sich nicht nur die Methoden, sondern auch die Idee des *Cooperative Learning* auf die Fahnen geschrieben hat, auf dem besten Weg, innovativen, effektiven Unterricht in Ihren Stunden einzuführen.
- Auch wenn es Ihr Ziel ist, Ihre SchülerInnen zum selbstgesteuerten Lernen zu befähigen, denken Sie dran: **Das sollen sie erst lernen!**
- Beginnen Sie daher immer in kleinen Schritten.
- Sorgen Sie dafür, dass Ihre SchülerInnen durch die kooperative Arbeit Erfolge erleben können.
- Reflektieren Sie immer auch die sozialen Prozesse.
- Tauschen Sie sich mit anderen KollegInnen aus, um von deren Erfahrungen zu lernen und damit die von Ihnen lernen können.

Vorlagen

Verabredungszettel

Verabredungen	
0700	
0800	Martin
0900	
1000	Bernadette
1100	
1200	Tobias
1300	
1400	
1500	Kirsten
1600	
1700	

Abb. 102: Kopiervorlage „Verabredungen“ I

Meine Verabredungen

für heute, den ______________________

Meine Verabredung im Norden heißt ____________

Meine Verabredung im Osten heißt

____

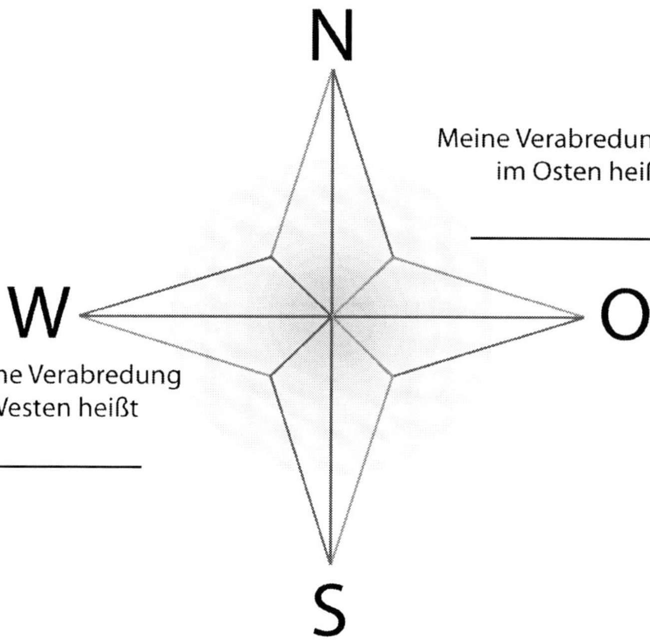

Meine Verabredung im Westen heißt

____

Meine Verabredung im Süden heißt ____________

Abb. 103: Kopiervorlage „Verabredungen" II

Meine Verabredungen

für heute, den ______________________

Meine Verabredung
in der Nordsee heißt

____

Meine Verabredung
in der Ostsee heißt

____

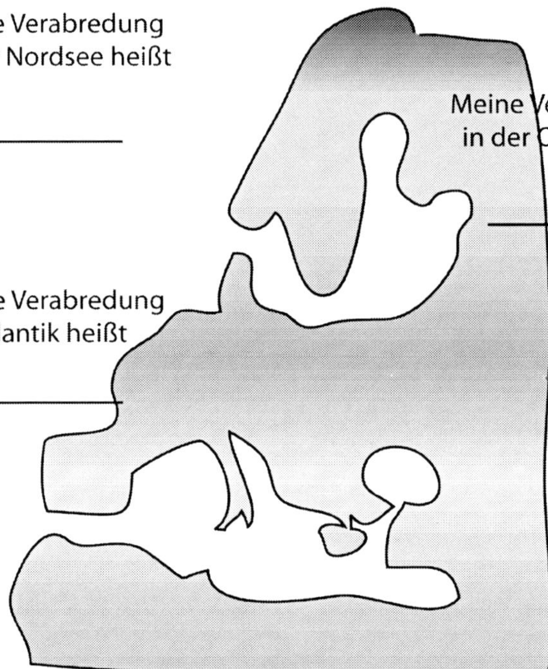

Meine Verabredung
im Atlantik heißt

____

Meine Verabredung
im Mittelmeer heißt ______________

Abb. 104: Kopiervorlage „Verabredungen" III

Platzdeckchen

(Placemats)

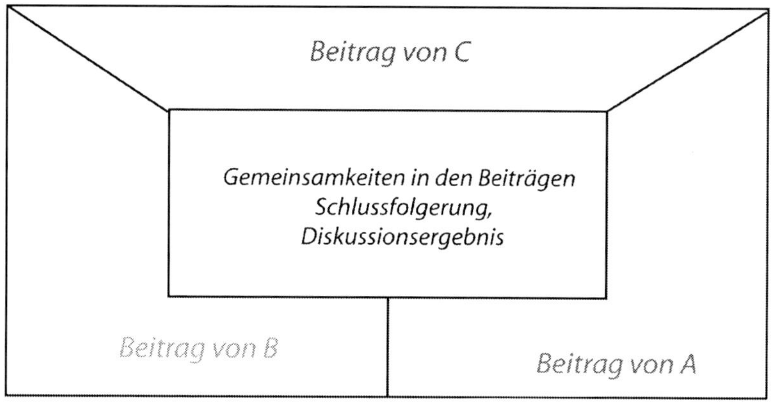

Abb. 105: Zeichenvorlage „Platzdeckchen für 3“

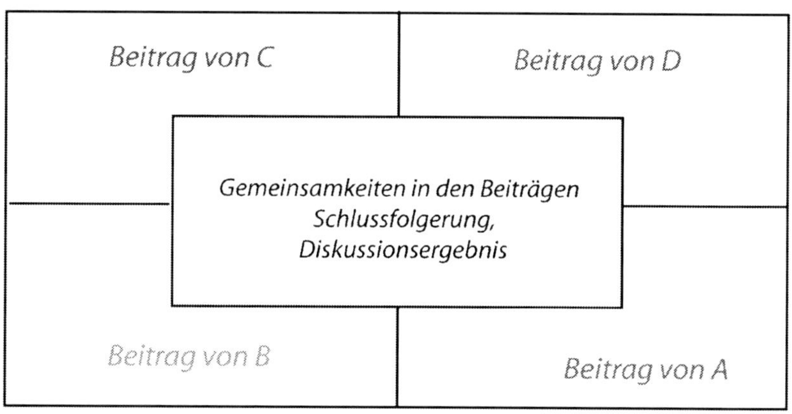

Abb. 106: Zeichenvorlage „Platzdeckchen für 4“

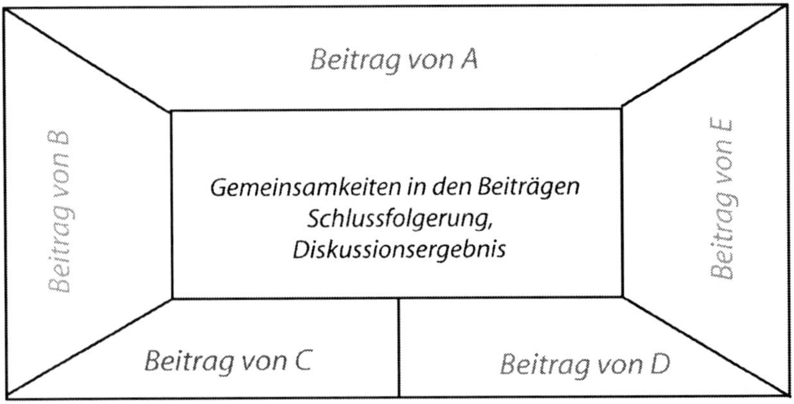

Abb. 107: Zeichenvorlage „Platzdeckchen für 5"

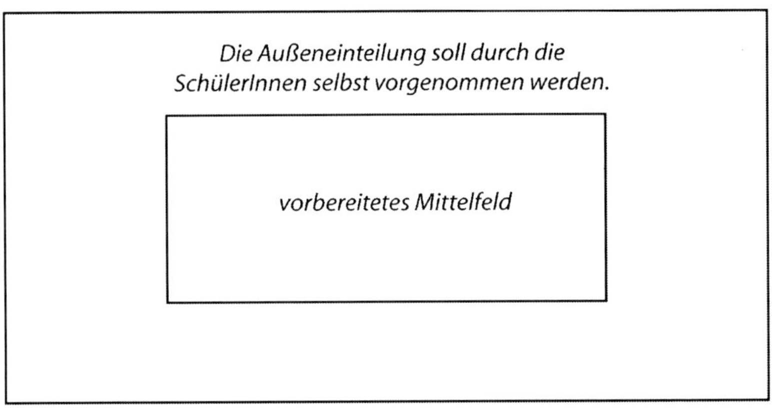

Abb. 108: Blanco-Platzdeckchen

Mit dem Blanco-Platzdeckchen sind sie auf jede Gruppengröße vorbereitet. Gleichzeitig schulen Sie die SchülerInnen darin, Flächen gleichmäßig zu teilen bzw. sich auf eine Einteilung zu einigen, so dass jede einen subjektiv gerechten Anteil bekommt.

Optimal für Platzdeckchen sind (halbe) Flipchart-Papierbögen. Es sollen aber feine Stifte (max. 0,7 mm Minendurchmesser) benutzt werden, weil sonst die Felder zu schnell zugeschrieben sind.

Zielscheibe

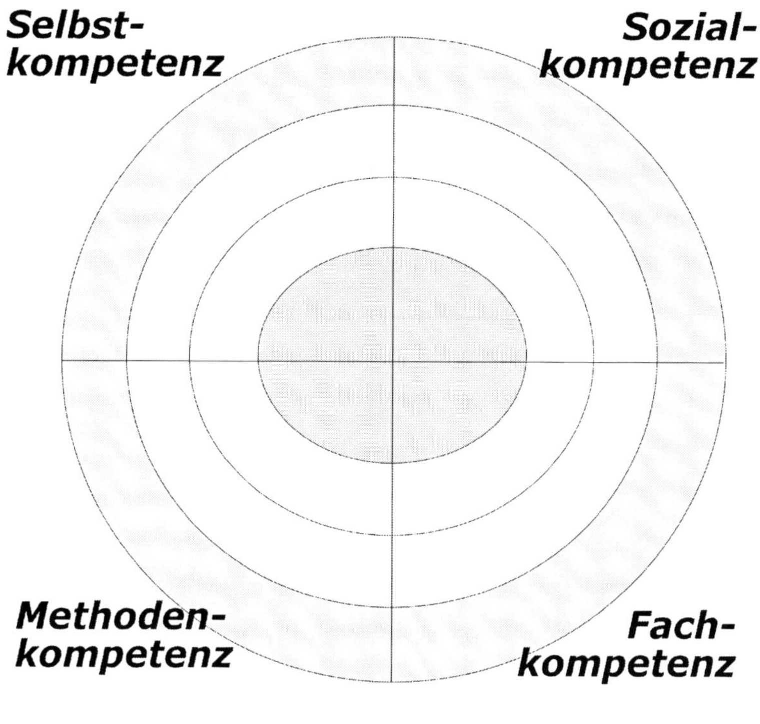

Abb. 109: Zeichenvorlage für Zielscheibe

Rollenkarten

Positive Abhängigkeit >>> Rollen >>> Rollenkarten

Abb. 110: Rollenkarten I

Positive Abhängigkeiten >>> Rollen >>> Rollenkarten

passend für Laminierfolien 95 x 60 mm

Abb. 111: Rollenkarten II

Diese Rollenkarten können bei www.cooperative-learning.de/rollcards.htm herunter geladen werden.

T-Charts

"Verabschieden"

Wie sieht das aus?	Wie hört sich das an?
• *trauriges Gesicht*	• *"Vielen Dank für die Zusammenarbeit"*
• *Hände schütteln*	• *"Tschüß!"*
• *umarmen*	• *"Lass uns 'mal wieder treffen!"*
•....	

Abb. 112: T-Chart „Verabschieden"

"Begrüßen"

Wie sieht das aus?	Wie hört sich das an?
• *freudiges Gesicht*	• *"Guten Morgen/Tag"*
• *Hände schütteln*	• *"Hallo!"*
• *umarmen*	• *"Freut mich, Dich zu sehen"*
• *zunicken*	•...
•...	

Abb. 113: T-Chart „Begrüßen"

"Partner suchen"

Wie sieht das aus?	Wie hört sich das an?
• *aufstehen, Platz verlassen*	• *"Wollen wir zusammen arbeiten?"*
• *Blickkontakt aufnehmen*	• *"Ich möchte dein Partner sein?"*
• *aufeinander zugehen*	• "...
• *fragen*	
• *Arbeitsangebot machen*	
•...	

Abb. 114: T-Chart „Partner suchen"

"Zuhören"

Wie sieht das aus?	Wie hört sich das an?
• *Oberkörper zugewandt*	• *Es spricht nur einer!*
• *Augenkontakt*	• *Nachfragen*
•...	•...

Abb. 115: T-Chart „Zuhören"

Index

Literaturverzeichnis

Bennett, Barrie/Rollheiser, Carol: Beyond Monet; Bookation Inc. Toronto (Ontario); 2001

Bertelsmann-Stiftung: Carl Bertelsmann Preis 1996 - Innovative Schulsysteme im internationalen Vergleich; Verlag Bertelsmann Stiftung Gütersloh; 2. Auflage 1999

Bourman, Ann: 61 Cooperative Learning Activities; J.Weston Walch (Publ.) Portland; 1997

Bundesministerium für Unterricht und kulturelle Angelegenheiten (Hrsg.): Soziales Lernen; Kärtner Druckerei Wien; 1999

Buzan, Tony und Barry: Das Mind map Buch, mvg im Verlag Moderne Industrie AG, Landsberg am Lech, (1996), ISBN 3-478-71730-2

Craigan, Jim/Ward, Chris: What's this got to do with anything?; ISBN 0-9698341-0-1; (1996)

Frey, Karl: Die Projektmethode; Beltz Verlag Weinheim und Basel; 8. Auflage (1998)

Gellert, Manfred, Nowak, Claus: Teamarbeit – Teamentwicklung - Teamberatung, Ein Praxishandbuch, Verlag Christa Limmer, Meezen (2004)

Green, Norm: „Arbeiten und Lernen im Team" in Praxis Schule 5-10 Heft 6: In Gruppen lernen; Westermann Verlag Braunschweig;; (Dezember 2002); S. 10-13

Green, Norm/Heckt, D.-H.: „The Power of Learning" in Grundschule Heft 12: Kooperatives Lernen; Westermann Verlag Braunschweig;; (Dezember 2000); S. 8-9

Green, Norm/Heckt , D.-H.; „Was ist kooperatives Lernen" in Grundschule Heft 12: Kooperatives Lernen; Westermann Verlag Braunschweig; (Dezember 2000); S. 27-32

Groth, Kirsten/Herold, Gabriele/Miehe, Sven-Olaf: Schule im Wandel – Bericht über die internationale Fortbildung an der Lehrerakademie in Dillingen/Donau vom 08.-13. November 2002; dragonboard-publishers, Meezen (2002)

Gudjons, Herbert: Handlungsorientiert lehren und lernen; Verlag Julius Klinkhardt Bad Heilbrunn; 6. Auflage 2001

Gudjons, Herbert: „In Gruppen lernen – warum nicht?" in Pädagogik Heft 1: In Gruppen lernen; Beltz Verlag Weinheim; Januar 2002, S. 6-10

Gudjons, Herbert: Pädagogisches Grundwissen; Verlag Julius Klinkhardt Bad Heilbrunn; 4. Aufl. (1995)

Gührs, Manfred, Nowak, Dr. Claus: Das konstruktive Gespräch – Ein Leitfaden, Verlag Christa Limmer, Meezen (2002)

Henn, Hans-Wolfgang: „Strukturiertes Üben mit dem Computer“ in Mathematik lehren; Friedrich Verlag Seelze; (Dezember 2002)

Hergovich, Doris/Mitschka, Ruth/Pawek, Robert: Teamarbeit-Soziales Lernen in berufsbildenden Schulen und Institutionen; Veritas Verlag Linz; (2001)

Hesse, Alexander/Joszok, Detlef: „Faule, Dumme, Minderleister?“ in Pädagogik Heft 2: Lernen nach Pisa; Beltz Verlag Weinheim; (Februar 2003)

Heymann, Hans Werner: Allgemeinbildung und Mathematik; Beltz Verlag Weinheim und Basel; (1996)

Heymann, Hans Werner/Brügelmann, Hans: „Pisa 2000 – Befunde, Deutungen, Folgerungen“ in Pädagogik Heft 3: Praxishilfen Unterrichtsentwicklung; Beltz Verlag Weinheim; (März 2002); S. 40-43

Jacobs, George M., Power, Michael A., Inn, Loh Wan: The Teacher’s Sourcebook for Cooperative Learning, Corwin Press Inc. Thousand Oaks, California, USA (2002)

Juul, Jesper: Das kompetente Kind, rororo Reinbek bei Hamburg 2. Auflage (2004)

Klippert,Heinz: Teamentwicklung im Klassenraum; Beltz Verlag Weinheim und Basel; 6. Auflage (2002)

Koch-Priewe; Barbara: „Für Wolfgang Klafki“ in Pädagogik Heft 9: Motivation; Beltz Verlag Weinheim (September 2002); S. 35-39

Lenzen, Andreas: Sozialkompetenz durch Gruppenarbeit; Winklers Verlag Darmstadt (1997)

Leuders, Timo: Qualität im Mathematikunterricht der Sekundarstufe I und II; Cornelsen Verlag Berlin (2001)

Marzano, Robert J., Pickering, Debra J., Pollack, Jane E.: Classroom Instruction that work; ASCD (Association of Supervision and Curriculum Developement, Alexandria, VA, USA ASCD Product No. 101010 (2001)

Meyer, Hilbert: Unterrichtsmethoden Band I und II; Cornelsen Verlag Scriptor Berlin; 11. Auflage (2000)

Miller, Reinhold: Lehrer Lernen; Beltz Verlag Weinheim und Basel; Sonderausgabe 1995

Pätzold, Günter: Lehrmethoden in der beruflichen Bildung; Sauer Verlag Heidelberg, 2 Auflage (1996)

Schilling, Klaus: Analysis – anschaulich und verständlich; Gehlen Verlag Bad Homburg; 6. Auflage (2001)

Schöwe, R./Knapp, J./Borgmann, R.: Analysis – käufmännisch-wirtschaftliche Richtung; Cornelsen Verlag Berlin; 1998

Seyfried, Brigitte (Herausgeber: Bundesinstitut für Berufsbildung): Stolperstein Sozialkompetenz; Bertelsmann Verlag Bielefeld; (1995)

Sharan, Shlomo(Edited): Handbook of Cooperative Learning Methods; Praeger Publishers Westport; 2. Auflage 1999

Sharan, Yael & Shlomo: Expanding Cooperative Learning through Group Investigation, Teachers College Press, New York (1992)

Spitzer, Manfred: Lernen – Gehirnforschung und die Schule des Lernens; Spektrum Akademischer Verlag Heidelberg und Berlin (2002)

Stampe, Eckart: Repetitorium Fachdidaktik Mathematik; Verlag Julius Klinkhardt Bad Heilbrunn (1984)

Tietze/Klika/Wolpers (Hrsg.): Mathematikunterricht in der Sekundarstufe II; Vieweg Verlag Braunschweig/Wiesbaden; 2. Auflage (2000)

Wagenschein, Martin: Verstehen lehren; Beltz Verlag Weinheim und Basel; 5. Auflage (1999)

Gesetze und Verordnungen

Einheitliche Prüfungsanforderungen in der Abiturprüfung: Mathematik; Hermann Luchterhand Verlag Neuwied (1991)

Landesverordnung über die Gestaltung der Fachgymnasien in Schleswig-Holstein vom 16. Sept. 1999; Gl.-Nr. 223-9-138; Fundstelle: NBL.Schl.-H. 1999 S. 398 mit Änderungen vom 12. Juni 2001

Lehrplan für die Sekundarstufe II/Fachgymnasium- Mathematik- Ministerium für Bildung, Wissenschaft, Forschung und Kultur Kiel (2002)

Rahmenlehrplan für die Berufsausbildung im Gastgewerbe vom 05.12.1997

Schleswig-Holsteinisches Schulgesetz von 1990 zuletzt geändert 1998; Ministerium für Bildung, Wissenschaft, Forschung und Kultur Kiel; Neuauflage (1999)

Internet-Recherche

www.clcrc.com

www.co-operation.org (David und Roger Johnson)

www.cooplearn.org

www.csos.jhu.edu

www.encarta.de; Stichwort „Allgemeinbildung

www.guterunterricht.de/Unterricht/Allgemeinbildung

www.kagancooplearn.com (Michele Borba)

www.moralintelligence.com

www.stanford.edu

www.sstuwa.org.au/gallery/album06 (Barry Bennet)

www.teach-nology.com

Unsere CL-Website
für den deutschsprachigen Raum:

www.cooperative-learning.de

Tipps, Downloads und Aktuelles im Internet.

powered by

dragonboardinstitut für fortbildung und beratung • meezen

Mach mit! Anders unterrichten

Cooperative Learning

Wir möchten im deutschsprachigen Raum ein Netzwerk von Lehrerinnen und Lehrern aufbauen, die mit Cooperative Learning arbeiten. Ziel ist es, Erfahrungen und neue Ideen auszutauschen und sich gegenseitig im Alltagsgeschäft zu stärken.

Dazu haben wir 2003 den

Verein für kooperatives Lernen e.V.
Hörnweg 12 • D-24594 Meezen • Fon: +49-48.77-990.18.33

gegründet.

Wir suchen noch engagierte Kolleginnen und Kollegen, die aktiv beim Aufbau mithelfen.

Damit wir das Rad nicht noch einmal neu erfinden!

Anschrift:

Verein für kooperatives Lernen e.V.
Hörnweg 12
24594 Meezen
http://www.verein.cooperative-learning.de